HENRI J. M. NOUWEN

Auf der Suche nach dem Leben

Ausgewählte Texte
mit einer Einführung von Robert A. Jonas

Aus dem Amerikanischen
von Franz Johna

HERDER
FREIBURG · BASEL · WIEN

Titel der Originalausgabe:
Henri J. M. Nouwen
Writings Selected
With an Introduction by
Robert A. Jonas
Modern Spiritual Masters Series

© Orbis Books, Maryknoll, NY 10454-0308, 1998

Umschlaggestaltung: Finken & Bumiller, Stuttgart
Umschlagmotiv: PICTUREPRESS © M.Thonig

Alle Rechte vorbehalten – Printed in Germany
© Verlag Herder Freiburg im Breisgau 2001
www.herder.de
Herstellung: Clausen & Bosse, Leck
Gedruckt auf chlorfrei gebleichtem,
umweltfreundlichem Papier
ISBN 3-451-27588-0

INHALT

2 Unser Leben umarmen

3 Unsere Herzen öffnen

4 Nähe und Ferne Gottes

5 Zusammengerufen

6 In die Welt gesandt

EINFÜHRUNG

Das Feuer des Geliebten

Die weiße Albe fällt locker über seinen schlanken Körper. Um seinen Hals liegt eine bunte, handgewebte Stola aus Mittelamerika, deren beide Enden fast bis zum Boden reichen. Father Henri Nouwen sitzt auf einem Stuhl, den Oberkörper über einen breiten, niedrigen Holztisch gebeugt. Seine großen Hände umfassen den Kelch aus blankem Glas, der zur Hälfte mit Rotwein gefüllt ist. Mit weit geöffneten Augen schaut er nach links und nach rechts in den Raum und richtet dann den Blick auf die Gebete in dem großen Meßbuch, das aufgeschlagen auf dem weißen Altartuch liegt. Ab und zu hält er beim Eucharistischen Hochgebet inne und schließt dabei fest die Augen, als konzentriere er sich mit aller Kraft. Hier, in seiner eigenen Dunkelheit, möchte er einen Augenblick still bei Jesus sein. Sich seiner Grenzen bewußt, war er hierhergekommen, um für die Gemeinschaft Suchender zu Gott zu beten:

»Gepriesen bist du, Herr, unser Gott, Schöpfer der Welt ... Wie das Wasser sich mit dem Wein verbindet zum heiligen Zeichen, so lasse uns ... teilhaben an der Gottheit Christi, der unsere Menschennatur angenommen hat.«

Im Laufe der Jahre spiegelten sich in diesem blanken Glaskelch schon die Gesichter vieler Tausender, die gekommen waren, das Wort zu hören: Behinderte in Rollstühlen, Laienseelsorger und -seelsorgerinnen, katholische Priester und protestantische Pastoren, wohlhabende Philanthropen, Theologiestudenten und amerikanische Senatoren. Sie kommen, um die Frohbotschaft zu hören, aber auch um die Ausstrahlung auf sich wirken zu lassen, die von diesem Mann auszugehen scheint. Sie kommen, weil sie etwas von dem sich in ihm brechenden, tanzenden Licht in ihre Schatten des Zweifels, der Verzweiflung und Hoffnungslosigkeit einzufangen hoffen. Und vielleicht, um ihr eigenes Licht zu entdecken. Sie kommen, weil dieser Mann mehr als manch anderer, den sie kennen, das Wort nicht nur zu sagen scheint, sondern es wirklich *wird.* Einige haben gesagt, daß man bei einer Eucharistiefeier, der Henri vorstehe, das Wort nicht nur höre, sondern es genau hier, genau jetzt *sehe*.

Seit seinem Tod sind die Erinnerungen mancher, die ihn gehört haben, gewiß verblaßt. Aber für andere haben sie an Kraft und Bedeutung gewonnen. Nachdem der erste Schock, den Henris plötzlicher Tod ausgelöst hatte, abgeklungen war, suchten viele von uns Kontakt zu anderen Freunden, die ihn gekannt hatten. Wie Heranwachsende, die plötzlich in eine neue Verantwortung eingetreten sind, versammelten wir uns in kleinen Gruppen, schauten uns traurig an und teilten einander mit, was wir gesehen und gehört hatten. Wißt ihr noch, was er sagte? Wie er darlegte, daß wir von Gott geliebt sind? Fanden wir durch ihn nicht zu mutigerem Glauben? Nahmen wir durch ihn nicht das große Risiko auf uns, andere zu lieben und anderen zu helfen? Brannte in seiner Gegenwart nicht unser Herz? Und ist er nicht sogar jetzt noch bei uns?

Analogien mit dem Leben, dem Tod und der Auferstehung Jesu erscheinen ebenso angemessen wie vermessen. Freunde Henris erinnern nachdrücklich an seine normalen menschlichen Schwächen, besonders an das habgierige Verlangen und die Versuchungen, die ihn aus seinem Innern anfielen. Wir denken an seine vielen Bücher – nahezu vierzig Titel –, in denen er mit einem Bein mutig im Schatten der Selbstablehnung, mit dem anderen im hellen Licht der Liebe Gottes stand. Uns ist klar, daß er hier für jeden von uns stand, da er einfach und treffend beschrieb, wie dieses kaum zu durchdringende, gefahrvolle Gebiet zwischen Menschlichem und Göttlichem aussieht. Vielen von uns wäre es lieber gewesen, wenn Henris menschliche Verwundbarkeit weniger sichtbar gewesen wäre. Aber irgendwie wußten wir, daß es diesen immer gegenwärtigen, ihn begleitenden Schatten nur wegen des Lichtes gab, in dem er wandelte.

Im September 1996 traf eines Tages bei uns ein Päckchen ein, das an unseren sechsjährigen Sohn Sam adressiert war. Sam, der damals gerade lesen lernte, buchstabierte die Anschrift des Absenders: Henri J. M. Nouwen, L'Arche Daybreak, Toronto/Kanada. Gespannt riß Sam die braune Verpackung auf und holte eine goldglänzende Kinderflöte hervor. Henri hatte das Päckchen auf einem Flughafen aufgegeben, als er von seiner Gemeinschaft in Toronto in seine geliebte niederländische Heimat unterwegs war. Typisch Henri, dachte ich mir, als bald Sam, bald ich ein paar Töne auf der Flöte zu spielen versuchten. Ihr glockenartiger Klang entzückte uns. Henri liebte Musik, er überraschte gern Freunde mit einem Geschenk; er mochte Kinder und reiste mit Vergnügen. Ich freute mich darauf, ihm zu berichten, welch große Freude er uns mit dieser schönen Kinderflöte bereitet hatte.

Ich wußte, daß Henri auf dem Weg nach Sankt Petersburg war, wo ein Kamerateam aus Hilversum mit ihm in der Eremitage Filmaufnahmen zu Rembrandts Meisterwerk »Die Rückkehr des Verlorenen Sohnes« machen wollte. Henri wurde im Juli 1957 in der Sankt-Katharinen-Kathedrale zu Utrecht zum Priester geweiht und gehörte bis zu seinem Tod der Erzdiözese Utrecht an, wenngleich er fast vierzig Jahre lang die halbe Welt zu seiner Pfarrei gemacht hatte. Im Laufe dieser Zeit hatte er über das Gleichnis vom Verlorenen Sohn oder von der Vatergüte Gottes (vgl. Lukasevangelium 15, 11–32) oft meditiert und darüber bei Armen und Reichen, in Pfarrgemeinden, katholischen und protestantischen Seminaren, armen lateinamerikanischen Vorstadtpfarreien, bei Washingtoner »Vordenkern«, evangelikalen Gruppen und hunderten, ja tausenden Treffen kleiner religiöser Gemeinschaften in aller Welt gepredigt. Henri war überzeugt, daß dieses Gleichnis das Gravitationszentrum der ganzen Heiligen Schrift darstellt, das Herzstück geistlicher Lehre. Er glaubte, daß die Geschichte vom Verlorenen Sohn für jeden von uns irgendwie zutreffe: Selbst wenn wir uns auflehnen, unser Geburtsrecht verwerfen würden und in ferne Länder gingen, werde Gott uns doch immer entgegenkommen und in bedingungsloser Liebe in die Arme schließen. Um zu sagen, daß du und ich und wir alle von Gott geliebt sind, trug Henri allen dieselbe Frohe Botschaft vor: »Meine Freunde«, sagte er oft, »ich sage euch, daß wir in ›erster Liebe‹, noch ehe wir geboren wurden, geliebt sind.«

Am 17. September 1996, einem Dienstagabend, ein paar Tage nachdem wir das Päckchen mit der Kinderflöte vor unserer Haustür entdeckt hatten, rief mich Henris Sekretärin Kathie Christie aus Toronto an: »Ich möchte dir Grüße von Henri ausrichten, habe aber eine schlechte Nachricht«, sagte sie. »Henri hat am Sonntag abend in Hilversum kurz nach seiner Ankunft aus Toronto eine Herzattacke erlitten. Es geht ihm den Umständen entsprechend gut; er liegt aber auf der Intensivstation.«

Das Feuer des Geliebten

Ich war schockiert, aber nicht überrascht. Wie andere seiner Freunde wußte ich, daß Henri sich selbst zuviel abverlangte. Henri wollte sich in Hilversum mit den Kameraleuten treffen, um dann mit ihnen zu den vorgesehenen Aufnahmen nach Sankt Petersburg weiterzufliegen. Aber der lange Flug von Kanada in die Niederlande hatte ihn ermüdet. Deshalb legte er sich kurz nach seiner Ankunft im Hotel hin, um etwas Schlaf nachzuholen. Als er plötzlich mit Schmerzen in der Brust aufwachte, rief er sofort die Rezeption an, die einen Krankenwagen bestellte, mit dem er in die Intensivstation eines kleinen Lehrkrankenhauses in der Nähe gebracht wurde. Am Montag und Dienstag litt Henri unter starken Schmerzen im Nacken und am Rücken. Inzwischen waren sein Vater, seine Brüder und seine Schwester an sein Krankenbett geeilt. Am Dienstag nachmittag traf auch sein Freund und Leiter der Daybreak-Gemeinschaft Nathan Ball aus Toronto ein.

Kathy berichtete noch:»Die Ärzte haben eben gesagt, daß es keine ernste Attacke war, aber Henri doch einige Zeit brauchen wird, bis er sich erholt hat.« Ich bat Kathy, Henri auszurichten, daß ich mich bemühen werde, in den nächsten Tagen zu ihm zu kommen.

Am Mittwoch vormittag rief ich bei den»Northwest Airlines« an, um mich nach einem Flug in die Niederlande zu erkundigen. Die freundliche Stimme der Dame von der Auskunft munterte mich in meiner gedrückten Stimmung auf. Ja, sagte sie, ich könne innerhalb von vierundzwanzig Stunden in Amsterdam sein. Als sie mich mit dem Ticketschalter weiterverbinden wollte, klappte es nicht gleich.»Haben Sie bitte etwas Geduld. Bleiben Sie am Apparat!«

Während sanfte Musik an mein Ohr drang, sah ich in Gedanken, wie Henri in irgendeinem Flughafengebäude irgendwo in der Welt seinen großen Reisekoffer hinter sich her zieht und aufgeregt sein Gate sucht. Plötzlich meldete sich dieselbe freundliche Frauenstimme wieder:»Es tut mir leid«, sagte sie,»aber heute geht es bei uns sehr turbulent zu. Eben wurde uns mitgeteilt, daß ein Mann an Bord eines unserer Flugzeuge eine Herzattacke erlitten hat. Ein Flugbegleiter leistete sofort Erste Hilfe und konnte ihn wieder zum Atmen bringen. Wir glauben, daß er bald wieder in Ordnung sein wird.«

Die dramatische Geschichte, die mir die Dame am Telefon erzählte, schien eine ungewöhnliche Brücke zwischen uns zu schlagen. So erzählte ich ihr, daß auch mein Freund Henri vor kurzem eine Herzattacke erlitten habe. Nachdem ich erwähnt hatte, daß er katholischer Priester sei und religiöse Bücher schreibe, stutzte sie kurz und sagte dann:»Hm, er kommt mir bekannt vor. Wie schreibt er sich?«–»Henri mit i und Nouwen, N-o-u-w-e-n«, erklärte ich ihr.»Sie scherzen«, rief sie aus.»Ich glaube, ich lese gerade ein Buch von ihm! Ich kann es nicht genau sagen, weil der Einband nicht mehr dran ist. Aber diese kurzen Betrachtungen habe ich fast ein Jahr gelesen. Ein Text hatte die Überschrift ›Komm zu mir‹. Ist das nicht merkwürdig? Ja, ich erinnere mich! Ist das nicht der Mann, der sich entschloß, mit ein paar ungewöhnlichen Leuten zusammenzuleben?«

»Mit Behinderten der ›Arche‹«, erwiderte ich.»Zuerst in Frankreich und danach in der Daybreak-Gemeinschaft in Toronto.«

»Stimmt«, sagte sie,»er war Universitätsprofessor, gab aber seinen Lehrstuhl auf, um bei Behinderten zu arbeiten. Sagen Sie ihm doch bitte, daß mir seine Texte sehr geholfen haben. Ich kann es gar nicht glauben. Dieses kleine abgegriffene Bändchen begleitete mich lange. Es hat mir das Leben gerettet. Würden Sie ihm in meinem Namen danken? Die Bücher von Father Nouwen gehen in der Gebetsgruppe unserer Pfarrgemeinde von Hand zu Hand. Richten Sie ihm bitte aus, daß wir ihn auf unsere Gebetsliste setzen werden.«

Bevor ich mich verabschiedete, erfuhr ich, daß meine Gesprächspartnerin von den»Northwest Airlines« und Henris unbekannte Freundin Liz Salomon war, die an einem Flughafenschalter in Detroit Dienst tut. Doch hätte ich ebenso mit einer(m) der vielen Tausend Leserinnen und Leser in Amerika und Europa sprechen können, die/der durch Henris inspirierendes und ermutigendes Wort beschenkt worden war.

Noch in derselben Woche sprach ich selbst mit Henri am Telefon. Da er überzeugt war, daß die Diagnose der Ärzte, die eine»leichte« Herzattacke attestiert hatten, richtig war, bat er mich, ihn in der folgenden Woche in Toronto zu besuchen, statt jetzt in die Niederlande zu fliegen. Er sagte mir, er würde in ein paar Wochen seine gewohnte Tätigkeit wieder aufnehmen können.

Wir vereinbarten, in zwei Tagen wieder miteinander zu telefonieren. Dann legte ich auf. Tränen traten mir in die Augen. Aber ich war auch etwas verärgert, daß die Ärzte Henri nicht verordnet hatten,»herunterzuschalten«. Wie allen engen Freunden Henris war auch mir klar, daß die physischen und psychischen Erschöpfungszustände, an denen Henri immer wieder litt, weithin mit seinem oft achtzehnstündigen, Kräfte zehrenden Arbeitstag zusammenhingen. Vom Augenblick des Erwachens am Morgen bis zu der Stunde in der Nacht, da er ins Bett fiel, jagte sein Geist dem Reich Gottes nach; der Frage, was er beitragen könne, damit dieses Reich für ihn und für andere, vor allem die Armen und Unterdrückten Wirklichkeit werde. Als Henri im Krankenhaus lag, dem Tode nahe, dachten ich und viele seiner Freunde über seine Bedeutung in unserem Leben nach.

Ich habe Henri zum ersten Mal 1983 an der Harvard-Universität gehört, kurz nachdem ich hier mein Doktorat abgeschlossen hatte. Henri sprach von den zwei Weisen zu leben: im Haus der Angst oder im Haus der Liebe. In dieser Zeit hatte ich mich schon fast entschieden, mein christliches Geburtsrecht für buddhistische Meditation aufzugeben. Aber Henris leidenschaftliche Überzeugung, daß Jesus hier und jetzt gegenwärtig sei und das Haus der Liebe eine Wirklichkeit, überflutete meinen Geist und mein Herz. Ich gehörte seit meiner Geburt der lutherischen Kirche an und konvertierte, als ich Ende der Zwanzig war, unter geistlicher Begleitung eines kontemplativen Ordenspriesters, eines Karmelitenpaters, zum römisch-katholischen Glauben. Aber mein christliches Leben hatte in Harvard allmählich stagniert. Henris geistliche Sicht wirkte auf mich so inspirierend, so zwingend, daß ich meine lau gewordene Beziehung zum Christentum neu überdachte.

Ich setzte meine Ausbildung in buddhistischer Klarsicht-Meditation fort. Aber als Henri im folgenden Jahr in der St.-Pauls-Kirche am Harvard-Square wieder einen Vortrag hielt, sicherten wir uns – ein paar Freunde und ich – beizeiten Plätze in der vordersten Reihe. Ich stimmte nicht mit allem überein, was Henri sagte, aber seine Art zu sprechen, sein ganzes Auftreten und sein tiefer Glaube nahmen mich für ihn ein. *Was* er sagte, war mir wichtig, aber wesentlicher war: *wer* es sagte. Ich beobachtete ihn, wie er den Mittelgang auf und ab schritt, dabei mit seinen großen Händen lebhaft gestikulierte, mal vollkommen konzentriert die Augen schloß, mal auf den Zehenspitzen vorwärts trippelte, erregt durch eine ekstatische Vision, die ihm und uns, da er deren Wirklichkeit beschrieb, immer deutlicher aufging.

Als graduierter Psychologe bin ich darin eingeübt worden, alle großen Wirklichkeitstheorien kritisch zu betrachten, sie zu zergliedern und deren unausgesprochene Annahmen, religiöse Vorurteile oder konzeptionelle Unhaltbarkeit aufzuzeigen. Aber Henri lud mich zu einer anderen Art von Wissen ein; einem Wissen, das rationales und kritisches Denken wertete, aber auch einen Zugang zu tieferen Schichten des Verstehens und der Verbindlichkeit eröffnete. Mir wurde klar, daß Henri nicht bloß einen Korpus von Informationen vortrug (dem wir zustimmen oder auch nicht zustimmen konnten), sondern von einer *Seinsweise* sprach. Von dem Wunsch geleitet, aus diesem komplizierten Geflecht von Angst und Unsicherheit, in dem ich lebte, befreit zu werden, wie auch von meiner eigenen Unbefangenheit überrascht, ging ich nach dem Vortrag zu Henri und fragte ihn, ob er mein geistlicher Begleiter sein könnte.

Bei einer Tasse Tee am nächsten Tag stellten wir viele gemeinsame Interessen fest und schlossen Freundschaft. In den Jahren danach hatten wir mit manch ernsten Mißverständnissen zu kämpfen, denn der Pegel unserer gegenseitigen Verwundbarkeit und des Vertrauens zueinander war niedrig. Henri begleitete mich später bei verschiedenen wichtigen Ereignissen meines Lebens: eine schmerzliche Scheidung, eine zweite Ehe, die Geburt eines Sohnes, der Tod einer Tochter, die Gründung eines Einkehrzentrums, die Ausarbeitung meines ersten Buches. Neben einigen anderen Freunden begleitete ich Henri bei einer Reihe einschneidender Veränderungen in seinem Leben, nachdem er im Sommer 1985 die Harvard-Universität verlassen hatte: sein Ringen um Nähe, der Entscheidungsprozeß, Seelsorger der Arche-Gemeinschaft »Daybreak« zu werden, eine Berührung mit Depressionen und ein gerade noch glimpflich verlaufener Unfall im Winter 1988, das Entdecken seiner Stärke als Vaterfigur innerhalb seiner Gemeinschaft.

Von 1993 an lud mich Henri gelegentlich zu einem seiner Vorträge oder Einkehrtage ein, um dabei auf meiner *shakuhachi* – eine ins Meditieren einstimmende japanische Bambusflöte – zu spielen und Anstöße zur Diskussion zu geben. Und von Anfang September 1995 bis Anfang Januar 1996 verbrachte Henri den ersten Abschnitt seines Sabbatjahres in der Dachwohnung unseres Hauses. Sein Aufenthalt bei uns in seinem letzten Lebensjahr war eine wunderbare und manchmal schwindelerregende Erfahrung. Nach dem gemeinsamen Frühstück mit uns zog sich Henri in sein

Apartment im Obergeschoß zurück und verfaßte Meditationstexte, die er mit der Hand in mehrere schön gebundene Tagebücher eintrug, vor sich auf dem Tisch eine brennende Kerze, die ihm die Daybreak-Gemeinschaft bei der Verabschiedung ins Sabbatjahr geschenkt hatte.

Die Leiter der »Arche«-Gemeinschaft Daybreak, vor allem Sr. Sue Mosteller und Nathan Ball, hielten engen Kontakt zu Henri, unterstützten ihn und gaben ihm Rat. Ich hatte schon zuvor ein kleines Gebäude erworben, in dem einmal eine Autowerkstatt untergebracht war, das ich im Stil eines japanischen Zendo umbauen und renovieren ließ. Henri und ich trafen uns hier zum Morgengebet oder zur Feier der Eucharistie. Ich führte Henri in unseren Fitneßclub ein, den wir dreimal in der Woche besuchten, dabei am Laufband trainierten und schwammen. Nach dem Mittagschlaf schrieb Henri Briefe, machte Eintragungen in sein Tagebuch, rief alte und neue Freunde an und beantwortete Anfragen seiner Verleger per Telefon oder Fax. Der Expreßdienst fuhr vor unserem Haus so oft vor, daß ich fast alle Boten mit ihrem Namen begrüßen konnte.

Von Sue und Nathan darin bestärkt, bemühten wir uns, alles von ihm fernzuhalten, was ihn für seine schriftstellerische Arbeit hätte Zeit kosten können, und teilten niemandem seinen Aufenthaltsort mit. Aber schon im Dezember begannen die Freunde Henris wieder Kontakt zu ihm aufzunehmen. Immer häufigere Anrufe und Besuche folgten. Gegen Ende seines Aufenthaltes bei uns fand Henri praktisch keine Zeit mehr zum Schreiben. Innerhalb weniger Monate hatte ihn genau das Leben wieder eingeholt, das er hinter sich lassen wollte: lange Tage ausgefüllt mit Gottesdienst, seelsorglicher Beratung bei persönlichen Besuchen oder in Telefongesprächen, kurzfristig unternommene Flugreisen zu Freunden und guten Bekannten, die ihn um einen Trauergottesdient, um kirchliche Trauung oder an ein Sterbebett gebeten hatten. Andere Freunde und ich bedrängten Henri, seiner Großzügigkeit Grenzen zu setzen. Aber er schien es nicht übers Herz zu bringen, jemandem, der seine Hilfe suchte, nein zu sagen. Als Freund, der eine Zeitlang versucht hatte, Henri vor den aufreibenden Anforderungen seines wichtigen, aber unbarmherzigen Dienstes zu schützen, war ich hilflos, als ich beobachtete, wie seine Ängste und seine Erschöpfungszustände wiederkehrten.

Am 21. September 1996, einem Samstagvormittag, knapp neun Monate nachdem Henri sich von uns verabschiedet hatte – ich saß auf einem Sitzkissen und erhielt gerade von meinem Lehrer David Duncavage Unterricht auf der japanischen Bambusflöte –, kam meine Tochter Christie zu uns herein und sagte:»Papa, ein Anruf für dich. Es ist Henris Sekretärin.«

»Er ist gestorben«, dachte ich sofort.»Er war todmüde und bereit zu sterben. Aber es ist doch viel zu früh!«

»Jonas, hier ist Kathy. Ich muß dir die traurige Mitteilung machen, daß Henri heute früh gestorben ist.«

Es war 7 Uhr in den Niederlanden, als sein Herz aufhörte zu schlagen. Ich war zunächst nicht besonders erschüttert. Trotz meines sehnlichsten Wunsches, meines inständigsten Gebets, Henri möge wieder gesund werden und noch lange leben, hatte ich irgendwie akzeptiert, daß sein Tod nahe war. Freilich war nach seinem Tod, als mir bewußt wurde, daß ich meinen Freund nicht mehr wiedersehen würde, meine Trauer um so größer.

Bei späterem Nachdenken wurde mir klar, daß meine anfänglich ausgebliebene Gefühlsregung auf die Todesnachricht von Groll bestimmt war. In meinem Innern schrie eine Stimme:»Siehst du, was du getan hast? Du hast dich mit übertriebener Arbeit selbst umgebracht!«

Auf einer anderen Ebene dachte ich, daß Henri vielleicht wie Jesus seine Freunde gut vorbereitet hat. Die meisten seiner Vorträge und Bücher aus den letzten Lebensjahren enthalten Gedanken über seinen Tod. Jesus hat Henri gelehrt, daß Leben nur Frucht bringen kann, wenn der Tod in unser Leben wie Sauerteig in den Brotteig gemengt und geknetet wird. Henri wurde in den letzten Jahren immer mehr zum Bäcker in der Backstube Gottes, indem er den Sauerteig des Todes und der Ewigkeit jeder Dimension seines Lebens untermengte. Henri hatte die Abschiedsworte Jesu so oft wiederholt und in meinem Herzen lebendig werden lassen, daß ich die Stimme Jesu von der Henris jetzt nicht mehr zu unterscheiden vermochte:»*Euer Herz lasse sich nicht verwirren ... Im Haus meines Vaters gibt es viele Wohnungen,* (und ich gehe jetzt) *um einen Platz für euch vorzubereiten ... Glaubt mir doch, daß ich im Vater bin und daß der Vater in mir ist ... Ich werde euch nicht als Waisen zurücklassen*«(Johannesevangelium 14, 1.2.11.18).

Den Telefonhörer am Ohr, schaute ich hinaus auf die Pinien und Hartriegelsträucher in unserem Garten. Ich hörte Kathy sagen:»Heute früh erlitt er eine zweite schwere Herzattacke. Und noch bevor Nathan oder eine(r) seiner Angehörigen kommen konnte, war er tot. Zum Glück waren alle am Freitag abend bei ihm und hatten mit Henri noch die Abendgebete gebetet. Als sie sich verabschiedet hatten und unten am Ausgang waren, winkte er ihnen nach.«

Als wir miteinander sprachen, stellte ich mir vor, wie Kathy im »Big House« in Daybreak an ihrem Schreibtisch sitzt, gleich nebenan Henris Arbeitszimmer. Kathy arbeitete für ihn seit dem Tode seiner verehrten, langjährigen Sekretärin Connie Ellis, die einem Krebsleiden erlag. Im Laufe der zehn Jahre, die Henri in Daybreak lebte, verließ er sich bei der Bewältigung der Berge eingegangener Post voll und ganz auf seine Sekretärinnen und seine Buchhalterin. Henri ging jeden Tag nach dem Morgengebet in sein Büro und las die vielen Briefe durch, die ihm Freunde und Leser seiner Bücher schrieben. Hunderte von Einladungen zu einem Vortrag in einer Pfarrgemeinde, Diözese, in einem Heim, Bitten um ein Interview, ein Vorwort für ein Buch und anderes mehr ergossen sich jeden Monat auf seinen Schreibtisch. Henri las jeden Brief und beantwortete ihn persönlich. Die meisten solcher Anfragen mußte er, außer sie waren besonders wichtig, ablehnend beantworten. Aber es fiel ihm schwer, nein zu sagen. Und so war sein Terminkalender ständig übervoll. Kathy beschrieb Henris Büro wie »nach einem Wirbelsturm«, einem aus einer sehr weiten Welt durch Henris Herz hereinbrausenden Wirbelsturm. Nach seinem dreimonatigen Aufenthalt bei uns zu Hause verstand ich genau, was sie damit meinte.

Am nächsten Tag rief mich Nathan an: »Am Donnerstag sagte mir Henri: ›Ich denke nicht, daß ich sterben werde. Sollte ich es aber, dann sag bitte allen, daß ich dankbar bin.‹«

Nach Henris Tod erzählten mir sein Vater und seine Geschwister, daß schon in Henris Kindheit Anzeichen seiner ungeheuren Energie und geistlichen Vision zu erkennen gewesen seien.

Henri Jozef Machiel Nouwen wurde am 24. Januar 1932 in Nijkerk, einer Kleinstadt etwa 45 Kilometer südöstlich von Amsterdam, geboren. Sehr bald zeigte sich Henri als ein sehr anhängliches und ängstliches Kind. Sein Vater erwähnte scherzend, daß Henri sogar in der Wiege keine Ruhe gegeben habe und »immer in Aktion« gewesen sei. Henri fragte sich allerdings, ob seine innere Unruhe nicht eher daher rührte, daß er als Kind immer hungrig gewesen sei. Er sagte mir einmal, seine Mutter – Maria Huberta Helena, geborene Ramselaar – habe ihn vor ihrem Tod im Jahr 1978 um Verzeihung dafür gebeten, daß sie ihn nach der strengen Methode eines deutschen »Doktor Spock« aufgezogen habe, dessen Auffassung und Lehre zufolge der habgierige Wille kleiner Kinder durch Reduzierung der Nahrung und körperlicher Berührung gebrochen werden müsse. Henris Angehörige berichten, daß Henri schon als Kind gern »Priester gespielt« habe. Als seine Großmutter diese Vorliebe ihres Enkels, als er sechs bis acht Jahre alt war, entdeckte, gab sie dem Hausschreiner den Auftrag, einen Spielzeugaltar anzufertigen, und ließ die Schneiderin Kinder-Priestergewänder für ihn nähen. Die notwendigen liturgischen Geräte wie Kelch, Patene und Kännchen kamen hinzu wie auch Brot und Wasser. Bald war in einem Dachzimmer des Elternhauses eine Art Kinderkapelle eingerichtet, in der Henri den Priester spielte und seine Geschwister die Ministranten und Kommunionempfänger abgaben. Die Zimmerwände des katholischen Elternhauses schmückten zahlreiche Jesus- und Marienbilder und bereiteten den inneren Boden der Vorstellungswelt Henris. Jesu Leben und Wort setzten in Henris Seele starke zentripetale Kräfte frei, die jede gewöhnliche Erfahrung in die eine archetypische Geschichte Jesu Christi hineinzogen. Jesus war Henris Mentor und Modell der Reife.

Und obwohl Henri sich von seinen Angehörigen geliebt fühlte, war ihm von Anfang an nicht wohl in seinem Leib. Er kaute an den Fingernägeln und schien nach einer Art Aufmerksamkeit von Eltern und Geschwistern zu hungern, die sie weder verstehen noch ihm zukommen lassen konnten. Henri war überzeugt, daß dieser Hunger der Hunger nach Jesus war, und wollte gehen, wohin auch immer Jesus ging. Jesus wußte sich in der bedingungslosen, befreienden Umarmung seines Vaters. Nicht anders wollte Henri leben, und zwar jetzt.

Henri hatte Freude am Leben, war aber immer ungeduldig, als sei das Leben an sich zuweilen ein unerträgliches Warten auf das Kommen des Reiches Gottes, das volle Umarmtwerden von seinem Vater. So überrascht es nicht, daß das letzte Abendmahl Jesu mit seinen Jüngern Henri stark anzog. Dieses Mahl bedeutete für ihn das Herz der Botschaft Jesu. Das göttliche Leben bringe Freude, öffne uns für die Liebe zueinander, öffne uns aber auch für den Schmerz des Verlusts, für die Bitterkeit dieses flüchtigen Augenblicks. Jesus erfuhr die Freude des Einsseins mit Gott und wollte sie mit seinen Freunden teilen. Diese außerordentliche Freude, sagt uns Henri, währe ewig, sei aber auch mit Leid verwoben. Der Friede Gottes sei jetzt, in diesem Augenblick, verfügbar, sei aber auch mit Sehnsucht verflochten. Die Fülle der göttlichen Liebe sei für jeden verfügbar, aber noch nicht jetzt.

Das alltägliche Leid werde uns nicht abgenommen, so wenig wie das Leid, dem wir entgegensehen müßten, wenn wir Zeugnis von der Liebe Gottes ablegen und uns der Widerspruch wie der Spott der Welt treffen würden. Aber unser Leid werde Sinn haben, werde durch die unaufhörliche Liebe Gottes erhöht und verwandelt werden.

Jahrzehnte über stellte sich Henri in fast jedem Vortrag auf die Zehenspitzen, streckte einen Arm hoch, deutete mit dem Zeigefinger zum Himmel und erklärte »Wir dürfen nicht vergessen, daß Schmerz und Freude sich in diesem Leben nie voneinander trennen lassen.« Der einsame Kummer des Herzens, der sich in uns rege, wenn wir einen anderen lieben, sagte er, könne uns tatsächlich eher in ein tieferes Verbundensein miteinander und mit Gott hineinziehen, als daß er uns voneinander trenne. Henri zeigte sich als Meister im Auffinden und Deuten von Schriftstellen, die Freude im Schmerz verhießen. Das Johannesevangelium stand bei ihm an erster Stelle: »Ihr werdet weinen und klagen, aber die Welt wird sich freuen; ihr werdet bekümmert sein, aber euer Kummer wird sich in Freude verwandeln« (16, 20).

Unmittelbar vor seinem Tod sagte Jesus zu seinen Jüngern: »Aber jetzt gehe ich zu dir (Vater). Doch dies rede ich noch in dieser Welt, damit sie meine Freude in Fülle in sich haben« (ebd. 17, 13).

Henri war als Kind in die heilige Messe versunken. Seiner Mutter war es eine Freude, ihr Kind an ihrer Liebe zur Eucharistie teilnehmen zu lassen und Henri zum täglichen Besuch der Messe mitzunehmen. Sie förderte den Ruf zum Priestertum des ältesten ihrer vier Kinder (drei Jungen und ein Mädchen), dem einzigen mit einer religiösen Berufung. Henris Großmutter mütterlicherseits und seine Mutter schätzten seine offensichtlichen geistlichen Gaben. Henri deutete nicht an, ob seine Gefühle der Mutter und Großmutter gegenüber zwiespältig gewesen seien oder ob er ihnen gar gegrollt habe. So weit ich sehe, werden diese wichtigen Frauen in allen seinen Büchern, Briefen und Gesprächen mit Freunden, in denen sie vorkommen, als lauter, einfach und heiligmäßig beschrieben.

Henri besuchte Jesuitenschulen, und wenn er auch in manchen Interviews und Artikeln seine Ausbildung in der Kinder- und Jugendzeit als »durchschnittlich« bezeichnete, zeigte er ein außergewöhnliches Interesse an der Heiligen Schrift, der Eucharistie und am inneren Ringen seiner Mitkommunikanten. In den Jahren der deutschen Besetzung der Niederlande bemühten sich Henris Eltern, das Leben der Familie möglichst ungestört weitergehen zu lassen. Sein Vater Laurent war nach wie vor als zugelassener Rechtsanwalt in der Heimatstadt tätig, seine Mutter besuchte wie eh und je täglich die heilige Messe. Am Abend traf sich die Familie bei Tisch, um gemeinsam zu speisen, Neuigkeiten auszutauschen, ihre Liebe zur Dichtung und zur Literatur zu pflegen und zugleich die ständige Gefahr vor ihrer Haustür zu bedenken. Henri erinnerte sich, daß eines Tages deutsche Soldaten vor der Tür standen, um seinen Vater abzuführen, vielleicht in den sicheren Tod in einem Konzentrationslager. Henri schilderte die lähmende Angst der Familie, die nur bangen konnte und darum betete, daß ihr Vater in seinem Versteck unter dem Dach nicht entdeckt würde. Zum Glück rückten die Soldaten unverrichteter Dinge wieder ab. Henri erzählte auch einmal vom »schrecklichen Hungerwinter« im letzten Jahr des Zweiten Weltkriegs, in dem Angehörige seiner Familie mit dem Fahrrad aufs Land gefahren seien, um bei den Bauern Lebensmittel zu »betteln«. Trotz ihrer Gefährdung hatte seine unmittelbare Familie kein Kriegsopfer zu beklagen. Tatsächlich bezeichnete Henri seine Kindheit und Jugend alles in allem als recht friedlich und behütet.

Ein Bruder seiner Mutter, Anton C. Ramselaar, war auch Priester und 1922 geweiht worden. Bis Ende des Zweiten Weltkriegs nahm die katholische Kirche der Niederlande noch eine hervorstechende, angesehene Stellung in der Gesellschaft ein, und Onkel Toon genoß seine Berufung. Seine häufige Anwesenheit am Tisch der Familie Nouwen verstärkte Henris Wunsch, »einmal genauso wie Onkel Toon die Messe feiern zu können«. Als Henri am 21. Juli 1957 als »recht naiver fünfundzwanzigjähriger junger Mann«, wie Henri einmal feststellte, zum Priester geweiht wurde, überreichte ihm Onkel Toon einen wertvollen goldenen Meßkelch, der kunstvoll mit Diamanten verziert war, die seine Großmutter einem bekannten niederländischen Goldschmied dafür zur Verfügung gestellt hatte. Fast vierzig Jahre später, im selben Monat seines Todes, erschien als eines der letzten Bücher Henris »Der Kelch unseres Lebens«, das unter anderem diesen Meßkelch zum Inhalt hat.

Von 1951 bis 1957 besuchte Henri das berühmte Große Seminar in Utrecht, in dem die zukünftigen Priester der Erzdiözese zwei Jahre Philosophie und vier Jahre Theologie studieren. Auch hier galt sein Interesse mehr der Heiligen Schrift, der Musik, der Kunst und der zum Gottesdienst versammelten Gemeinde der Glaubenden als theologischer Spekulation und Gelehrsamkeit. Von seinem charismatisch-pastoralen Auftreten angezogen, wählte ihn die Studentenvereinigung einmal zu ihrem Vorsitzenden. Als nach der Priesterweihe sein Bischof und spätere Kardinal Henri B. Alfrink ihm vorschlug, das Theologiestudium an der Päpstlichen Universität Gregoriana in Rom zu vertiefen, bat Henri darum, statt dessen seinem Interesse an den Menschen nachgehen und Psychologie studieren zu dürfen. Bischof Alfrink gab sein Einverständnis, worauf Henri sich von 1957 bis 1966 dem Studium der modernen Verständnisweisen der Psychologie der menschlichen Person widmete; zuerst an der Katholischen Universität Nijmegen, anschließend am Menninger-Institut in Topeka in Kansas/USA, in dem neben der theoretischen auch auf eine praxisbezogene Ausbildung in einer psychiatrischen Klinik Wert gelegt wurde.

Die sechziger Jahre: Aus den Niederlanden in die USA

Die Weiterbildung am Menninger-Institut (von 1964 bis 1966) umfaßte Beratungsgespräche unter Anleitung eines Supervisors, das Studium psychologischer Richtungen Freudschen Ursprungs und deren moderne Ableitungen von Karen Horney bis Gordon Allport sowie eingehende Diskussionen mit Freunden und Institutskollegen über das Verhältnis von Psychologie und Religion. In den Jahren von 1966 bis 1968, der Zeit, in der der Krieg in Vietnam an Härte zunahm und viele amerikanischen Innenstädte in Wut und Protest gegen die Rassentrennung geradezu explodierten, lehrte Henri als Gastdozent an der Notre-Dame-Universität/ Illinois Pastoraltheologie. Neue Fachgebiete und Lehrmethoden wurden eingeführt. Seit Sigmund Freuds Religionskritik hatten sich die meisten katholischen theologischen Fakultäten gegen die moderne Psychologie gesperrt und sie als profan und atheistisch eingestuft. Henri war der erste Professor der Fakultät der Notre-Dame-Universität, der Psychologie des abnormalen Verhaltens lehrte, und betrat mit der Einführung regelmäßiger monatlicher Vorlesungen protestantischer Theologieprofessoren Neuland.

Daneben versah Henri den Dienst des Universitätsseelsorgers. Er feierte mit Studenten und Professoren die Eucharistie, erteilte seelsorglichen Rat und begann, seine Liebe zur Heiligen Schrift und zu Jesus mit seinem biblischen Wissen in die Wirklichkeiten eigenen Leids, rassistischer Ungerechtigkeit und der Weltpolitik einzubringen. Während seines letzten Lehrsemesters an der Notre-Dame-Universität flog Henri am Abend des 4. April 1968 nach Chicago, wo er einen Vortrag zum Thema »Religiöse Entwicklung« zu halten hatte. Auf dem Weg vom O'Hare Airport zum Vortragssaal erfuhr er, daß Martin Luther King ermordet wurde. In einem – bisher unveröffentlichten – Essay beschreibt Henri die Mischung von Entsetzen und Zorn, die undifferenzierte Erregung, die ihn und die Stadt aufwühlte. Henri erntete für seinen Vortrag viel Beifall und Lob, doch kein Zuhörer stellte eine Frage zum Tod von Martin Luther King, ganz zu schweigen von einer Diskussion darüber.

»Alle wußten es, aber niemand wollte etwas davon hören ... Um uns herrscht Krieg, mit tausenden brennender lebender Menschen. Um uns herum gibt es Gefängnisse mit nicht bekanntem Haß und nicht bekannter Grausamkeit, Häuser voller Armut und Elend. Wieviel können wir uns zu wissen erlauben? Am nächsten Morgen flog ich nach Kansas City, um mich herum eine erschreckend künstliche Welt ... Die Gewalt überschritt die Schwelle der Beherrschung. Chicago und Washington waren brennende Städte, und die maßgebenden Stellen beschäftigte nur eines: Recht und Ordnung ... Niemand zeigt einen Weg, der diese Gefühle in schöpferische Bahnen lenken könnte.«[1]

Die kritische Situation in zahlreichen Städten der USA forderte Henri heraus, eine Vision mit Christus im Mittelpunkt zu entwickeln und vorzutragen. In seinen Schriften wie in seinen Vorträgen rief er seine Leser oder Hörer auf, ihr Herz zu öffnen und darauf zu vertrauen, daß das Leid, das die Liebe begleitet, auch Gottes Leid ist. Henri glaubte, daß Christus fortdauernd einen schöpferischen Weg der Heilung anbiete, eine Quelle der Kraft im Kampf um eine von Gerechtigkeit und Liebe bestimmte Welt.

Nach dem Besuch in Kansas City flog Henri nach Topeka, wo er einen weiteren Vortrag hielt und mit alten Freunden zusammentraf. Wohin er auch ging, sein Thema war der Tod Martin Luther Kings. Welche Bedeutung hat er für die amerikanischen Innenstädte? Wird er die Antikriegs- und Antirassismus-Bewegung zusammenführen? In der folgenden Nacht flog Henri wieder nach Chicago. Als er am Flughafen die Scharen von Farbigen sah, die um ein Ticket nach Atlanta anstanden, entbrannte in ihm aufs neue das Verlangen, etwas zu tun oder auch etwas zu *sein*. Mit einemmal war ihm klar, daß er nach Atlanta fliegen und am Begräbnis von Martin Luther King teilnehmen muß. So nahm er nach drei anstrengenden Tagen, ausgefüllt mit Vorträgen, Predigten und Flugreisen, Gesprächen in Taxis, in Flughäfen und in einem Gefängnis, den frühest möglichen Flug zwei Uhr nachts von Chicago nach Atlanta.

Kaum in Atlanta angekommen, reihte sich Henri in den schier endlosen Zug Trauernder ein, schloß mit den neben ihm Marschierenden sofort Freundschaft und fühlte sich in einer Kultur, die sich von seiner Welt des weißen, gehobenen katholischen niederländischen Bürgertums deutlich zu unterscheiden schien, merkwürdig zu Hause. Hier, in dem Sturm offensichtlicher Selbstzerstörung Amerikas, stärkte sich Henri mit der Mischung laut zum Ausdruck gebrachter Trauer und Freude, geäußert von den vielen, die Martin Luther King liebten, und mit deren Vision der Hoffnung. Von Müdigkeit wie gerädert, vom Geschehen tief bewegt und mit dem Gefühl absoluter Sicherheit in dieser Gemeinschaft Trauernder, trat er aus dem Zug heraus, ließ sich auf den Rasen des Morehouse-Seminars fallen und schlief ein.

»Der lange heiße Tag hatte mich ausgebrannt und der Marsch des letzten Geleits zermürbt. Aber eine seltsame Zufriedenheit durchzog meinen Körper: Ich erfuhr, daß es das war, wo ich sein wollte, verborgen, anonym, von lauter Farbigen umgeben. Es war ein langer, rastloser Weg seit Donnerstag nacht ... Und hier machte ich Rast, fortgetragen von singenden und betenden Menschen. Und ich wußte, daß aus meiner Erschöpfung ein neuer Glaube erwachsen könnte, der Glaube, daß es möglich ist zu lieben.«[2]

Bei aller zunehmenden Identifikation Henris mit dem Kampf um gesellschaftliche Befreiung in den USA dachte er immer wieder daran, in seine Heimat zurückzukehren und in seiner Kirche in den Niederlanden zu leben und in ihr zu wirken. So kehrte Henri 1968, als Amerika vom Mord an einem anderen prominenten Verfechter der Bürgerrechte, dem am 6. Juni in Los Angeles erschossenen Senator und Präsidentschaftskandidaten Robert Kennedy, erschüttert wurde, in die Niederlande zurück, um zunächst am Pastoralinstitut in Amsterdam, danach an der Katholisch-Theologischen Universität zu Utrecht Pastoraltheologie und Spiritualität zu lehren. Doch es kam zu Spannungen zwischen den Fächern Psychologie und Theologie, über die sein langjähriger Freund und Verfasser seiner ersten Biographie Jurjen Beumer schreibt:»Nouwen wollte nicht nur Psychologe sein; wenn es sein mußte, dann zwar Pastoralpsychologe, doch dazu mußte man wiederum Theologe sein. Um aus dieser Sackgasse herauszukommen, riet man ihm zu einem Theologiestudium mit anschließender Promotion in Nijmegen.«[3] Henri befolgte diesen Rat insofern, als er hier von 1971 bis 1972 tatsächlich studierte und sein Lizentiat in Theologie machte; aber»eine Promotion hatte für ihn keinen Vorrang«. Gleich nach seiner Rückkehr in die Niederlande bereitete Henri die Veröffentlichung seiner Vorlesungen an der Notre-Dame-Universität vor, die 1969 in einem bedeutenden amerikanischen Verlag als Buch mit dem Titel»Intimacy« (deutsch:»Nähe. Sehnsucht nach lebendiger Beziehung«) erschienen. Darin verdeutlicht er sein seelsorgliches Anliegen, Psychologie und Spiritualität schöpferisch miteinander zu verbinden. In kurzen Abständen folgten weitere Bücher mit Erträgen aus seiner Vorlesungs- und Vortragstätigkeit in den USA:»Schöpferische Seelsorge« (1972),»Geheilt durch seine Wunden« (1972),»Zeit, die uns geschenkt ist« (1974),»In ihm das Leben finden« (II. Teil; 1974),»Der dreifache Weg« (1975),»Mit offenen Händen« (1972). Das eine oder andere Buch entwickelte sich zu einem pastoraltheologischen»Klassiker«. Als Henri das erste Mal nach Amerika ging, hatte er an solch eine produktive schriftstellerische Tätigkeit nicht gedacht. Seine schriftstellerische Berufung entwickelte sich, als er spürte, daß ihm Schreiben Freude machte und sich die Leser von seinem Wort inspirieren ließen. Soweit mir bekannt ist, befand sich Henri nie in einer ernsten Berufungskrise oder in Zweifel hinsichtlich seiner Identität als katholischer Priester. Die Grundlage seiner persönlichen und gesellschaftlichen Identität bildete immer die Eucharistie. Aber allmählich bereitete ihm das Schreiben Befriedigung und Erfüllung und stellte bis zum letzten Tag einen wesentlichen Teil seines priesterlichen Dienstes dar.

Henri erprobte im Laufe der Jahre verschiedene Darstellungsformen. Im Henri-Nouwen-Archiv der Yale Divinity School in New Haven befinden sich Zeitschriftenartikel, Manuskripte von Vorträgen, Predigten und Vorlesungen, die in sehr unterschiedlichem Stil abgefaßt sind: akademisch, wissenschaftlich-theologisch, klinisch, psychologisch, ethnographisch, polemisch und literarisch. Wie bei jedem guten Autor wechseln Sprache,

Ton, Form, inhaltliche Aussage je nach Leser oder Hörer, die er im Blick hat.

In dem unveröffentlichten und undatierten Manuskript über die Ermordung Martin Luther Kings, das Henri vermutlich 1969 verfaßt hat, zeichnet sich grundlegend der Stil ab, den er in den meisten seiner späteren Bücher eingehalten hat. Hier am Ausgangspunkt seiner Schriftstellerkarriere werden die Leser der Bücher Henris die vertrauensselige, offenherzige Methode wiederfinden, seine eigenen emotionalen Reaktionen und geistlichen Reflexionen an der Seite leidender und betender Menschen zu beschreiben und an ihnen Anteil nehmen zu lassen. Ähnlich scheint darin vorbildhaft die Ansicht durch, die alle weiteren Schriften wie ein roter Faden durchzieht – ein Bewußtsein, daß unsere heutige Welt und die Welt des Alten und Neuen Testaments auf geistlicher Ebene vieles gemeinsam haben. Auch heute vergessen wir, daß Gott uns leidenschaftlich liebt. Auch heute töten wir unsere Propheten und versuchen, unsere Sünden und unser Leid zu verbergen. Wir sind einander, ja sogar uns selbst gegenüber Pilatus und verurteilende Volksmenge.

Henri legt in diesem Beitrag über Martin Luther King mit dem Eingehen auf seine innere Einsamkeit und Verwundbarkeit nicht nur ein persönliches Bekenntnis ab, sondern gibt damit auch einen Einblick in menschliches Dasein. Er gibt zu verstehen, daß solch innere Schwachstellen ein Verbindungspunkt mit allen Menschen sein können, selbst mit denen, die sich von uns sehr zu unterscheiden scheinen. Er schließt seine Betrachtung wie immer mit der Botschaft, daß genau hier, mitten in der Dunkelheit »irgendwie«, »irgendwo« (zwei von Henri gern verwendete Ausdrücke, um das Geheimnis der heilenden Gegenwart Gottes zu beschreiben) Freude entspringt.

Die siebziger Jahre: Professor an der Yale-Universität und Priester in Lateinamerika

In der Zeit, in der Henri in den Niederlanden lehrte und studierte, verbreitete sich in liberalen wie konservativen katholischen Kreisen der USA sein Ruf als religiöser Schriftsteller, genoß er ein hohes Ansehen, das sein ganzes Leben anhielt. Durch die Lektüre einiger Beiträge, die Henri über das Gebet veröffentlicht hatte, und seines neu erschienenen Buches »Nähe« war er dem Dekan der Yale Divinity School, Colin Williams, aufgefallen. Henri war der Mann, der hier gebraucht würde, fand Williams und bot ihm an, in Yale zu lehren, was er jedoch zunächst ausschlug. Als aber Williams drängte und ihm 1971 das Angebot machte, eine Teilzeitstelle als außerplanmäßiger Professor für Pastoraltheologie zu übernehmen, sagte Henri zu. Henri zog wieder in die Vereinigten Staaten um und lehrte zehn Jahre an der Yale-Universität, um gegebenenfalls Anspruch auf eine volle Professur zu haben.

Mit Vorliebe widmete er sich während dieser Zeit in Yale der Vorbereitung zukünftiger Priester auf ihre Rolle, einer leidenden Welt Jesus zu vergegenwärtigen. Die meisten seiner Bücher und Seminarvorträge drehen sich um die Themen: Glaube, Einsamkeit, Stille, Gebet, Verwundung und Gottesliebe. Dabei ging es ihm nicht so sehr um wissenschaftlich-theologische Reflexion, vielmehr wollte er seinem Auditorium durch seine praktische Seelsorge wie durch seine Veröffentlichungen die lebendige Gegenwart Christi vermitteln. Dieses Interesse bestimmte seine Darstellungsweise. Er verzichtete mehr und mehr auf eine wissenschaftliche Sprache wie auch auf nicht geläufige theologische Fachausdrücke und richtete sich immer stärker an ein religiös interessiertes, halbwegs gebildetes katholisches und protestantisches Publikum, an die gewöhnlichen Leute in den Kirchenbänken.

Als Seminar-Professor in Notre-Dame und Yale führte Henri eine eingehende Untersuchung durch, wie die Kluft zwischen theologischer Ausbildung und geistlichem Leben geschlossen werden könnte. Darauf richtete sich sein ganzes Bemühen. So sagte er sich zum Beispiel nach einem Vortrag über den Heiligen Geist, den ein Theologe in der Trappistenabtei Genesee gehalten hatte, wohin er sich von Anfang Juni bis Ende Dezember 1974 zurückgezogen hatte: »Wie interessant, wie faszinierend, wie tiefgründig!« Doch gleichzeitig fragte er sich: »Was soll das? Was haben all diese Worte über Gott Vater, Sohn und Heiligen Geist mit mir, wie ich hier und jetzt bin, zu tun? ... Das war meine Frage 1954 gewesen, und nun stelle ich fest, daß sie sich mir wieder stellt.«[4] Henri trug diese Frage in Notre-Dame, Yale und später in Harvard wie ein Mantra, ein *koan*, mit sich. »Wie läßt sich Spiritualität, geistliches Leben, auf geistliche Art und Weise lehren?« Er versuchte, sein ganzes Selbst in jede Vorlesung, jede Diskussion, sogar im kleinen Kreis, bei jeder Eucharistiefeier und jedem Beratungsge-spräch einzubringen. Und seinen Studenten gab er zu bedenken, daß es nicht genüge, *über* Gott zu sprechen:»Es besteht ständig die Gefahr, daß Worte, Vorträge, Bücher und Kurse über das geistliche Leben dem Leben im Geist im Wege stehen.«[5] Die wirkliche Herausforderung und vollstän-dige Verheißung des Evangeliums liege darin,»in ihm zum Leben zu fin-den«, selbst hier im Hörsaal. Henri war überzeugt, daß die Zeit im Priester-seminar jeden einzelnen zur einzigartigen Umgestaltung in Christus ermutigen sollte.

In Henris Vorlesungsstil klingt die Eucharistie an, bemühte er sich doch, seinen Studenten Nahrung zu reichen, die sie entgegennehmen, ver-arbeiten und der sie sich angleichen sollten. Theologisches Diskutieren interessierte ihn nicht, vielleicht deshalb, weil er die direkte Konfronta-tion nicht mochte, aber auch, weil sein Augenmerk immer der unmittelba-ren Gegenwart des auferstandenen Christus galt, einer Wahrheit, die mehr mit dem *Sein* als mit intellektuellem Verständnis zu tun hat. Selbstver-ständlich müsse sich jeder zukünftige Priester dem Studium der Bibel, der Dogmatik, der Psychologie und der bildenden Künste widmen, aber als eine Gemeinschaft sollte das Priesterseminar den Raum der Stille und des Alleinseins schaffen, der sie einlädt, in ihr eigenes Herz einzutreten, den Ort der Begegnung mit ihrem wahren Selbst, dem auferstandenen Chri-stus und mit Gott.

Ein Diener Christi sollte die Leute nicht bloß zu»korrekten«theologi-schen Standpunkten, zu moralischer Disziplin oder dogmatischer Klarheit anhalten, wenngleich all das seine Berechtigung habe. Vielmehr sollte ein Seelsorger Modell einer weitgefaßten und nicht-richtenden Seinsweise sein. So legte er Theologiestudenten zum Abschluß ihres Studiums in ei-ner Predigt 1972 dar:

»Seelsorge heißt Feindseligkeit in Gastlichkeit verwandeln ... den Feind in einen Freund. Seelsorge ist kein Versuch, Menschen zu erlösen, sondern das Unterfangen, ihnen den freien Raum zu bieten, in dem Erlösung statt-finden kann. Das Paradoxe seelsorglichen Dienstes liegt darin, daß Ihr (als künftige Priester) dazu berufen seid, Leere zu schaffen, keine furchter-füllte Leere, sondern eine freundliche, gastliche Leere, in die der Fremde eintreten und sich als ein zur Freiheit Geschaffener entdecken kann ... frei, um sein eigenes Lied zu singen, seine eigene Sprache zu sprechen, seinen eigenen Tanz zu tanzen, und auch frei, um seine Berufung aufzugeben oder ihr zu folgen.«[6] Der Aufenthalt am Menninger-Institut wie auch seine Lehrtätigkeit an der Notre-Dame-Universität brachten Henri wertvolle und lehrreiche Erfahrungen. Sie machten ihn aber auch empfänglich für eine ständige Gefahr, die christlicher Seelsorge droht: die Gefahr der Professionalisierung. Als in den USA die Theologie von den Erfordernissen der Pastoral getrennt wurde und verschiedene psychotherapeutische Heilungsmodelle in die Seminarausbildung Einlaß fanden, sorgte sich Henri, daß christliche Seelsorger das Sprechen von Gott als wirkliche Verwundbarkeit für Gott im Gebet mißverstehen und therapeutische »Behandlung« mit wahrer pastoraler Präsenz verwechseln könnten. Henri setzte sich mit dieser Problematik vor allem in seinen Büchern »Geheilt durch seine Wunden« (1972) und »Schöpferische Seelsorge« (1972) auseinander. Beide Werke fegten wie ein Sturm über das Feld der pastoralen Menschenführung.

Einige Rezensenten kritisierten den Begriff des »verwundeten Heilers« und glaubten, Henri fordere, *alle* Unterschiede zwischen Spendern und Empfängern der Seelsorge aufzugeben. Doch hierin fühlte sich Henri mißverstanden. Er glaubte, christliche Seelsorger sollten einfach in ihrer eigenen Verwundbarkeit und Gebrochenheit in Christus gegründet sein und der Versuchung widerstehen, ihre Mitchristen als Objekte zu betrachten, indem sie sie zu bloßen »Pfarrkindern«, »Klienten« oder »Anweisungsempfängern« machen. Um heilende, Christus-gleiche Gegenwart für andere zu sein, müßte ein Seelsorger als ganze Person verfügbar sein, die gleichzeitig als Spender und Empfänger beteiligt ist.

Henri glaubte, daß bestimmte Grenzen zwischen den Seelsorgern und denjenigen, denen sie dienen, zu respektieren sind, war aber auch über Seelsorger besorgt, die ihr eigenes Leid und ihr Menschsein dadurch verleugnen, daß sie in eine professionelle Rolle schlüpfen. Henri entfaltete seine Botschaft an die Seelsorger in dem Buch »Feuer, das von innen brennt« (1981) und griff dieses Thema oft wieder auf.

In einem Interview wies Henri darauf hin, daß er nie daran gedacht habe, der »verwundete Heiler«, über den sein Buch »Geheilt durch seine Wunden. Wege zu einer menschlichen Seelsorge« eingehend handelt, sei das ausschließliche Vorbild seelsorglichen Dienstes und christlicher Menschenführung. Außerdem erklärte er: »Jesus spielte viele Rollen: guter Hirt,

Tor, Eckstein, Bräutigam, Bruder u. a. Unser Dienst sollte Kennzeichen jedes dieser Titel tragen ... Ich habe den ›verwundeten Heiler‹ nie als ein komplettes Modell angesehen. Ich finde bloß, daß er mich – und vielleicht gilt das auch für andere – an etwas erinnert, was mir zu entfallen drohte.«[7]

Einige Zeit später erwiderte er auf eine Frage, die den Eindruck seiner Überbetonung des Aufrufs Jesu zu Schwachheit und Verwundbarkeit betraf:»Ich sage damit nicht, ich sei der Fußabstreifer, ich sage damit nicht, ich sei ein Nobody, ich sage nicht, ich tauge nicht viel oder sei ein psychisches Wrack. Ich sage, ich bin sehr schwach, gebrochen, sündig, hinfällig und ein Mensch mit einem kurzen Leben, aber es macht mir Freude. Ich kann unter dem Kreuz meines eigenen Leids stehen – oder dem des Leids Gottes –, kann aber stehen. Ich muß nicht umfallen. Ich stehe mit erhobenem Haupt. Ich kann das tun.«[8]

Henri liebte die Welt des Geistes und trat aus seiner eigenen geschützten katholischen Gemeinschaft immer weit heraus, suchte Gespräche, las Bücher und hörte Musik. Wenngleich manche verständlicherweise sagen mögen, daß Henri zu dem vielbeschäftigten Leben, das er führte, zum Teil von unbewußten Kräften getrieben worden sei, hielt er auch an seinem hektischen täglichen Terminplan fest, weil es ihn danach verlangte, mit dem radikalen »Weckruf« des Evangeliums verbunden zu sein. Sogar in seinem Leben als Seminarprofessor in der liberal-protestantischen Atmosphäre in Yale sah er Gefahren und wollte nicht in einem Elfenbeinturm bequemen Denkens isoliert sein. In diesen zehn Jahren in Yale hatte Henri selten ein volles Vorlesungsprogramm zu absolvieren. Er reiste jedes Jahr in die Niederlande, nach Lateinamerika und besuchte katholische Klöster in den USA und in anderen Ländern.

Henri feierte in Yale täglich die Eucharistie, meist mit einer kleinen Gruppe von Studenten und Freunden, oft im Rahmen einer Abschlußfeier, bei Hochzeiten und Beerdigungen; hielt Vorträge oder Predigten in Pfarrgemeinden und bei Pastoralkonferenzen. Er pflegte Freundschaften mit Mitgliedern der Fakultät, besonders mit dem Dekan Colin Williams und seiner Gattin Phyllis, und reicherte sein Lehrprogramm an mit Seminaren über den Trappistenmönch und Schriftsteller Thomas Merton und den Maler Vincent van Gogh. Seine Vorlesungen und Seminare zogen die begabtesten und religiös motiviertesten Studenten an und waren stets überfüllt.

Mit der Annahme des Lehrauftrags in Yale wurde Henri manches klar:

Er wollte Bücher schreiben und Priester, Seelsorger ausbilden; aber noch wichtiger war dabei: er wollte sich die westliche Hemisphäre einschließlich Kanada und Lateinamerika zur Heimat machen. Seit seine Heimatstadt und seine Familie Anfang 1945 von kanadischen Truppen befreit worden waren, nahm Kanada in seinen Vorstellungen einen besonderen Platz ein. Kanada war es dann auch, wo Henri die letzten zehn Jahre seines Lebens verbrachte und schließlich seine letzte Ruhe fand. In den siebziger Jahren schwebte ihm lange Südamerika als Wirkungsstätte vor. Durch seine Kontakte in Notre-Dame und Yale begann er mit Priestern und Laien-Missionaren in Lateinamerika Freundschaft zu schließen und stellte sich die Frage:»Beruft mich Gott eines Tages dazu, den Armen dort zu dienen?« Nach Abschluß seines ersten Vorlesungsjahres in Yale reiste Henri im Sommer 1972 nach Bolivien, um an der Sprachenschule der Maryknoll-Missionare in Cochabamba einen Spanischkurs zu absolvieren.

Im selben Jahr, in dem Henri an der Yale-Universität eine feste Professur erhalten hatte, nahm er eine Sabbatzeit von sieben Monaten in Anspruch, die er in der Trappistenabtei Genesee im Staat New York als»Mönch auf Zeit« verbrachte. Seine regelmäßigen, ausführlichen Tagebuchnotizen aus dieser Zeit – geistliche Erfahrungen und Einsichten, vor allem aus Gesprächen mit dem Abt des Klosters, Dom John Eudes Bamberger, Eindrücke und Beobachtungen aus dem Mönchsleben, verbunden mit eingehenden persönlichen Gedanken – veröffentlichte er 1976 als Buch unter dem Titel »Ich hörte auf die Stille«, das in zahlreichen Neuauflagen und Übersetzungen innerhalb kurzer Zeit weltweite Verbreitung fand. Nach dem Tod seiner Mutter im Oktober 1978 zog sich Henri von Februar bis August 1979 ein zweites Mal in diese Abtei zurück. Eine Sammlung von Betrachtungen zu den täglichen Schriftlesungen aus diesen Monaten legte er ein gutes Jahr später in dem Buch:»Gebete aus der Stille« seiner Lesergemeinde vor.

Henri war in fortgeschrittenen Jahren in einem Kreislauf gefangen, bei dem sich Abschnitte mit langen, hektischen Tagen, ausgefüllt mit Unterricht und seelsorglichem Dienst, mit Phasen psychischer Erschöpfung, depressiver Verstimmung und Schlaflosigkeit abwechselten. Die Gründe für seine beiden Aufenthalte in der Trappistenabtei Genesee lagen zum Teil in seinem Bemühen, diesen Kreislauf zu unterbrechen. Henri war sich im klaren, daß die Anflüge von Depression seine Freiheit einschränkten und sein Wirken unnötig beeinträchtigten, vermutete aber mehr eine irgendwie spirituelle denn eine organische oder psychische Ursache. Wenngleich er gelegentlich einen Psychologen oder Psychiater konsultierte, war ihm nie wohl dabei, wenn sie ihm etwas verordneten oder vorschlugen. Er zog es vor, seinem »Schatten« im behüteten Umfeld eines Klosters oder in einer Gemeinschaft zu begegnen, die von der Gesellschaft ausgegrenzt wurde: unter Armen, Behinderten und Minderheiten. Henri bat seine Freunde, während seiner Einkehrzeit im Kloster keinen Kontakt zu ihm zu suchen, um so seinem Lebenstraum nachgehen zu können, die Lebensgeschichte Jesu in der regelmäßigen Liturgie des monastischen Stundengebets nachzuvollziehen. Von ein paar Ausnahmen abgesehen, klappte seine Strategie. Respektierte man aber seinen Wunsch und suchte keinen Kontakt zu ihm, reagierte Henri oft beleidigt, als hätte man ihn vergessen und fallengelassen. Henri wollte beides und wollte nicht allein sein: Er wollte und suchte verzweifelt Zugehörigkeit, aber oft dort, wo es keine gab.

Henris Vorstellung von einem geborgenen und geregelten monastischen Leben gründete auf dem Fels seiner Veranlagung zur Rastlosigkeit, dem Verlangen nach neuer geistiger Anregung, dem Hunger nach neuen Freunden und Erfahrungen sowie einem nagenden, manchmal geradezu selbstzerstörerischen Unvermögen, nein zu sagen. Allzuoft kam es vor, daß Freunde, die seine Ruhephasen anfänglich unterstützten, ihn plötzlich wegen eines Rats, für die Feier einer Trauung, einer Taufe, für ein Begräbnis, einen Vortrag oder ein Vorwort zu einem Buch brauchten. Seine gewohnte Antwort: »Ja, natürlich!« war zum Teil von seinem Verlangen motiviert, wie Jesus ein Leben für andere zu führen. Ich und sicherlich viele tausend andere sind Henri für diese Motivation dankbar. Wahrscheinlich spielten aber auch andere, unbewußte Motive mit, wie das habituelle, fast neurotische Bedürfnis, gebraucht zu werden. In seinem ganzen Leben wurde jede eingelegte Sabbat- oder Einkehrzeit von hastigen Taxifahrten zu überfüllten Flughäfen, an ein Sterbebett oder zu einem Vortragssaal unterbrochen, in dem Hunderte begierig auf ein Wort der Hoffnung und Wegweisung warteten. Und Henri kannte sich gut. Er wußte, daß er den eigenen Rat, zu Hause zu bleiben und zu beten, oft nicht befolgen konnte.

Henris Veröffentlichungen aus den Jahren von 1974 bis 1984 rühren aus einem halben Dutzend pulsierender Dimensionen seines Lebens her: Gebet, Vorlesungstätigkeit, monastisches Gemeinschaftsleben, praktische Seelsorge, Tod seiner Mutter sowie sein Aufenthalt bei den Armen in Lateinamerika. Die Bücher »Ich hörte auf die Stille«, »Gebete aus der Stille« und der (in Deutsch noch unveröffentlichte) schmale Band »Thomas Merton, a Contemplative Critic« entstanden zwar in monastischer Umgebung, wenden sich aber bald der Frage zu: Wie läßt sich ein geistliches Leben außerhalb der Mauern eines Klosters führen? Das Anliegen aller drei Bücher ist die Integration von Kontemplation und christlicher Weltverantwortung.

In diesen und anderen Büchern findet Henri zu dem Stil, der für ihn typisch ist und den er für den Rest seines Lebens beibehalten wird. Seine Freunde scherzten darüber, daß viele seiner Bücher und die meisten seiner Vorträge in drei Punkte gegliedert sind. Der Inhalt der einzelnen Punkte mochte zwar variieren, aber kaum die Anzahl. So behandelt er in »In ihm das Leben finden« (Teil II) drei Aspekte des geistlichen Lebens, und bei dem Buch »Der dreifache Weg« weist schon der Titel auf dieses Prinzip hin. Ich habe nicht gesehen, daß Henri einmal eine Predigt schriftlich ausgearbeitet hätte. Wenn er eine Morgenandacht halten oder die Eucharistie feiern sollte, stand er früh auf, nahm sich etwas Zeit, um über das Evangelium des Tages nachzudenken und sich drei »Stichworte« zu notieren, die er seinen Zuhörern bald darauf ins Gedächtnis rufen wollte.

In »Der dreifache Weg« variiert Henri die gewohnte Darstellungsform des Dreischritts. Er stellt das geistliche Leben dar als eine Bewegung, als einen Weg von hier nach dort: von der Einsamkeit zur Einkehr bei sich selbst, von der Feindseligkeit zur Gastfreundschaft, von der Illusion zum Gebet. Vorbild dieser Dynamik ist das jüdisch-christliche Grundparadigma des Weges aus der Knechtschaft in die Freiheit, vom Tod zur Auferstehung und die oft paradoxe Rede Jesu, wie bei den Seligpreisungen, wo Armsein, Leiden und Demut den Mutterboden, den fruchtbaren Humus für die Seligkeit bei Gott bilden.

Wie bei Jesus, so verlangt auch bei Henri die geistliche Bewegung von hier nach dort ein diszipliniertes, poetisches und paradoxes Bewußtsein, das zwei scheinbare Gegensätze zusammenbringen kann. Nicht, daß Ohnmacht, Dunkelheit und Tod magisch in etwas anderes, in Macht, Licht und ewiges Leben verwandelt würden. Vielmehr entdeckten wir in der Strenge geistlicher Disziplin, daß in der Schwachheit irgendwie Macht verborgen ist, in der Dunkelheit Licht und im Tod Auferstehung. In allen Büchern Henris ist der christliche Weg die demütige Rückkehr zum Ursprung dessen, wer und was wir wirklich sind; und damit ein Entdecken, daß wir größer, geheimnisvoller und viel mehr geliebt sind, als wir denken. Eines und einer, größer als wir, sagt uns und spiegelt genau wider, was wir sind, macht uns weit und begnadet uns unendlich.

Dieses Weitwerden der menschlichen Person ist für Henri mit eigener Anstrengung nicht zu erreichen. Mit eigener Kraft könnten wir das tiefe Zusammentreffen von Gegensätzen, das wir sind, nicht beherrschen und ertragen. Sie wird aber in uns geboren, wenn wir uns Gott anheimgeben. Die Eucharistie ist für Henri die Inspiration und Quelle aller Selbsthingabe. Die Eucharistie führt uns in uns hinein und über uns hinaus, damit wir mit Freude und dankbar geben können, selbst wenn unser Ich uns drängt, zu behalten. Die Eucharistie, sagte Henri oft, bedeute Danksagen, und Danksagen bedeute Feier. Ohne die Eucharistie wären wir mit unserem persönlichen Überleben beschäftigt, würden wir unser Erleben in Vergnügen und Schmerz einstufen und tun, was wir nur könnten, um unsere Lebensspanne zu erweitern, das Vergnügen zu vergrößern. Das gemeinsame Mahl mit Brot und Wein ist eine Feier, die uns zum Bewußtsein führe, daß Leben und Tod Zwillinge sind, daß »Furcht und Liebe, Freude und Schmerz, Lachen und Weinen zusammengehören. Leben und Tod küssen einander in jedem Augenblick unseres Lebens. Die Eucharistie ist die Feier des Kusses.«9

Es ist im Rahmen dieser Einführung nicht möglich, den starken Einfluß der Eltern auf Henris Leben und sein schriftstellerisches Werk eingehender zu untersuchen. Doch möchten wir hier ein paar Fragen anschneiden, denen andere gewiß noch näher nachgehen werden. Als Psychotherapeut ist mir durchaus klar, daß Vertreter einer bestimmten psychologischen Richtung alles, was Henris Leben betrifft, auf irgendwelche unbewußten Konflikte mit seinen Eltern zurückführen könnten. Wenngleich solch eine Interpretation manche überzeugen dürfte, wäre sie allzu einfach, ja so unangemessen wie die Ansicht, die Beziehung zu seinen Eltern habe nichts mit seiner Botschaft zu tun. Meiner Meinung nach hängen Henris Leben und sein Dienst als Priester und geistlicher Schriftsteller offensichtlich mit einer geistlichen Kraft zusammen, die über die Verhältnisse in der Kindheit hinausgeht. Doch ebenso offensichtlich ist für mich, daß Henri ein Muster emotionaler Beeinflussung anhaftete, das sowohl sein Wirken beseelte als auch seine inneren Konflikte auflodern ließ. Ein paar Beispiele mögen zur Verdeutlichung genügen.

Verglichen mit den anderen Mitgliedern der Familie fühlte sich Henri von seiner Mutter am besten verstanden und am meisten geliebt. Er sprach oft davon, daß ihre Verehrung der Eucharistie ihn dazu inspiriert habe, Priester zu werden. In den Jahren seines Wirkens in den USA telefonierten Mutter und Sohn oft miteinander und schrieben einander viele Briefe. Als die Eltern Henri im September 1978 in New Haven besuchten, erkrankte seine Mutter plötzlich, kaum daß sie dort angekommen waren. Nach umgehender Rückkehr in die Niederlande stellten die Ärzte bei ihr einen inoperablen Tumor an der Bauchspeicheldrüse fest. Am 9. Oktober, während der sechsten Nachtwache der Familie an ihrem Krankenbett, starb sie nach qualvollem Kampf. Seine Gedanken beim Abschied von seiner Mutter hielt Henri in dem bewegenden Buch »Sterben, um zu leben« fest, das zwei an seinen Vater gerichtete Briefe enthält: *Worte zur Erinnerung* und *Worte zum Trost.* Darin sagt er:

»Es ging mir langsam auf, daß sie, die jede meiner Entscheidungen miterlebte, über jede meiner Reisen mit mir sprach, jeden Aufsatz, den ich geschrieben, und jedes Buch, das ich veröffentlicht habe, las, die mein Leben für so wichtig wie das ihre erachtete, nicht mehr da war. Mehr und mehr wurde mir bewußt, daß meine Mutter, wenn auch weit weg, immer Teil meines Weges gewesen war und daß ich die Welt tatsächlich durch ihre Augen betrachtet habe; sie, der ich alles erzählen konnte … Das ständige Gespräch mit ihr war plötzlich abgebrochen.«[10]

Henris Mutter hatte – körperlich und emotional – keinen leichten Tod. Wenige Tage bevor sie starb, vertraute sie Henri an, daß sie sich schäme und fürchte, »vor Gott zu erscheinen und ihm ihr Leben vorzuzeigen«. Warum mußte sie aber so leiden, wenn sie ein so gutes Leben geführt hat, immer »für andere« da war? Es überrascht, daß Henri als geübter seelsorglicher Berater nicht tiefer über das Leben und Sterben seiner Mutter nachgedacht hat. Könnte es sein, daß ihr Leben »für andere« zu einem Teil wirkliches Mitfühlen und Mitleiden war und zum anderen Teil eine eher problematische »Co-Abhängigkeit«, bei der sie manchmal – dadurch daß sie in das Leben anderer übermäßig einbezogen war – das Gefühl für sich selbst und ihr eigenes Leid, ihre eigene Freude, die eigene Meinung und Kraft verlor? Kann es sein, daß Henri für diese Möglichkeit blind war, weil er – unwissentlich – in derselben Weise litt? Ist es möglich, daß sein angebundenes, überladenes tägliches Leben ihn manchmal – während er andere heilte – von seiner eigenen Dunkelheit ablenkte und dabei den Tag seiner eigenen Selbstannahme und tiefen Heilung aufschob? Aufgrund seines begründeten Ansehens als umsichtiger Verfechter einer Integration von Psychologie und Spiritualität erscheint sein gelegentliches selektives Außerachtlassen psychologischer Einsicht und emotionaler Selbsterkenntnis rätselhaft. Das Reflektieren des Komplexes von Fragen, die der Tod seiner Mutter aufgeworfen hatte, führte Henri einfach zum Kreuz zurück, zu dem Gedanken, daß Gott irgendwie und irgendwo die Ängste dieses Todes und aller Tode teilt.

Typisch für das öffentliche Wirken Henris war sein freundlicher Hinweis, es sei besser, die verwundbaren Gefühle mit Menschen, die wir lieben, zu teilen, als isoliert zu sein und sich emotional auf sich selbst zurückzuziehen. Wie aber aus seinem Buch »Sterben, um zu leben« hervorgeht, fühlte sich Henri manchmal freier, diese Gefühle mit seinen Lesern statt mit seinen engsten Familienangehörigen zu teilen. So schreibt er zum Beispiel: »Wenn ich meiner Mutter geradeheraus gesagt hätte, wie sehr ich sie liebe und wie sehr ich an ihr hänge, wäre sie gewiß verlegen geworden, irritiert gewesen oder hätte ich sie gar verletzt. Sie hätte mich einfach einen Schwärmer genannt.«[11] Aus dem Buch geht hervor, daß Henri nicht den Eindruck hatte, seine Eltern würden sein ausgeprägtes emotionales Leben respektieren oder gar schätzen. Er teilt seinen Lesern aber auch nicht mit, wie er selbst dazu stand. Man darf annehmen, daß manche Erfahrungen, die seine Mutter mißbilligte oder ablehnte, für Henri als Kritik wichtig gewesen wären. Darüber erfahren wir aber nahezu nichts.

Das Verhältnis zu seinem Vater ist ebenso vielschichtig. In dem Trostbrief, den Henri ein halbes Jahr nach dem Tod der Mutter an seinen Vater richtete und in seinem Buch »Sterben, um zu leben« (II. Teil) veröffentlichte, spricht er dankbar vom neuen Bemühen seines Vaters, die Hand nach ihm auszustrecken. Henri macht seinem Vater auch das Kompliment, »eine starke Persönlichkeit, ein Mann mit einem festen Willen und überzeugendem Selbstbewußtsein« zu sein, und sagt weiter: »Man kennt dich als einen hart arbeitenden Mann, als einen unnachgiebigen Streiter für deine Klienten.«[12] Der Brief läßt die Liebe des Sohnes zu seinem Vater sehr schön aufleuchten, zeigt aber auch, wie der Sohn den Vater zu überzeugen versucht, er möge sein eigenes geistliches Leben stärker zur Geltung bringen und seine Aversion gegenüber denen überprüfen, die – wie Henri selbst – leiden und emotional verwundbar sind. Der Brief ist ein Musterbeispiel für das Bemühen vieler, die durch Beratungsgespräche, psychotherapeutische Behandlung und geistliche Begleitung den Punkt erreicht haben, neuen Kontakt zu ihren Eltern zu finden.

Henri wollte, so lange er lebte, seinem Vater mehr von sich mitteilen und auf diese Weise ein gegenseitiges Sich-Öffnen erreichen. Aber es gelang nicht, von ein paar Ausnahmen abgesehen. Henri spürte immer eine geistliche und emotionale Kluft zwischen sich und seinem Vater und ihre Einsamkeit. Obwohl diese zwei Männer viele gemeinsame Erfahrungen und Werte der Familie miteinander teilten, konnten sie doch nicht unterschiedlicher sein. Henris Vater schätzte den Erfolg, den Wettbewerb, Macht und gesellschaftliches Ansehen, hingegen sein Sohn das wettbewerbsfreie Leben in einer Gemeinschaft, emotionale Verwundbarkeit und die Machtlosigkeit der Armut hochhielt.

Nach dem Tod der Mutter unternahm Henri fast jedes Jahr mit seinem Vater eine kurze Urlaubsreise nach Deutschland oder anderswohin. Sie sahen einander regelmäßig, doch dauerte es lange, bis Henri sich mit der Tatsache abfinden konnte, daß es für seinen Vater – während er sich über die Aufmerksamkeiten seines Sohnes freute – nicht leicht war, ihm umgekehrt die Aufmerksamkeit zu schenken, die er suchte. Henri erzählte mir einmal, daß seine vielen Bücher, die er seinem Vater geschickt hatte, ungelesen in dessen Arbeitszimmer gelegen seien. Wenngleich er jahrelang die Aufmerksamkeit und das Lob seines Vaters zu gewinnen versuchte, schwand das Bemühen Henris, seinen Vater vielleicht zu ändern, und verlor sich schließlich ganz. Die Bücher und seine schriftstellerische Arbeit waren nicht der unmittelbare Grund für Henris Groll oder einen tiefen Schmerz, der sich aus der Beziehung zu seinem Vater ergeben haben könnte.

Henri war kein auf die Bibel pochender Fundamentalist. Sein Verständnis der Geschichte Jesu war nuanciert und mehr existentiell als moralisch geprägt. Aber in mancher Weise nahm er die einschlägigen Bibelstellen, die implizieren, daß Zorn eine Sünde ist, ganz und gar wörtlich. Ungeachtet seiner langen Ausbildung in westlicher Psychologie, ein Forschungsgebiet, wonach »Zorn« als eine neutrale Emotion gilt mit dem Potential, sich konstruktiv wie destruktiv auszuwirken, und obwohl sein eigenes Tätigkeitsgebiet der pastoralen Beratung »Zorn« als ein nützliches Emotions-»Signal« anerkennt, das uns vor einer (wirklichen oder vermeintlichen) Gefahr warnt, hat Henri sich nie ernsthaft mit der Möglichkeit auseinandergesetzt, er zürne deshalb seinen Eltern oder müsse gekränkt sein, weil er das, was er von ihnen erwartete, nicht erhielt. Folglich erreichte er nie den Punkt, an den viele gelangen, die den Weg vom Zorn zur Trauer gegangen sind: die tiefere Ebene des Mit-Leids mit seinen Eltern. Und mit sich selbst. Insofern Henri unerfüllte Bedürfnisse zugab, zog er es vor, zu deren Lösung wie sonst auch die Weisung der Bibel zu befolgen, Vater und Mutter zu ehren, Gutes über sie zu sagen und sie so zu akzeptieren »wie sie sind«, und sich nicht an die Psychotherapie zu wenden.

Waren bei Henris Fixierung auf die Ohnmacht Gottes vielleicht unbewußte Kräfte am Werk? Vielleicht übersah Henri beim Lesen der Geschichte Jesu die Gnade, die der Kraft persönlicher und sozialer Visionen und Kreativität innewohnen kann; der Kraft, die darin liegt, etwas geschehen zu lassen, und darin, etwas zu tun. Henri neigte dazu, die Ohnmacht Jesu, das, was er *erduldete*, was ihm *angetan* wurde, stärker hervorzuheben als das, was er befahl und bewirkte. Kann es sein, daß Henris Sichtweise sowohl von seinem katholischen Umfeld (mit dessen Betonung des Mitleids mit den Armen) als auch von der Art und Weise beeinflußt war, in der sein Vater seine persönliche Macht gebrauchte, um Distanz zu halten, Nähe zu meiden, eine Nähe, die Henri verzweifelt brauchte?

Man kann darüber spekulieren, ob das besondere Verständnis Henris von christlicher Liebe und Vergebung einen erschreckenden Preis hatte: das ernste, lebenslange Unterdrücken der von seinen Eltern für inakzeptabel angesehenen Emotionen (und des eigenen Ichs). Ich glaube, daß das geistliche Leben nie auf rein psychologische Kategorien zurückgeführt werden kann. Henri widmete sein Leben dem in uns, das sich Kategorien tatsächlich entzieht: dem göttlichen Ursprung und Ziel unseres zerbrechlichen und kostbaren Seins. Und wir alle leben noch am Nexus des Menschlichen und Göttlichen, des Himmels und der Erde. Diese Kräfte treffen in einer Person wie Henri machtvoll zusammen, und die Geschichte dieses Zusammentreffens kann auf vielerlei Weise erzählt werden.

1981 gab Henri seinen Lehrstuhl an der Yale-Universität auf. Diese Entscheidung überraschte manche, weil Henri gern eine Spiritualität lehrte, die seine komplexe Weltsicht mit einschloß. In der ganzen Zeit in Yale bildete das Neue Testament seine erste und wichtigste Textgrundlage. Aber gern verknüpfte er ein Wort aus dem Neuen Testament mit einem Ausspruch so unterschiedlicher Mystiker wie Bruder Laurenz, Theresia von Lisieux, Ignatius von Loyola und Thomas Merton, der Philosophen Soeren Kierkegaard und Martin Heidegger, verschiedener Zen-Meister, der Psychologen Viktor Frankl und Carl Rogers und sogar des Pop-Sängers Paul Simon, dessen berühmter Liedtext »Eine Brücke über aufgewühlten Wassern« Henri als Bild dafür diente, was Priester- und Seelsorgersein bedeute. Es ist interessant festzustellen, daß bei ihm in den Jahren nach Yale die Zitate nichtchristlicher Autoren weniger werden. Benutzte Henri eine Geschichte, ein Beispiel, eine Metapher oder ein Hoffnungswort, so verließ er sich mehr und mehr allein auf das Alte und Neue Testament. Die einzigen Metaphern, mit denen Henri nach Yale seine Predigten, Vorträge und Schriften gestaltete, waren das Leben Jesu und die Liebe, die Jesus mit seinem Vater teilte.

Henri war in Yale oft glücklich. Das Überreichen seines Buches »Geheilt durch seine Wunden« an seine Yale-Freunde, den Dekan der Theologischen Fakultät Colin Williams und seine Gattin Phyllis, war eine solche Gelegenheit. Williams stand Henri mit Begeisterung zur Seite, als sich eine andere Fakultät beklagte, Henri sei ein Popularisierer und nicht wissenschaftlich genug, um als Professor an der Yale-Universität zu lehren. Als ein neuer Dekan an Williams' Stelle trat, kam sich Henri innerhalb der Fakultät mehr und mehr deplaziert vor. Die neue Fakultätsadministration begrüßte die Tätigkeit Henris nicht in der Weise, wie es bei Williams der Fall war. Henri beunruhigte ein Problem, das er für chronisch hielt und unter den Studenten, innerhalb der Fakultät und in amerikanischen Priesterseminaren zu beobachten war: der Mangel an verbindender, einander stützender geistlicher Gemeinschaft. Zu wenige lebten in der Freude des Heiligen Geistes, zu viele wären engstirnig, oft niedergedrückt von der Last persönlichen Leids, des Papierkriegs oder des wissenschaftlichen Konkurrenzdenkens und Zynismus. Viele Ordensobere und Seminardirektoren würden, Henris Ansicht nach, schlafwandeln, wenn sie tanzen könnten!

Obwohl Henri immer die Vision einer sozialen und wirtschaftlichen Gerechtigkeit verkündete, bemühte er sich gleichzeitig, keine Kritik an Personen oder Institutionen zu üben. Genau so wie er keinen Grund sah, mit seinen Eltern zu streiten, entzogen sich Priesterseminare und andere religiöse und politische Institutionen einem harten Urteil. Selbst als er in Mittelamerika auf die Straße ging und von den Gewalttätigkeiten und der Doppelrolle der Vereinigten Staaten in Guatemala und El Salvador wußte, vermied er direkte Kritik an einzelnen Politikern und einzelnen Gesetzen oder Vorgängen. In fast allen aktuellen potentiellen Konfliktsituationen vermied er eine direkte Konfrontation und stellte statt dessen die positive, anspornende Sicht der Frohbotschaft in den Blickpunkt. Seine Autoritätskritik war gewöhnlich oberflächlich oder mit einem Schuß Humor versüßt und fand nur selten Eingang in eine Publikation. So schrieb er zum Beispiel 1980:

»Viele Seminare und theologischen Institute sind ausgesprochene Stätten der Geschwätzigkeit geworden. Wenn ich in der Kaffeepause den Gemeinschaftsraum der Yale Divinity School betrete und die Wellen seichter Konversation, in die ich bereitwillig eintauche, über mir zusammenschlagen, fällt mir oft die Feststellung eines Trappistenabtes ein: ›Wenn ein Novize tiefer in das geistliche Leben hineinwächst, spricht er nicht nur sanfter, sondern geht er sogar sanfter.‹ Inzwischen haben wir das Problem mit einem neuen, sehr dicken Teppichboden gelöst.«[13]

Nach viel Gebet und eingehender Beratung führten ihn seine Unzufriedenheit mit dem institutionalisierten Leben, sein Sinn für Abenteuer und seine Liebe zur Eucharistie als eine tiefe Weise sozialen Handelns zu dem Entschluß, Yale zu verlassen und nach Lateinamerika zu gehen. Dankbare Studenten und Freunde wünschten ihm gute Reise, dankten ihm für seinen Dienst bei ihnen und gaben ihm ihren Segen zu seinem nächsten Schritt ins Ungewisse, vielleicht bei den Armen in Peru. Sein im selben

Jahr erschienenes Buch »In ihm das Leben finden« (Teil I) trägt die Widmung: »In Dankbarkeit für zehn erfreuliche Jahre mit den Studenten und der Fakultät der Yale Divinity School.«

Schon in den siebziger Jahren hatte Henri nach einer Antwort auf die Frage gesucht: »Ruft Gott mich nach Lateinamerika?« Der starke Kontrast zwischen Reich und Arm in Lateinamerika hatte viele katholische Theologen in diesem turbulenten Jahrzehnt zu einem Kirchenverständnis geführt, das der »Option für die Armen« den Vorrang gab. Diese auch als »Befreiungstheologie« bekannt gewordene Sichtweise verwies darauf, daß die lateinamerikanische Kirche bisweilen mit den Reichen gemeinsames Spiel gemacht habe, um die Armen zu unterdrücken, und daß jetzt eine große historische, geistig-geistliche Umkehr erfolgen müsse. Die Kirche müsse den Armen helfen, deren Situation und Nöte zu artikulieren, und zwar nicht nur im Gebet hinter Kirchenmauern, sondern auch in der Öffentlichkeit, in ihren Kultur- und Wirtschaftsinstitutionen. Der Gedanke, daß Christus in den Armen manchmal sichtbarer sei, zog Henri stark an. Ihr Leben spiegele die Hoffnung, die Peinigung und die Verwundbarkeit Jesu wider. Daß Gott in Jesus Christus so wehrlos wie der Schwächste und Hilfloseste von uns geworden ist, zeige, daß hier bei den Armen der Same der Frohbotschaft aufgeht. Henri wollte nach Lateinamerika gehen, weil er glaubte, daß der versöhnende Christus an den Rändern der Gesellschaft oft sehr sichtbar wird.

Nachdem Henri im Sommer 1981 den Lehrstuhl an der Yale-Universität formell aufgegeben hatte, zog er sich zunächst für kurze Zeit wieder in die Trappistenabtei Genesee zurück, um dann im Oktober einen sechsmonatigen Aufenthalt in Lateinamerika anzutreten. Die ersten drei Monate verbrachte er in Cochabamba in Bolivien, um am »Instituto de Idiomas« der Maryknoll-Missionare einen Spanischkurs zu absolvieren; weitere drei Monate in Lima in Peru, wo er in einem Elendsviertel mit einer Indio-Familie ein kleines Haus teilte. Sein 1983 erschienenes Buch »Wohin willst du mich führen?« vermittelt – wiederum in Form von Tagebuchnotizen – ein lebendiges Bild dieses Wegabschnitts von Oktober 1981 bis März 1982. Der Aufenthalt in Bolivien und Peru berührte Henri tief, führte ihn aber auch zu der Einsicht, daß Gott ihn nicht dazu berufen habe, Südamerika auf Dauer zu seinem Zuhause zu machen.

Dann und wann Priester der Armen zu sein, und zwar dort, wo sie leben, das beflügelte und inspirierte ihn. So fühlte er sich zum Beispiel gleich nach seiner Ankunft in Peru vollkommen sicher, genau so wie schon zuvor beim Trauerzug der Farbigen in Atlanta nach dem Tod von Martin Luther King. Am 19. Oktober trägt er in sein Tagebuch ein:»Angesichts der belebten Straßen von Lima, der dunklen ehrlichen Gesichter und des lebhaften Gestikulierens hatte ich das Gefühl, als umarme ich ein Volk in seiner Liebe, wie ich es noch nie gekannt habe ... Als ich ... den Geist gütiger Vergebung spürte, hatte ich das seltsame Empfinden, als käme ich nach Hause. ›Hier gehöre ich hin. Hier muß ich sein.‹«[14]

Aber ein paar Monate später beginnt Henri, sich nicht genug gefordert und unterschätzt zu fühlen:»Man bedient sich meiner eigentlich nur zur Erledigung von Routineaufgaben«; und er kämpft gegen einen Anflug von Depression an. Nach viel Gebet und eingehendem Rat kommt er zu dem Schluß, daß die Reise nach Lateinamerika ihn»nicht zu jenem tiefen inneren ›Imperativ‹ geführt hat, der die Mitte einer echten Berufung bildet«[15].

Gleichwohl pflegte Henri das Netz freundschaftlicher Beziehungen, das er in Lateinamerika geknüpft hatte, und sprach in den USA über die von Unterdrückung gekennzeichnete politische und wirtschaftliche Situation, die er dort hautnah erlebt hatte. Auf Einladung seines Freundes und Pfarrers John Vesey, der kurz zuvor die Gemeinde des ermordeten Priesters Stanley Francis Rother in Santiago Atitlán/Guatemala übernommen hatte, reiste Henri für zehn Tage (25. September bis 5. Oktober 1984) noch einmal nach Lateinamerika. In dem Buch»Love in a Fearful Land«, das Henri ein Jahr später über diesen Aufenthalt veröffentlichte (in Deutsch nicht erschienen), beschreibt er die Schrecken und die Brutalität einer lateinamerikanischen Diktatur, der er begegnet war, bleibt aber bei seiner Überzeugung, daß eine bewaffnete Revolution oder das Prinzip Haß gegen Haß keine gültige christliche Antwort sei. Der Friedensweg Jesu müsse eingeschlagen werden.

Die Hoffnung auf eine gewaltfreie Entwicklung brach machtvoll in Henri auf, als er gegen Ende seines Besuchs in Guatemala mit Father John Vesey und zweitausend Pfarreimitgliedern die Eucharistie zum Gedenken an Fr. Stanley Rother feierte. Wenn man Henri einen Mystiker nennen wollte, so wäre dieses Ereignis beispielhaft. Vielleicht war er ein Mystiker der Eucharistie. Dann wäre ein Geschehen wie das im Folgenden beschriebene der »magnetische Nordpol«, nach dem seine geistliche Kompaßnadel ausschlug:

»Kaum hatte John das Eucharistische Hochgebet vorzutragen begonnen, fingen die Leute an, ihre Gebete mit lauter Stimme auszustoßen ... Als ich diese Symphonie des Gebets erklingen hörte, wähnte ich alle menschlichen Wesen um den Leib und das Blut Christi versammelt und in einem großen Eucharistischen Gebet zu Wort gebracht ... Alle wurden Priester und hoben ihr Leben hoch ... Not und Freude, Verzweiflung und Hoffnung, Furcht und Liebe, Tod und Leben, das alles wurde eins in dieser Woge des Gebets, die sich dann in das Gebet ergoß, das Jesus selbst uns gelehrt hat, das ›Vater unser‹.«[16]

Die achtziger Jahre: Professor an der Harvard-Universität und Seelsorger in der »Arche«

Bald nachdem Henri im März 1982 aus Lateinamerika in die Vereinigten Staaten zurückgekehrt war, erhielt er ein Angebot, an der Harvard Divinity School in Cambridge, Massachusetts, zu lehren. Er nahm es an mit der Vereinbarung, jeweils nur ein Semester pro Jahr Vorlesungen zu halten und in der anderen Hälfte frei zu sein; ein großzügiges Entgegenkommen dieser amerikanischen Spitzen-Universität. Henri siedelte im Spätherbst 1982 nach Cambridge um und begann dort im Januar 1983 mit seinen Vorlesungen. Wie gewohnt lud er Studenten, Mitglieder der Fakultät und Freunde zur morgendlichen Eucharistiefeier ins Gästehaus der Universität, in dem er wohnte, ein. In den drei Jahren, genauer gesagt Semestern in Harvard hielt Henri Vorlesungen in Spiritualität unter besonderer Bezugnahme auf das Johannesevangelium. In der zweiten Jahreshälfte 1983, nach Abschluß des ersten Semesters, entschloß sich Henri zu einer erneuten Reise nach Lateinamerika und weilte einen Monat in Mexiko, anschließend in Nicaragua, wo die Sandinisten einen verzweifelten Kampf gegen die von den USA unterstützten Contras führten. Henri besuchte mit ihm befreundete Maryknoll-Missionare, feierte an verschiedenen Orten die Eucharistie und traf mit Anführern der Sandinisten zusammen, so auch mit Tomás Borge.

Die Sandinisten hatten erklärt, ihre Bewegung stehe im Einklang mit der Auffassung und den Werten der katholischen Kirche, und tatsächlich gehörte ihrem Führungskreis zumindest ein katholischer Priester an. Bei einer Diskussion nach einem Abendessen in meiner Wohnung 1984 äußerte sich Henri aber skeptisch, als er gefragt wurde, welchen Eindruck er bei seinem Besuch bei Tomás Borge gewonnen habe:»Ich hatte leider das Empfinden«, sagte Henri,»daß Borge recht manipulativ sein kann. Er ist ein charismatischer Redner, der die Leute in der Hand hat. Er kann eine Menge bis zur Hysterie hochschaukeln.« Henri streckte dabei seinen Arm aus, blickte auf seinen Handteller und bewegte dabei die Finger mal nach links, mal nach rechts, um damit eine Art von Tanzenlassen anzudeuten.

»Ich habe Borge in seinem Büro besucht und geglaubt, wir könnten ein gutes persönliches Gespräch miteinander führen. Er hatte aber fünf Fotografen und Journalisten eingeladen, die andauernd Fotos machten, während er bei mir saß und eine fünfzig Minuten dauernde Vorlesung über die enge Beziehung zwischen Kirche und Staat unter den Sandinisten hielt.«

Henri warf seine Arme hoch.»Borge weiß schon alles. Man hat keine Chance, ein Wort einzuwerfen.«[17]

Henri wies bei seiner Begegnung mit Borge und anderen Führern der Sandinisten gelegentlich auf offensichtliche Widersprüche in ihren Aussagen über die Errichtung eines mit-leidenden Nicaragua hin. Er erzählte mir einmal, daß er einem Anführer der Revolutionäre in einem Gespräch freundlich vorgeschlagen habe, die Bezeichnung»Hunde« besser nicht zu gebrauchen, wenn von den politischen Oppositionellen die Rede sei.

Trotzdem meinte Henri, daß die Sandinisten ihre Mission wohl zum Erfolg führen würden, wenn sie es nur allein tun könnten. Die Vereinigten Staaten brächten aber für ein derartiges linksradikales Experiment so nahe an ihren Grenzen nicht die nötige Geduld auf. Wirtschaftliche Sanktionen würden über das kleine Land verhängt, antisandinistische Rebellen in US-Stützpunkten im benachbarten Honduras ausgebildet und Hilfsgüter wie auch Munition den Rebellen tonnenweise zufließen. Zudem hätte der amerikanische Geheimdienst in Nicaragua eine kostspielige Propagandakampagne gestartet, um die sandinistische Regierung in Mißkredit zu bringen. Henri sah, welch schreckliche Auswirkungen diese Politik für das einfache Volk hatte, und versprach, alles in seiner Hand Liegende zu tun, um den Frieden in dieser Region zu fördern. Nach seiner Rückkehr in seine Heimat-Basis Cambridge trat Henri eine Vortragsreise an, um auf die Unterdrückung in Mittelamerika aufmerksam zu machen. Dazu gehörten auch private Gebetstreffen mit amerikanischen Senatoren, die Henris geistliche Sicht und Weisung schätzten.

Ende der sechziger, Anfang der siebziger Jahre bezog Henri gegen den Krieg in Vietnam und die Diskriminierung der farbigen Bevölkerung in den USA Stellung. Von Mitte der siebziger bis Mitte der achtziger Jahre prangerte er in Vorträgen, durch die Teilnahme an Ralleys und Protestmärschen wie auch in Zeitschriftenartikeln die wirtschaftliche und politische Ungerechtigkeit in Lateinamerika an. Bei all diesem Ringen vertrat Henri eine absolut eindeutige und konsequente Einstellung. Das vorrangige Ziel aller politischen Führer müsse das Stiften von Frieden sein, ob mit oder ohne Gewalt. Doch die Versuchung, persönliche Macht zu erlangen, sei zu groß, um von unserem drängenden selbstsüchtigen Ich bezwungen zu werden. Deshalb müsse der Friede ein Friede Gottes sein, ein Friede, der frei verfügbar wäre, wenn wir uns innerlich Jesus zuwendeten. Jesus ist der Inbegriff des höchsten Friedensstifters, indem er stets auf den Vater als den höchsten Urheber des Friedens, der Gerechtigkeit, der Güte, des Erbarmens, der Liebe und Kreativität hinweise. Um Frieden zu erlangen, müßten wir von unserer persönlichen Rangordnung der Dinge ablassen und uns auf Gott einlassen. Henri betrachtete sich nicht als einen politischen Strategen, vertraute aber darauf, daß sich aus unserer Hingabe an Gott neue Strategien der Befreiung ergeben werden.

Henri wies oft auf zwei Gefahren hin, die bei jedem Kampf um Menschenrechte drohen. Auf der einen Seite das träge Sichergeben in die Unterdrückung, auf der anderen Seite die »Versuchung zum Aktivismus«, bei dem wir mit einem Haß und Hochmut rebellieren würden, der denen der Unterdrücker gleichkomme. Henri erinnerte seine sozial-aktivistischen Freunde an »die Gefahr, daß der Kampf um die vollständige Befreiung des Volkes auf einen ›Kampf um Rechte‹ eingeengt wird. Solch eine ›lucha‹ (spanisch = Kampf) kann leicht zu einem Fanatismus führen, der sich nicht mehr von der Freude und dem Frieden des Reiches Gottes leiten läßt, sondern von einem menschlichen Instinkt, dem es nur darum geht, eine Form der Unterdrückung durch eine andere zu ersetzen.«[18]

Wahre Friedensstifter träten entschieden für alle Menschen ein, ohne Unterschied von Rasse, Klasse, Geschlecht oder gesellschaftlichem Stand, und seien stets von der Liebe Gottes und nicht von Eigenliebe geleitet. Diesen Mittelweg zwischen Sich-Ergeben und Sich-Erheben erkundet Henri in seiner Trilogie über Lateinamerika:»Das geteilte Leid« (1982),»Wohin willst du mich führen« (1983) und»Liebe in einem Land voll Furcht« (»Love in a Fearful Land«, 1985; deutsch unveröffentlicht). Für Henri entspringt der Kampf um Gerechtigkeit in erster Linie einer Sicht dessen, wer Gott ist, und nicht einem menschlichen Kalkül von Bedürfnissen und materiellen Gütern.

∿

Das Hauptthema der Vorlesungen Henris in den Sommersemestern 1983 und 1984 war Johannes, der Lieblingsjünger Jesu. Henri identifizierte sich mit der mystischen Sensibilität des Johannes und seiner Nähe zu Jesus. In den Augen des Jüngers ist Jesus der Ort, an dem sich ewiges und vergängliches Leben begegnen. Für Johannes hat Jesus keinen Anfang und kein Ende. Entwickeln wir eine enge Beziehung zu Jesus, haben auch wir keinen Anfang und kein Ende.

Henri begann seine Vorlesungen oft mit einem Augenblick der Stille, einer kurzen Lesung aus der Heiligen Schrift und einem Gebet. Die aufgeschlagene Bibel vor der Brust, stand er vor den Bänken des überfüllten Hörsaals und las vor:»Im Anfang war das Wort, und das Wort war bei Gott, und das Wort war Gott. Im Anfang war es bei Gott. Alles ist durch das Wort geworden ... Und das Licht leuchtet in der Finsternis, und die Finsternis hat es nicht erfaßt ... Das wahre Licht, das jeden erleuchtet, kam in die Welt ... Und das Wort ist Fleisch geworden und hat unter uns gewohnt ... voll Gnade und Wahrheit ... Aus seiner Fülle haben wir alle empfangen, Gnade über Gnade« (Johannesevangelium 1, 1–3.5.9.14.16).

Ich hatte das Glück, viele Predigten, Vorlesungen und Einkehrvorträge Henris im Laufe unserer dreizehn Jahre dauernden Freundschaft hören zu können. In dieser ganzen Zeit habe ich nie erlebt, daß er Worte aus der Bibel wie einen gewöhnlichen Text vorgelesen hätte. Im Gegenteil. Wenn Henri vortrug:»Das Licht leuchtet in der Finsternis«, wußte man, es ist wahr, weil er in diesem Augenblick auf das Licht schaute. Er und der Lieblingsjünger schauten auf etwas gemeinsam, wollten, daß auch wir es sehen. Er berührte etwas und wollte, daß auch wir es berühren. Wenn Henri aus dem Johannesevangelium vorlas, trug er es vor wie etwas, das *ist*. Und selbst wenn unser Verstand es nicht zu glauben vermochte, schlug doch unser Herz höher. Sein Charisma ließ im Hörsaal oft eine Atmosphäre aufkommen, die uns unmerklich in einen begnadeten, gewandelten Bewußtseinszustand versetzen konnte. Die Geschichte Jesu sei unvollständig, unvollendet, weil wir unvollendet seien. Sind wir gewillt, die Fleischwerdung mit unserem eigenen Leben zu vervollständigen?, war seine Frage.

Nur der hartherzigste Zyniker hätte eine Vorlesung oder Predigt Henris ungerührt über sich ergehen lassen können. Hatte Henri aufgrund der Fragen oder der Mimik seiner Hörer das Gefühl, daß sie sich zurückhielten, so konnte er sagen:»Achten Sie nicht darauf, worin Sie mir zustimmen oder nicht zustimmen. Hören Sie mit Ihrem Herzen zu!« Henri ging es nicht darum, daß man seiner Theologie zustimmt. Er wollte, daß wir Christus in uns zustimmen.

Henris unbekümmert vorgetragene Auffassung von der Gegenwart des lebendigen Christus unter uns mochte manche seiner Harvard-Kollegen und -Studenten, die die Kunst feinsinniger, leidenschaftsloser theologischer Argumentation schätzten, befremdet haben. Aber viele von ihnen wurden von seinem überströmenden Glauben unerklärbar angezogen. Seine Vorlesungen und Abendvorträge waren immer überlaufen. An einem Abend in Harvard 1983 standen im Hörsaal und draußen auf dem Gang so viele Leute, die ihn hören wollten, daß Henri eine ungewöhnliche Lösung vorschlug:»Einige von Euch Freunden wohnen hier in der Nähe«, erklärte er lächelnd.»Ich habe aber gehört, daß viele andere von weit her gekommen sind. Deshalb frage ich mich, ob einige von Euch bereit wären, heute abend wieder nach Hause zu gehen, damit unsere Gäste Eure Sitzplätze einnehmen können. Ich will dafür morgen abend für alle, die jetzt wieder gehen, die Vorlesung wiederholen.« Daraufhin gingen mehrere Dutzend Leute heim, um am nächsten Abend erwartungsvoll wiederzukommen – in einen ebenso vollbesetzten Hörsaal.

Henri gliederte seine Vorlesungen und Vorträge auch in Harvard in drei Schritte, die eine geistliche Bewegung von einem Punkt zu einem anderen darstellten. An dieses Konzept der Bewegung und Schritte hielt er sich bei jedem Vortrag, jeder Predigt und in allen seinen Schriften monate-, ja jahrelang. Von 1983 bis 1985 legte er seinen Hörern nahe – Theologiestudenten, katholischen Pfarrern und den Teilnehmern an seinen Kursen und Einkehrtagen –, aus dem Haus der Angst in das Haus der Liebe umzuziehen. Dort – im Haus der Liebe – eröffneten sich uns drei Dimensionen geistlichen Lebens: Nähe, Fruchtbarkeit und Ekstase.

»Wie schwer ist es aber, aus dem Haus der Angst auszuziehen!« Henri fügte in diesen Jahren oft hinzu: »Auf meinen Reisen in Lateinamerika und in den Vereinigten Staaten wird mir ständig die Macht der Angst bewußt. Und viele von uns leben in ihrem Griff!« Ein riesiges Netz von Furcht schnüre uns ein: Furcht vor Gewalt auf unseren Straßen und in unseren eigenen vier Wänden; Furcht vor der Meinung der Leute über uns; Furcht, einen Fehler zu begehen; Furcht vor Nähe, Furcht vor Gott; ja sogar vor uns selbst und unseren Sehnsüchten fürchten wir uns. Ich war erstaunt, wie viele mächtige Gründe Henri aufzählen konnte, die durchaus im Bereich meiner täglichen Wahrnehmung lagen. Und erst heute, Jahre später, beginne ich, Henris Einsicht nachzuvollziehen, daß unser ganzes Denken und Handeln manchmal einer verborgenen Quelle der Furcht entspringt. Aber selbst wenn wir Henris tiefe Sicht menschlichen Leidens nicht vollständig verstanden haben, glaubten ihm viele von uns, wenn er unsere Befreiung von Furcht ausrief. Viele von uns glaubten ihm, wenn er verkündete, daß wir im Innersten unseres Seins geliebt seien, »noch ehe wir geboren wurden«, genau wie Johannes sagt, und daß wir deshalb ohne Furcht durch die Welt gehen könnten, frei, um zu lieben.

Vor Beginn seines dritten Vorlesungssemesters in Harvard nahm Henri eine Einladung zum Besuch einer Gemeinschaft für geistig Behinderte an, die in Trosly-Breuil, einem kleinen Dorf in der Nähe von Paris, ihren Sitz hatte. Hier hatte Jean Vanier, Sohn eines Generalgouverneurs von Kanada und bis dahin Philosophieprofessor, im Jahr 1964 die erste »Arche«-Gemeinschaft einer heute weltweiten Bewegung ins Leben gerufen. Jean Vanier war wie Henri in einer katholischen Familie aufgewachsen, in der der tägliche Besuch der heiligen Messe die Regel war. Als guter Christ bedrückte Jean Vanier das Los geistig behinderter Menschen in unserer Gesellschaft. Viele von ihnen sind von der Welt der Gesunden und Starken abgesondert und werden von Pflegekräften betreut. Jean Vanier nannte seine Gemeinschaft »Arche«, um damit – in Anlehnung an die Arche Noach – seinem Wunsch Ausdruck zu geben, Behinderten eine Zufluchtsstätte zu bieten, wo sie als Mitglieder einer kleinen Gemeinschaft leben können und beachtet werden. In der »Arche« sorgen »Assistenten« und »Assistentinnen« für die Behinderten, die den Kern der Gemeinschaft bilden. Die Assistenten und Assistentinnen sind keine angestellten Berufs-Pflegekräfte mit fester Arbeitszeit, sondern Freiwillige, meist jüngere Männer und Frauen, die mit den Behinderten in denselben Häusern wohnen und mit ihnen das Leben teilen. Das Vorbild der »Arche«-Bewegung ist die Freundschaft Jesu mit den Ausgestoßenen und an den Rand Gedrängten: Immanuel, »Gott (ist) mit uns« (Jesaja 7, 14).

Im Laufe seines sechswöchigen Aufenthalts bei Jean Vanier in der »Arche« in Trosly-Breuil sah Henri in diesem Mann mehr und mehr seine eigene Sicht vom Handeln Jesu in unserer Welt verkörpert. Statt bestehende staatliche oder politische Strukturen zu bekämpfen, ruft er lieber die Menschen um sich herum auf, eine kleine Gemeinschaft zu bilden, die sich der Liebe der Ungeliebten, auch seiner selbst, verschrieben hat. Obwohl Henri im Frühjahr 1985 ein weiteres Semester in Harvard lehrte, war ihm klar, daß es das letzte sein würde. Er fühlte sich unter Kollegen nicht heimisch, die, wie er meinte, intellektuelle Schärfe und wissenschaftlichen Wettbewerb höher einschätzten als den Aufruf Jesu, den Bedrängten die heilende Gegenwart Gottes zu überbringen. Es war ein weiterer Versuch auf akademischer Ebene, aber mit Ausnahme eines Seminars am Regis College in Toronto hielt er seitdem nie mehr ein eigentliches Lehrsemester. Nach Abschluß des Sommersemesters 1985 gab Henri seinen Lehrstuhl in Harvard auf.

Henri hatte sich immer gefragt, wie eine auf die Eucharistie als Mittelpunkt ausgerichtete Gemeinschaft aussehen würde. Jetzt hatte er in der »Arche« solch eine Gemeinschaft gefunden. In Jean Vanier war ihm ein Freund begegnet, mit dem er sich identifizieren konnte: ein akademischer Kollege, der in Paris studiert hatte und als Philosophieprofessor am St.-Michaels-Kolleg in Toronto lehrte, sich dann aber entschloß, Lehramt und Wissenschaft aufzugeben, um ein geistlich inspiriertes Leben mit ganz gewöhnlichen Menschen zu führen. Das 1986 erschienene Buch Henris »Im Haus des Lebens. Von der Angst zur Liebe« geht auf seine Vorlesungen an der Harvard Divinity School zurück, doch wird Harvard darin nirgendwo erwähnt. Vielmehr ist es der Mutter Jean Vaniers, Madame Pauline Vanier, gewidmet. Henri sagt in der Einführung zu diesem Buch, daß ihm die Begriffe »Intimität«, »Fruchtbarkeit« und »Ekstase« als Schlüsselworte christlicher Gemeinschaft erstmals von Jean Vanier nahegebracht worden seien. Henri kehrte im August 1985 in die »Arche« Trosly-Breuil zurück, um hier ein dreiviertel Jahr mit den Assistenten und Kern-Mitgliedern der Gemeinschaft zusammenzuleben und zu schreiben, unterbrochen von »etlichen Abstechern in die Niederlande, nach Deutschland, Kanada, in die USA und zu anderen Zielen«. Alle Bücher, die Henri nach diesem Zeitpunkt veröffentlichte, beziehen sich auf sein Leben in der »Arche«. Die Tagebuchaufzeichnungen aus der Zeit seines Aufenthalts in Trosly-Breuil – 13. August 1985 bis 8. Juli 1986 – legte er 1988 als Buch unter dem Titel »Nachts bricht der Tag an« vor.

Als Henri in Trosly-Breuil weilte, erhielt er das Angebot, Seelsorger und geistlicher Leiter der »Arche«-Gemeinschaft Daybreak in Richmond Hill, einem Vorort von Toronto, zu werden. Henri sagte zu und zog im August 1986 an den Ort, der bis zu seinem Tod zehn Jahre später seine Heimat bleiben sollte.

Henri versuchte in Daybreak, tiefer in das Leben Behinderter einzutreten. Die Leiter der Gemeinschaft schlugen ihm vor, den Vormittag über die Arbeit eines Assistenten sowie andere seelsorgliche Aufgaben zu übernehmen, um dann am Nachmittag und Abend Zeit zum Schreiben zu haben. Er nahm die Herausforderung an, als Pflege-Assistent für ein Kern-Mitglied wie Adam Arnett, der an epileptischen Anfällen litt und weder sprechen noch einen Schritt allein tun konnte, zuständig zu sein. Henri rang um die Geduld, die die umfassende Betreuung dieses schwerbehinderten jungen Mannes verlangte. In späteren Veröffentlichungen und Vorträgen teilte Henri mit, was er von Adam über das Menschsein und die Liebe Gottes zu allen Menschen gelernt hatte. Im Februar 1987 kehrte Henri nach Cambridge zurück, wo er in der Sankt-Pauls-Kathedrale einen Abendvortrag hielt. An die fünfhundert Zuhörer folgten seinen bewegenden Ausführungen über Adam. Henri sah in ihm ein Zeichen, einen Hinweis darauf, mehr das *Sein* als das *Tun* im Blick zu haben, um dabei dem Geheimnis der heilenden Gegenwart Gottes nahezukommen und Frieden zu finden. Auch in den folgenden neun Jahren sprach Henri in seinen Vorträgen immer wieder von Adam. Er war für ihn ein starker Bezugspunkt geworden, um seinen »Glauben an den Reichtum Christi zu verkünden«; Adam, »der mich nicht ausdrücklich zu erkennen vermochte, sollte anderen durch mich helfen, Gott in ihrem Leben zu entdecken«. So lag es auf der Hand, daß Henri kurz nach Adams Tod im Februar 1996 die Lebensgeschichte dieses für ihn wichtigen jungen Menschen schrieb, um darin zugleich seine »innerste Überzeugung als Christ, der an der Schwelle ins dritte Jahrtausend steht, auszusprechen«. Es war Henris letztes ausgearbeitetes Manuskript, das ein Jahr nach seinem Tod als Buch mit dem Titel »Adam und ich. Eine ungewöhnliche Freundschaft« erschien.

Die Predigten und Vorträge Henris aus der Zeit, in der er Seelsorger der Daybreak-Gemeinschaft war, bekunden sein stetiges Interesse am Leben und an den Worten Jesu und an einfachen, tiefgläubigen Menschen, lassen es aber an hoher theologischer Spekulation oder kämpferischen Programmen zur politischen Befreiung der Armen vermissen. Für Henri bedeutete »kindlicher Glaube« nicht »dumpfer Glaube«, sondern eher eine »zweite Naivität«, bei der sich Intellekt und Emotion harmonisch verbinden. Oft ließ er die Zuhörer vor einem Vortrag einen Gesang aus Taizé anstimmen, um so einen Einklang der Herzen herbeizuführen. Die Arbeit mit Behinderten bot Henri die Chance, etwas zu tun, was er sich immer gewünscht hatte: Menschen, die an Einsamkeit, Schwermut, Minderwertigkeitsgefühlen oder politischer Unterdrückung leiden, ein einfaches Wort oder Lied der Ermutigung und Hoffnung zu sagen oder zu singen.

In all seinen Vorträgen und Predigten wollte Henri den Zuhörern die Tatsache vermitteln, daß jede(r) Behinderte(r) der »Arche« und jeder an den Rand Verdrängte draußen in der Welt Gaben anzubieten habe, Gaben der Liebe und der Weisheit. Die Arbeit der »Arche«-Assistenten bestehe darin, Lebensumstände zu schaffen, in der diese Gaben angeboten und entgegengenommen werden könnten. Bald nahm Henri Kern-Mitglieder der »Arche« auf seine Vortragsreisen in ganz Amerika mit. Er sagte seinen Zuhörern, daß die meisten seine Worte wohl bald vergessen, sich aber sicherlich immer daran erinnern würden, daß er neben einem Behinderten aus seiner Gemeinschaft am Vortragspult gestanden sei.

Von da an drang Henris Ruf als bedeutender geistlicher Schriftsteller und Redner weit über Nordamerika und den katholischen Leser- und Hörerkreis hinaus. Im deutschen Sprachraum gehörten seine Tagebuchaufzeichnungen aus seinem ersten Aufenthalt im Trappistenkloster Genesee, die der Verlag Herder in Freiburg im Breisgau schon 1978 unter dem Titel »Ich hörte auf die Stille« herausgebracht hatte, innerhalb kurzer Zeit zu den »religiösen Bestsellern«. Der Erfolg dieses Buches (inzwischen in 19 Auflagen und verschiedenen Ausgaben erschienen) ließ eine feste Henri-Nouwen-Lesergemeinde entstehen, die seine weiteren, von Jahr zu Jahr erscheinenden Bücher mit großem Interesse aufnahm. Da Henri in Daybreak oft wenig Zeit zum Schreiben fand, reiste er wiederholt nach Freiburg im Breisgau, um sich in seine »Stadt-Eremitage« im Hause seines Verlagslektors zurückzuziehen. Eine Frucht der engen Beziehung zwischen Autor, Verlag und Lektor ist auch die von Franz Johna herausgegebene, 1990 erschienene Sammlung von Texten für alle Tage von Aschermittwoch bis Ostern »Zeige mir den Weg«.

Nach so langem Aufenthalt in Amerika betrachtete sich Henri als amerikanischer Autor und verfaßte nahezu alle Manuskripte in Englisch. Aber er liebte seine Heimat und verfolgte schmerzlich den in den Niederlanden seit Ende des Zweiten Weltkriegs sich vollziehenden tiefgreifenden Säkularisierungsprozeß. Seit seiner Kindheit war die katholische Kirche an den Rand gedrängt worden, hatte sich die kirchliche Hierarchie gelegentlich in einer Art Festungsmentalität in die Defensive zurückgezogen. Das mangelnde Interesse in den Niederlanden an christlicher Spiritualität im allgemeinen und an seinen Büchern im besonderen beschäftigte Henri. Er wünschte sich in seiner Heimat eine stärkere Resonanz, vor allem in den gebildeten Kreisen der Niederlande und bei der Jugend.

Henri sah in den letzten zehn Jahren seines Lebens die Möglichkeit einer geistlichen Erneuerung in den Niederlanden und begann, in seiner Heimat seine Fühler etwas weiter auszustrecken, gab Zeitungen und im Fernsehen Interviews und suchte nach geeigneten Verlagen für niederländische Übersetzungen seiner Bücher. 1987 erschien in einem Verlag im flämischen Sprachgebiet Belgiens sein – diesmal in seiner Muttersprache verfaßtes – Buch »Brieven aan Marc« (deutsch: »Jesus, Sinn meines Lebens«), in dem er seinem achtzehn Jahre alten Neffen in einer Reihe von Briefen Anleitungen zu einem Leben im Glauben gibt.

Zwei Ereignisse stoppten Henri auf seinem Weg in den späten achtziger Jahren: Ende 1988 erlitt er einen Zusammenbruch, begleitet von tiefer Unruhe und Angst, der einen sieben Monate langen Aufenthalt in Winnipeg und eine Behandlung notwendig machte. Ein Jahr später erlitt Henri auf dem Weg von Daybreak zur Morgenmesse in der Pfarrkirche von Richmond Hill einen Unfall, bei dem er am Straßenrand vom Außenspiegel eines Lieferwagens gestreift und schwer verletzt zu Boden geworfen wurde. Beide Ereignisse konfrontierten ihn mit der Grundfrage von Leben und Tod. Wollte er wirklich leben? Wollte er wirklich darauf vertrauen, daß Gott ihn liebt? Henri sah ein Unglück oder ein Mißgeschick immer als eine Gelegenheit an, seine schriftstellerische Arbeit zu vertiefen. So arbeitete er auch diese beiden intensiven Erfahrungen in Zeitschriftenaufsätzen, Predigten und Büchern auf. Der Unfall durch den Lieferwagen hätte ihn fast das Leben gekostet, doch schon während der dreieinhalb Wochen langen Rekonvaleszenz nach schwerer Operation verfaßte Henri eine Folge von Meditationen zu den Kreuzwegstationen, die 1990 als Buch in Amerika und ein Jahr später in deutscher Übersetzung unter dem Titel »Er trägt unsere Last« erschienen. Das ebenfalls 1990 erschienene Buch »Der Spiegel des Jenseits. Gedanken um Tod und Leben« behandelt die »geistliche Geschichte« dieses Unfalls.

Die unmittelbare Ursache der seelischen Krise, in die Henri Ende 1988 geraten war, bildete das Zerbrechen einer engen Freundschaft. Henri berichtet darüber in seinem »geheimen Tagebuch«, das er in jenen Monaten in Form von dreiundsechzig »geistlichen Imperativen« an sich selbst verfaßte und erst acht Jahre später, kurz nach seinem Tod, unter dem Titel »Die innere Stimme der Liebe. Aus der Tiefe der Angst zu neuem Vertrauen« veröffentlicht werden konnte. Henri scheute sich nicht, die Leser an seinen Zweifeln und Verwundungen teilnehmen zu lassen. Er ging immer davon aus, daß andere mit ähnlichen Herausforderungen zu kämpfen haben. Und so wie er zur Stimme der Liebe zurückfand, hoffte er auch Leser seiner Schriften dazu inspirieren zu können. Zudem ermöglichte ihm das Schreiben, seine geistlichen Einsichten sich selbst klarer werden zu lassen und sich anzueignen. In der Einführung zu seinem Buch »Die innere Stimme der Liebe« vertraut uns Henri an, wie ernst die Situation war, in der er sich im Winter 1988 befand:

»Es war eine Phase, in der mich große innere Unruhe und tiefe Angst erfaßt hatten. Ich habe mich gefragt, ob ich mein Leben, so wie ich es neu begonnen hatte, werde durchhalten können. Alles brach zusammen: meine Selbsteinschätzung sank, meine Lebensenergie schwand, und mein Arbeitseifer erlahmte; auch das Gefühl, geliebt und gehalten zu sein, erlosch ebenso wie meine Hoffnung auf Heilung und mein Vertrauen auf Gott ... alles. Da war ich nun: ein geistlicher Schriftsteller, der Beachtung findet, weil er Gott liebt und den Menschen Hoffnung gibt, niedergedrückt und in völliger Dunkelheit.«[19]

Henri sah ein, daß er von seinem Freund bedingungslose Liebe erwartete, etwas, das nur Gott geben kann. Die Leser seiner Bücher konnten darin ohne weiteres ein in seinem Leben wiederkehrendes Thema erkennen. Tatsächlich hatten sich die zwischenmenschlichen Schwierigkeiten, die zu diesen Ängsten geführt hatten, schon seit längerem abgezeichnet.

Henri hatte sich als Priester zum Zölibat entschieden, einer Lebensform der Ehelosigkeit und des Für-sich-Seins, die es den Geistlichen ermöglichen soll, leichter Jesus – der wahrscheinlich selbst ehelos war – nachzufolgen»und sich freier dem Dienst an Gott und den Menschen widmen (zu) können«(CIC 277).

In den Jahren, in denen sich Henri im Seminar auf das Priestertum vorbereitete – ein gutes Jahrzehnt vor Abschluß des Zweiten Vatikanischen Konzils –, schloß die Zölibatsverpflichtung auch»Partikularfreundschaften« aus. Eine solche besondere freundschaftliche Beziehung hätte so wichtig werden können – vor allem dann, wenn ihr ein Hauch von Erotik anhaften würde –, daß sie leicht zu einer Ablenkung geworden wäre. Sich Gott zu geben bedeutete, sich allen Menschen, und nicht einem besonderen zu geben.

Obwohl Henri in der Begründung des Zölibats Probleme sah und er für die Weihe verheirateter Männer und Frauen zu Priestern Sympathie zeigte, unterschrieb er, als er seiner Berufung zum Priestertum folgte, uneingeschränkt die Weltsicht der katholischen Kirche. Er konnte sich nicht ernsthaft vorstellen, etwas anderes als Priester zu werden (wenngleich er gelegentlich mit der Möglichkeit spielte). Trotz seiner verstandesmäßigen Bindung an den Zölibat, empfand er es dennoch manchmal als sehr schmerzlich, besondere Beziehungen zu vermeiden. Henri hungerte sein Leben lang danach, in den Augen von jemand anderes»besonders« zu sein.

Henri war ein ungewöhnlich großzügiger Mensch. Es verging kein Tag, an dem er nicht Freunde angerufen oder ihnen geschrieben, Lesern ein Wort der Hoffnung oder der Erinnerung an ihr Geliebtsein von Gott gesandt hätte. Fast an jedem Tag kam bei irgendwem und irgendwo ein Päckchen von ihm an, das ein Buch mit einer freundlichen Widmung enthielt. Und mindestens jede Woche schickte er jemandem einen Blumenstrauß, zum Geburtstag, zum Hochzeitstag oder zu seinem Begräbnis. Henri war im Land der Blumen aufgewachsen, umgeben von Ölgemälden oder Reproduktionen der üppigen Gärten und leuchtenden Blumen eines Cézanne und van Gogh. Er hatte das Geschick und die Liebe seiner Mutter bewundert, mit der sie Blumensträuße arrangieren konnte. Seinem Empfinden nach sollten die Menschen einander öfter einmal Blumen schenken oder mit einer anderen kleinen Gabe eine Freude bereiten. Taten sie es aber nicht und merkte er, daß er mehr Geschenke machte als er empfing, mußte er sich zwingen, nicht bedrückt zu sein.

Jedes Zeichen der Anerkennung, das Henri für seine Bücher erhielt, jeden geistlichen Rat und jeden Tadel schätzte er. Henri lebte auf, wenn er öffentliche Beachtung fand. Ebenso gestärkt fühlte er sich durch die tägliche Feier der Eucharistie und die Zeiten stillen Gebets. Aber im Zusammenleben mit anderen, vor allem mit engen Freunden und seinen Angehörigen, regte sich in ihm ein ständiges Verlangen nach mehr: mehr Liebe, mehr Beachtung, mehr kleine Zeichen seiner Besonderheit. Es war für Henri eine Genugtuung, fünfhundert oder manchmal gar tausend Leute vor sich versammelt zu sehen, die gespannt auf sein Wort warteten. Aber zugleich empfand er eine immer größere Abneigung vor großen öffentlichen Veranstaltungen. Henri kämpfte mit diesem Zwiespalt bis zum letzten Tag. Er erfuhr an sich die Ironie, einer großen, erwartungsvollen Zuhörerschaft die hoffnungsvolle Botschaft ihrer Freiheit und ihres letzten Geliebtseins in Gott vermittelt zu haben, um dann aber oft mit einem nicht zu verdrängenden Gefühl der Leere und der Einsamkeit in die Abgeschiedenheit seines Zimmers zurückzukehren. Da er irgend jemanden in geradezu jeder Zeitzone kannte, griff er dann oft zum Telefon und führte mit Freunden bis spät in die Nacht Gespräche, um sich an deren Stimme und Geschichten wieder aufzumuntern.

Henri war ein leidenschaftlicher Mensch, den ein enger persönlicher Kontakt mit denen, die er liebte, aufleben ließ. Sowohl er als auch seine

Angehörigen und Freunde wurden manchmal von seinem Bedürfnis nach Zuneigung geradezu überwältigt. Henri war sich der Forderung nach Zuneigung, die er an manche engen Freunde stellte, oft nicht bewußt. Deshalb war er völlig überrascht, wenn sie sich manchmal zurückzogen. Er rang darum, seine instinktiven Reaktionen des Unmuts und des Zorns ins Gebet einzubringen. Und sein Gebet strömte manchmal über von der Schuld des Wissens darum, zu weit gegangen zu sein. Henri fühlte sich wegen seiner sexuellen Gefühle oft schuldig und schämte sich ihrer, obwohl er aus moraltheologischer Sicht und in seiner praktischen Ehepastoral die Sexualität als etwas Gutes und als Teilhabe am Göttlichen bejahte. Er hatte einen lange zurückreichenden christlichen Argwohn gegen die Sexualität geerbt, die in konservativen Kreisen oft als die »böse Begierde des Fleisches« dargestellt wurde. Henri konnte seinem ganzen erotischen Drang sehr oft nicht Einhalt gebieten, ihn aber als bloße »Sinnlichkeit« einstufen. Er mochte die »Schmutzigkeit« seiner emotionalen Bedürfnisse nicht. Er wollte sein Verlangen nach Liebe, Aufmerksamkeit und Zuneigung in seine Beziehung zu Jesus einmünden lassen und versuchte, so zu leben, als sei dies richtig, auch wenn es ihn nicht tröstete.

Ende 1988, gut zwei Jahre nach seinem Eintritt in die »Arche« Daybreak, überkamen Henri große emotionale und zwischenmenschliche Ängste. Er war nicht mehr in der Lage, seinen Aufgaben nachzugehen, und verließ daraufhin für sechs Monate seine Gemeinschaft, um durch tägliche psychotherapeutische Behandlung und Gebet wieder Boden unter die Füße zu bekommen.

Henri kam bei seinem Aufenthalt in Winnipeg zugute, daß er sich christlichen Therapeuten anvertrauen konnte, die seine geistlichen Gaben und seine seelsorgerliche Hingabe unterstützten. Wie aus seinem Buch »Die innere Stimme der Liebe« hervorgeht, ermutigten diese »geistlichen Begleiter« Henri, in seinem Leib mehr zu Hause zu sein, und nahmen ihn manchmal in ihre Arme. Eine der in Winnipeg gewonnenen Einsichten war, daß er keine Berührung mit seinem Leib gehabt habe. Er erteilt sich selbst den Rat: »Du hast dich nie in deinem Leib vollkommen sicher gefühlt ... Du hast deinen Leib immer mehr als einen Feind angesehen, der besiegt werden muß. Gott hingegen will, daß du deinem Leib Freund bist ... Dein Leib will gehalten werden und halten; will berührt werden und berühren.«[20]

Seine Freunde und Familienangehörigen sahen Henri eher als körperlich ungeschickt an und hörten mit Befriedigung von seinem Wunsch, in seinem Leib mehr zu Hause zu sein. Henri setzte sich mit der Logik der physikalischen Welt nie näher auseinander und war oft überrascht, daß Lebensmittel im Kühlschrank verderben konnten. Sei es denn nicht der Zweck eines Kühlschranks, Lebensmittel auf Dauer genießbar zu halten? Die vielen kleinen Entscheidungen, die zum Zubereiten eines Sandwichs gehören, strapazierten seine Geduld. Nicht selten ließ er etwas so lange kochen, bis es hart oder angebrannt war, währenddessen er den Tisch deckte, telefonierte und Notizen für einen Vortrag machte. Bei Henri im Auto zu sitzen war ein zweifelhaftes Vergnügen. Oft fuhr er schnell oder langsam, aber selten in ruhigem, gleichmäßigem Tempo. Er war dafür bekannt, auf der schmalen, sandigen Straße innerhalb des Daybreak-Geländes halsbrecherisch auf und ab zu schießen. Als die Straße später geteert worden war, sagte man in Daybreak scherzhaft, sie sollte »Nouwen-Schnellstraße« genannt werden. Auf dem Weg zum Flugplatz fuhr Henri einmal ein Auto vollständig zu Schrott, indem er mit fast 50 Stundenkilometern einen Lastwagen von hinten rammte. Bei einem Aufenthalt im Haus eines befreundeten Ehepaares brannten Henri innerhalb von vier Wochen zwei Tauchsieder durch, weil er entweder zu wenig oder gar kein Wasser vor dem Einschalten in den Topf gefüllt hatte.

Henris gute Freundin Sr. Sue Mosteller erzählte bei seinem Begräbnis die Geschichte, wie Henri, sie und einige Kern-Mitglieder der Gemeinschaft einmal an einem weiter entfernten Ort einen Einkehrtag leiten sollten. Kurz vor der vereinbarten gemeinsamen Abfahrt zum Flughafen sei Henri gekommen und habe erklärt, er hätte noch zu viel zu tun, um schon am Vorabend mitzufliegen, und wolle am nächsten Morgen nachkommen. »Der nächste Morgen war da, und der Einkehrtag hatte begonnen«, berichtete Sue, »als wir die Nachricht erhielten, Henri würde erst in zwei Stunden bei uns eintreffen. Es ging bereits auf Mittag zu, als wir Henri schließlich begrüßen konnten. Er hatte den Arm verbunden und trug auf der Stirn ein großes Heftpflaster. Henri klärte uns auf: ›Ich wollte heute früh am Flughafen rasch in die Schalterhalle, und als ich durch die Tür stürzte, merkte ich plötzlich, daß es ein Fenster war!‹«

Henri hatte sein Problem schon fünfzehn Jahre vorher erkannt. Als er im Trappistenkloster daran denkt, sich einen einfacheren, tiefer gründen-

den Lebensstil anzueignen, hält er in seinem Tagebuch fest:»Wo immer
ich wäre, zu Hause, im Hotel, im Zug, im Flugzeug oder am Flughafen, ich
wäre dann nicht gereizt, ruhelos und begierig, irgendwo anders zu sein
oder irgend etwas anderes zu tun. Ich würde wissen, daß im Hier und Jetzt
das ist, was zählt und was wichtig ist, weil Gott selbst es ist, der wünscht,
daß ich in diesem Augenblick an diesem Ort bin.«[21]

Jedem, der Henri kannte, war klar, daß der bei ihm zu beobachtende
Zyklus von ununterbrochener Aktivität, der eine Phase großer Ermüdung
und Niedergeschlagenheit folgte, ungesund ist. Es fiel ihm immer schwer,
auf seinen Körper zu hören. Henri interessierte sich mehr für das Leben
des Geistes und neigte dazu, seinen Leib als eine Last anzusehen. Er war
sich durchaus bewußt, daß ihn die alte Weltsicht mit ihren »Übeln des
Fleisches« tief beeinflußt hatte. Wenn er sich auf seine vorkonziliare spiri-
tuell-theologische Ausbildung besann, stieß er kaum auf einen Heiligen,
der über das Positive des Leibes, seine Schönheit und Bedeutung in den Augen Gottes eingehend nachgedacht hätte. Für Henri gab Papst Pius XII.
(gest. 1958) das Musterbeispiel vorkonziliaren Leibverständnisses ab.

»Pius XII. betrat nicht den Saal«, sagte Henri einmal in einem Gespräch
mit mir,» er ›erschien‹, er schwebte mit ausgebreiteten Armen über allen.
Schmal, geradezu durchsichtig und ganz in Weiß wirkte er wie eine Erscheinung, wie ein Geist; so als sei der auferweckte Christus nach jahrhun-
dertelangem Schlaf vom Grab aufgestanden. Nicht fähig zu sprechen.
Nicht mehr und noch nicht in seinem Leib. Das war das Ideal der Kirche in
den fünfziger Jahren. Doch dann kam Johannes XXIII., der das Zweite Vati-
kanische Konzil einberief, die Kirche geöffnet und die Menschen in ihren
Leib zurückversetzt hat – ein bißchen«, fügte Henri nach einer kleinen
Pause lachend hinzu.

Nach frühem christlichem Weltverständnis mag der Kampf um die
Verkündigung der Frohbotschaft an die Leidenden, Ausgestoßenen und
Unterdrückten das Opfer des Leibes und der Gesundheit durchaus verlangt
haben. Im Vergleich zur Errettung der Seelen galt dieses Opfer als gering.
Märtyrer des Glaubens gaben in den ersten Jahrhunderten nach Christi
Tod freiwillig ihren Leib und ihr Leben zum Wohl des Ganzen hin. Henri
verstand und respektierte diese Tradition. Und sehr oft lebte er sie. Henri
hob zwar gelegentlich das Positive des Leibes hervor – wenn er zum Beispiel auf ihn als die entscheidende Stelle der Menschwerdung Gottes ver-

wies –, trug aber nie eine durchdachte Theologie hinsichtlich der Rolle der Sexualität in Gebet und gesunder Intimität vor. Vielleicht rührte dieses Übergehen von seiner eigenen Irritation auf diesem Gebiet her.

Henri lernte in Winnipeg seinen Leib zu schätzen und den in ihm sich regenden Emotionen und Empfindungen zu vertrauen. Er lernte, wie wichtig es ist, sich in den Arm nehmen zu lassen und zu wissen, daß dieses Umarmtwerden nicht erotisch sein muß. Er begann einzusehen, daß er auf regelmäßige Ernährung und Bewegung achten muß. Wie aber sollte er diese postmodernen Werte und Empfindungen ins tägliche Leben integrieren, sobald er nach Daybreak und in die Welt zurückgekehrt war? Henri rang mit dieser Frage, bis sein Herz 1996 versagte.

Henri zog aus der Abgeschiedenheit in Winnipeg großen Nutzen, wurde aber mit der Zeit ungeduldig und brach die Behandlung entgegen dem Rat seiner Therapeuten schließlich ab[22]. Er war ihnen für ihre Sorge sehr dankbar, doch überzeugt, daß das praktische Leben in Daybreak zur restlichen Heilung verhelfen würde. Ein Ergebnis seines emotionalen Zusammenbruchs war, daß sich Henri plötzlich gezwungen sah, das in einer Minute zu schaffen, was er sonst in doppelt soviel Zeit erledigt hatte. Als er seine Aufgaben als Seelsorger der Daybreak-Gemeinschaft wieder wahrnahm, fiel es ihm ein bißchen leichter, auf die Anfragen wegen eines Vortrags oder der Leitung eines Einkehrtages, die sich Woche für Woche auf seinem Schreibtisch häuften, mit Nein zu antworten.

Die neunziger Jahre: Heimkehr

Henri fühlte sich zu Beginn der neunziger Jahre wohler als lange zuvor. Er war erstaunlich produktiv, schrieb mehr als ein Buch pro Jahr, besuchte »Arche«-Gemeinschaften in der halben Welt, so in Lateinamerika und in der Ukraine, gab Einkehrtage für katholische und protestantische Pfarrer und Geschäftsleute, hielt Vorträge in Pfarrgemeinden, ob in Kanada, den USA oder in Europa. »Henri Nouwen« war in protestantischen Kreisen der USA zwar schon immer ein Begriff, doch schnellte sein Ansehen geradezu in die Höhe, nachdem er 1992 in der Kristall-Kathedrale von Garden Grove bei Los Angeles eine Reihe von Predigten gehalten hatte, die innerhalb der vielbeachteten Sendefolge »Hour of Power – Die starke Stunde« seines

Freundes Pastor Robert Schuller vom Fernsehen übertragen wurde (vgl. eine dieser Predigten in der Textsammlung im zweiten Teil dieses Bandes S. 98–102). In der Ausgabe vom 16. April 1994 der in Vancouver erscheinenden »Weekend Sun« heißt es in einer Meldung:»Nach einer neuesten Umfrage unter 3400 Amtsträgern protestantischer Kirchen in den USA, wer sie am meisten beeinflußt habe, belegt Henri Nouwen in der Rangfolge den 2. Platz – nach einem Spezialisten für Glaubensverbreitung namens Lyle Schaller, aber noch vor Billy Graham.«

Um diese Zeit kam Henri auch den Bitten ukrainischer katholischer Freunde um einen Besuch bei ihnen nach. Ein Freund aus der Zeit an der Harvard Divinity School, Borys Gudziak, hatte nach dem Machtwechsel in der Ukraine bei der Gründung eines Priesterseminars in Lviv mitgewirkt, in dessen Nachbarschaft Zenia Kushpeta, eine Freundin aus Daybreak, bald darauf eine kleine »Arche«-Gemeinschaft gründete. Henri reiste im August 1993 in dieses ehemalige kommunistische Land – es war der erste von mehreren Besuchen –, in dem die katholische Minderheit noch bis vor kurzem brutal unterdrückt worden war, und hielt darüber unter anderem in seinem Tagebuch fest:»Wir besuchten ein Waisenhaus für kleine Kinder ... Zarte, schmale Gesichter in Kinderbetten blickten uns mit einem so großen Verlangen nach Aufmerksamkeit, Liebe und Sorge an, daß ich meinte, sie alle mitnehmen und auf der Stelle ein neues ›Arche‹-Heim eröffnen zu müssen.«[23]

Die ihm angeborene Ruhelosigkeit und Menschenliebe zogen Henri ständig zu neuen Lebenswelten und neuen Freunden. Bei einem kurzen Ferienaufenthalt Anfang Januar 1991 in Freiburg im Breisgau besuchte er eine Zirkusvorstellung, in der die »Fliegenden Rodleighs«, eine internationale Hochtrapez-Artistengruppe, auftraten. Henri war von ihren Vorführungen, ihrer Akrobatik und Eleganz so hingerissen, daß er sie nach der Vorstellung in ihrem Wohnwagen aufsuchte und sich ihnen vorstellte. Die Artisten freuten sich über seine Begeisterung und Wertschätzung ihrer Kunst und luden ihn ein, sie auf einer Tournee zu begleiten. So oft Henri später nach Europa kam, nahm er mit den Rodleighs Kontakt auf und besuchte sie.

Henri wurde einmal gefragt, ob er denn der Zirkusseelsorger der Rodleighs sei, worauf er ohne Zögern erwiderte:»O nein, sie sind in Wirklichkeit meine Seelsorger!«

Die Trapezvorführungen stellten für Henri ein außergewöhnliches geistliches Sinnbild dar. Hierin waren die Rodleighs seine geistlichen Lehrer. Rodleigh, der Leiter der Gruppe, erklärte ihm:»Trapezartisten müssen einander absolut vertrauen. Nicht ich bin der Star, wenn ich hoch durch die Luft fliege, sondern Joe, mein Fänger. Der Flieger tut nichts, der Fänger alles. Das Schlimmste, was der Flieger tun kann, ist, nach dem Fänger greifen zu wollen. Ich soll ja nicht Joe auffangen, sondern er mich. Ein Flieger soll nichts als fliegen, ein Fänger nichts als fangen; und der Flieger muß sich mit ausgestreckten Armen ganz darauf verlassen, daß sein Fänger ihn im richtigen Augenblick packt.«[24]

Henri spürte, daß dieses Bild das Wesen unserer Beziehung zu Gott einfängt. Auch wir müßten uns auf unserer Lebensreise Gott entgegenwerfen und darauf vertrauen, daß er uns auffangen wird. Sollten wir aus Angst versuchen, Gott zu fangen oder ihm sagen zu wollen, wie er uns fassen soll, würden wir abstürzen.

Henris Zirkusbesuche bringen eine Veränderung seines Bewußtseins und seiner Selbsteinschätzung zum Ausdruck, die sich Anfang der neunziger Jahre vollzog. Er führte über seine Zirkusbesuche Tagebuch und begann sich zu fragen, in welche literarische Form er diese Erfahrungen fassen solle. Schon seit langem sagten seine Freunde in Daybreak scherzend, Henri habe viele Bücher geschrieben, aber im Grunde immer wieder dasselbe. Henri störte das nicht. Er wußte, daß das, was er in seinem einfachen, pastoralen Stil zu sagen hatte, Tausende zu stärken vermochte. Aber er spürte auch, daß ein anderer, tieferer Teil seines Ichs mit den Konventionen und seiner Identität in der Öffentlichkeit, die er ja selbst geschaffen hatte, brechen wollte.

Henri besaß von seinem Elternhaus her einen feinen Sinn für Kunst und fragte sich jetzt, in welcher Weise er seinem geistlichen und öffentlichen Leben einen stärkeren künstlerischen Ausdruck geben könne. Er suchte engere Freundschaft mit Künstlern wie dem englischen Dokumentarfilm-Produzenten Lorin Hollander, dem Kinder-Fernsehstar Mister Rogers und dem Maler Steve Hawley aus Newburyport, stand in Kontakt mit einer Gruppe christlicher Künstler, die ein neues Magazin mit dem Titel »Image« herausbrachten, in dem er 1993 einen Artikel über Steve Jenkinson, einen neuen Bildhauerfreund, veröffentlichte. Dieser Artikel ist für Henri insofern ungewöhnlich, als er darin keine »fromme Sprache« gebraucht. Mit einem Minimum an geistlicher Interpretation stellt er sich ganz auf den Künstler und sein Werk ein, so als wolle er damit sagen, daß wahre Kreativität in sich heilig sei[25]. Henri nahm gern Gelegenheiten wahr, mit Freunden und guten Bekannten, ob in Kanada, Kalifornien oder New York, ein Konzert, eine Kunstausstellung oder eine Theateraufführung zu besuchen. Und unter den Büchern, die er gerade las, fanden sich immer auch Biographien bedeutender Maler und Musiker.

Wenige Monate vor seinem Tod hatte Henri einen neuen Verleger gefunden, mit dem er das Manuskriptmaterial für das geplante Zirkusbuch bearbeiten wollte; einen Verleger, der zugleich Lektor war und Henri in seiner Absicht unterstützte, einen neuen Schreibstil zu entwickeln. Anfang 1992 sagte mir Henri in einem Gespräch: »Mein Bewußtsein hat sich in mancher Hinsicht erweitert. Ich bin darüber nicht beunruhigt. Aber es ist eine neue Welt, und sie kann erschrecken. Ich merke, wie richtend ich vorgegangen bin, etwa so: ›Ich bin katholisch und du nicht, aber du solltest es sein.‹ (Er lacht). Oder: ›Ich bin Weißer und du nicht‹, oder: ›Ich bin ein Mann und du nicht‹. Diese ganzen Trennungen und Abgrenzungen fallen in sich zusammen. Da ist auch die ganze Frage: Wer ist Gott, und wer ist Jesus? Das ist jetzt alles offen. Ich glaube nicht, daß ich bewußt richtend gewesen bin. Ich war immer tolerant. Aber es gibt eine neue Offenheit zur Menschheit.«

Diese neue Offenheit reichte bis in die nichtchristliche Spiritualität hinein. Im Herbst 1989 besuchte Henri den in Berkeley in Kalifornien lebenden Hindu-Meditationsmeister und erfolgreichen Buchautor Eknath Easwaran, dessen Lehre ihn tief beeindruckte. Wenngleich Henri sich den Hindu-Pfad nicht zu eigen machen wollte, sah er doch zwischen diesem und der christlichen kontemplativen Tradition ein weites gemeinsames Feld. Er beherzigte manche Weisungen Easwarans für sein eigenes Gebetsleben und freute sich, als dieser ihm 1991 die Neuausgabe seines Buches »So öffnet sich das Leben. Acht Schritte der Meditation«[26] dedizierte. Henris Interesse für den Osten war nicht ganz neu. Schon Anfang der siebziger Jahre hatte er sich an der Seite buddhistischer Mönche einem Protestmarsch gegen den Krieg in Vietnam angeschlossen. Auch las und zitierte er gern Erleuchtungsgeschichten des Zen. Sein erster Lehrer blieb selbstverständlich Jesus. Henri war aber jetzt etwas offener, um Weisung und Weisheit auch aus hinduistischen und buddhistischen Quellen zu schöpfen. In einem seiner letzten Bücher,»Was mir am Herzen liegt«, spricht er von den»vielen anziehenden Gesichtern«, die an den verborgenen Wänden seiner Seele sichtbar seien:»Das Gesicht Jesu und seiner Mutter Maria, das Gesicht der heiligen Therese von Lisieux und Charles de Foucaulds, das Gesicht Papst Johannes' XXIII. und des Dalai Lama.«[27]

Henri sah seine Aufgeschlossenheit gegenüber den spirituellen Gaben anderer Religionen in völliger Übereinstimmung mit der Sicht des Zweiten Vatikanischen Konzils, wonach Gottes Gnade von den christlichen Kirchen nicht umgrenzt wird. Denn der Heilige Geist weht,»wo er will«. Freilich störte es manche fundamentalistischen Christen, wenn Henri den Kreis der christlichen Spiritualität übertrat. Aber seine Botschaft von Jesus war so klar, so kraftvoll und so im Neuen Testament verankert, daß man ihm gelegentliche vermeintliche Fehlurteile gern verzieh.

Im Grunde genommen drehen sich alle Veröffentlichungen Henris aus den neunziger Jahren um die zentralen Themen unseres Geliebtseins von Gott, der menschlichen Gebrochenheit, des Todes und der Auferstehung. Für Henri liegt der Kern der Geschichte Jesu darin: Bei der Taufe im Jordan sagte der Heilige Geist zu Jesus, daß er Gottes geliebter Sohn sei. Vom Geist getrieben, zog er hinaus, um dieses Geliebtsein mit allen zu teilen. Indem Jesus seiner Begnadung in einer gefallenen Welt lebendigen Ausdruck verlieh, stieß er auf Widerstand und Ablehnung und war großem Leiden unterworfen. In der Endgültigkeit und Gebrochenheit des Todes wurde er auferweckt und verklärt. Sein auferstandenes Leben wurde zur ewigen Brücke über die Kluft zwischen Leben und Tod. Durch die Kraft des Heiligen Geistes ist Jesu Leben des Mitfühlens, des Leidens und der Auferstehung in jedem von uns lebendig. Die Geschichte Jesu ist unsere Geschichte und Christus ist unser wahres Selbst.

Henri stellte die dynamischen Stufen der Geschichte Jesu in seinem grundlegenden Buch»Du bist der geliebte Mensch. Religiös leben in einer säkularen Welt« zusammengefaßt dar und geht dabei auch auf die Versuchung ein, gegen die er sein Leben lang ankämpfte: auf die»dunklen Stimmen« des Selbstmitleids und der Selbstverachtung. Henri war überzeugt, daß wir alle mit den lauten oder leisen Stimmen zu kämpfen haben, die uns einreden wollen, wir seien nicht tüchtig genug, nicht schön genug, nicht attraktiv genug, nicht fromm genug, nicht liebenswert genug ...

»Im Laufe der Jahre«, sagt Henri abschließend,»bin ich zu der Erkenntnis gekommen, daß die größte Falle in unserem Leben weder der Erfolg noch die Berühmtheit oder die Macht sind, sondern die Verachtung seiner selbst.«[28] Millionen von Menschen würden in diese Falle gehen. Aber Henri ist überzeugt, daß es einen Ausweg gibt: den Weg des Geliebtseins Jesu.

Diese geistliche Befreiung werde in den vier Worten des eucharistischen Geschehens zum Ausdruck gebracht: genommen, gesegnet, gebrochen, hergegeben; ein Thema, das er in dem Buch »Die Kraft seiner Gegenwart. Leben aus der Eucharistie« im einzelnen entfaltet. Henri sagt, daß jeder von uns, noch ehe er geboren wurde, von Gott als sein geliebtes Kind erwählt, *genommen* worden sei; jeder von uns durch Christus begnadet, *gesegnet* sei, Sohn oder Tochter Gottes zu sein; jeder von uns in seinen Beziehungen, seinem Tun und seinem geistlichen und weltlichen Leben *gebrochen* und gedemütigt sei; und jeder von uns von Gott anderen *gegeben* sei, um unser Leben mit anderen zu teilen, andere zu segnen, wie wir gesegnet wurden. Henri wollte mit diesen vier Elementen kein zusammenhängendes geistlich-theologisches Weltbild entwerfen, sondern eine tatsächliche Erfahrung von Christen aller Jahrhunderte vermitteln. In jeder ihrer vier begnadeten Dimensionen wird die Eucharistie zu einem Weg, nach dem zu leben sei. Wir müßten uns diese Erfahrung ständig und bewußt vor Augen halten, um sie Wirklichkeit werden zu lassen. Selbst Gebrochenheit und Selbstverachtung seien als unser Eigen anzuerkennen und geltend zu machen. Täten wir dies, so würden wir erfahren, daß kein noch so schwieriges Leben, kein noch so lastender Schatten der Gefahr oder des Todes uns vergessen lassen kann, daß wir geliebt *sind*. Je mehr wir selbst Brot und Wein, Leib und Blut werden, desto mehr werde unser Leben Eucharistie, geistliche Speise für andere.

Das in Henris Veröffentlichungen der letzten fünf Jahre am häufigsten behandelte Thema ist der Tod: sein eigener Tod, der Tod Jesu, unser Tod. Der Tod sei nicht etwas, das wir fürchten oder meiden müßten, er ist vielmehr die Fortdauer und Vollendung des Lebens. Denn, wie die Schrift sagt, leben wir und sterben wir mit Christus, werden wir mit ihm auferweckt (vgl. Römerbrief 6, 4; 2. Korintherbrief 4, 14; Kolosserbrief 2, 12). Nicht daß Henri den Tod erst bei dem Unfall mit dem Lieferwagen im Winter 1989

entdeckt hätte. Immer wieder hatte er über den Tod gesprochen und geschrieben, über seine Unvermeidlichkeit und seine Verheißung. Schon vor
seinem Unfall hatte er den Tod seiner Mutter und seines Priesteronkels
wie auch den Tod von Thomas Merton, Martin Luther King und verschiedener Freunde erfahren und darüber tief meditiert. Bei Hunderten
von Trauergottesdiensten hatte Henri auf die unterschwellige geistliche
Verbindung zwischen dem persönlichen Tod und dem Tod Jesu hingewie-
sen. Oft hatte er über den Schmerz und die Gnade, die der Tod gleichzeitig
berge, gepredigt. Viele Male hatte er an seiner Begeisterung über die Vision
des Johannes vom ewigen Leben, die in den Abschiedsworten Jesu besonders deutlich zum Ausdruck kommt, teilhaben lassen:»Amen, amen, ich
sage euch:›Wenn das Weizenkorn nicht in die Erde fällt und stirbt, bleibt
es allein; wenn es aber stirbt, bringt es reiche Frucht‹« (Johannesevangelium 12, 24). Oder die Stelle:»Jetzt aber gehe ich zu dem, der mich gesandt
hat ... Es ist gut für euch, daß ich fortgehe. Denn wenn ich nicht fortgehe,
wird der Beistand nicht zu euch kommen« (Johannesevangelium 16, 5.7).

Jahre über hatte Henri über den Tod als die endgültige Heimkehr gesprochen. Von seiner Adventspredigt in Yale im Jahr 1971 bis gut in die
Mitte der achtziger Jahre erzählte Henri in diesem Zusammenhang gern
ein Beispiel, das er in Europa gehört hatte: Während des Zweiten Weltkriegs schmachtete ein deutscher Kriegsgefangener in einem Todeslager
in Sibirien. Der Krieg war vorbei, und der Gefangene mit den Kräften am
Ende. Den Tod vor Augen fragte er nach dem Sinn seines Lebens. Eines Tages erhielt er plötzlich einen Brief seiner Frau mit nur wenigen Zeilen, aus
denen er staunend entnahm, daß sie noch lebte! Mit einem Schlag war sein
Lebensmut wieder erwacht. Sein brennendster Wunsch war heimzukeh-
ren. –»Bei uns ist es genauso«, stellte Henri dazu mit der für ihn typischen
Bestimmtheit und Begeisterung fest. Gott habe uns einen Brief geschickt,
in dem er uns mitteile, daß er für uns einen wunderbaren Platz vorbereitet
habe, wenn wir einmal sterben und heimkehren würden.

Henri modellierte sein Leben nach dem Leben Jesu. Wie Jesus bereitete
er seine Hörer und Leser in Geschichten, Bildern und Gleichnissen auf seinen Tod vor. In seinem 1992 erschienenen – inzwischen weitverbreiteten –
Buch»Nimm sein Bild in dein Herz« entfaltet er ausführlich das Thema
des Heimkehrens anhand seines Lieblingsgleichnisses und gleichnamigen
Rembrandt-Gemäldes»Die Heimkehr des Verlorenen Sohnes« (vgl. Lukas-

evangelium 15, 11–32). Auch seine beiden 1994 herausgekommenen Bücher»Die Gabe der Vollendung« und»Was mir am Herzen liegt« enthalten zahlreiche Bezüge auf die Verheißungen des Sterbens in Christus. In dem Buch»Die Gabe der Vollendung« ist der Tod nicht nur gnädig, sondern eine Art Superlativ, eine Möglichkeit der Befreiung. Das Sichnähern des Todes wird hier zu einer Gelegenheit, Freiheit zu erlangen, nicht nur für uns, sondern auch für diejenigen, die wir lieben. Sterben wir in die Liebe Gottes hinein, so befreien wir unsere Freunde, nähmen ihnen Kummer, Traurigkeit oder Schuldgefühle. Es sei so, als sagten wir unseren Freunden:»Ich bin glücklich. Ich bin mit euch und mit Gott ganz und gar versöhnt. Ich bin frei, um zu sterben, und ihr seid frei, um zu leben. Halleluja!«

Solch eine Einstellung versteht Henri als»Frucht bringen«. Er hob stets hervor, daß Gott uns aufrufe, Frucht zu bringen, und nicht: produktiv zu sein. Produktiv sein heiße durch eigene Anstrengung viel zustande bringen; natürlich habe die Produktivität ihre Berechtigung. Aber Frucht bringen bedeute, Gottes unendliche Liebe und grenzenloses Erbarmen zu empfangen und dann Gottes Gegenwart entgegenzugehen. Frucht bringen mache uns dankbar und glücklich, ohne dabei von Erfolg, Versagen oder schwankenden Stimmungen abhängig zu sein. Nicht daß wir das»Frucht bringen« bedenken sollten, wir *sind* einfach fruchtbar.

Mag sein, daß der freundlich gemeinte Scherz, Henri schreibe in jedem Buch dasselbe, einen wahren Kern hat. Gleich von Anfang seines Wirkens in Amerika an legte er uns nahe, in Bezug auf den Tod der Führung Jesu zu vertrauen. Von der ersten Stunde an riet er uns, das Sterben als einen fortwährenden Prozeß anzusehen – nicht als eine plötzliche Unterbrechung, sondern als eine dynamische Dimension des Lebens in jedem Augenblick. Wir dürften nicht überrascht sein, wenn Leid und Tod sich einstellten. 1968, kurz nachdem Henri in die USA gekommen war, hielt er bei einem Trauergottesdienst eine Predigt, in der er über das»Abschiednehmen« sprach. Er sagte unter anderem:

»Der Abschied Jesu ist heute eine Einladung an uns, unser Leben als ein ständiges Abschiednehmen vom Gewohnten zum Realen hin zu verstehen, als ein zunehmendes Gefühl von Freiheit und Unabhängigkeit, ... als ein ständiges Weg-Sterben von der Vergangenheit, bei dem der endgültige Abschied endgültige Unabhängigkeit bedeutet. Das Leben ist eine Schule, die uns ins Scheiden einübt. Wenn das so ist, dann ist der Tod kein grausames Schicksal mehr, das alles Bemühen zunichte macht ... sondern ein Signal, zu einem tieferen Verständnis zu gelangen. Wir lieben nicht trotz Tod, sondern wegen des Todes. Etwas Unsterbliches können wir nicht lieben. Nur was unersetzlich, einmalig und sterblich ist, vermag unser tiefstes menschliches Empfinden zu rühren und kann eine Quelle der Hoffnung und des Trostes sein. Gott wurde erst liebenswert, als er sterblich wurde. Er wurde unser Erlöser, weil seine Sterblichkeit nicht schicksalhaft, sondern *der Weg* zur Hoffnung war.«[29]

Henri wollte jedem die Gewißheit geben, daß Gott unser Leben und Sterben Frucht bringen lassen wird, wenn wir voll und ganz in die Waagschale werfen, wer wir wirklich sind. Statt sich bekümmert zu fragen, was wir tun sollen, sollten wir uns im Gebet an Gott wenden. Gottes Geist werde uns leiten und uns den fruchtbarsten Weg des »Handelns« einschlagen lassen. Das Frucht-Bringen liege in Gottes, nicht in unserer Hand.

Eines der letzten Bücher Henris:»Der Kelch unseres Lebens. Ganzheitlich Mensch sein«, erschien im Monat seines Todes. Henri greift darin die Frage Jesu an die Frau des Zebedäus und ihre zwei Söhne auf:»Könnt ihr den Kelch trinken, den ich trinken werde?« (vgl. Matthäusevangelium 20, 20 – 23) und erschließt sie als eine uns gestellte Frage. Den Kelch trinken bedeute, unser Leben mit allem, was es auch bringen mag, anzunehmen und sich mit ihm zu befreunden; bedeute »die ganzheitliche Feier unseres Menschseins«. Schon 1967 hatte Henri in einer Predigt dargelegt, daß ein Priester anderen nicht helfen könne, solange er selbst nicht »den Kelch des Lebens bis auf den Grund tatsächlich lebt und trinkt.«[30]

Henri wartete nicht, bis er vollkommen war, bevor er als Priester zu wirken begann, ehe er anderen die Frohe Botschaft verkündete. Selbst zur Zeit seines Todes, als er eine tiefere Ebene des Gottvertrauens erreicht hatte, war er noch ein »verwundeter Heiler«. 1994 bekannte er in einem Interview:»Ich brauche ein übergroßes Maß an Freundschaft und Liebe, um mich wohl zu fühlen. Ich bin äußerst verletzbar, äußerst bedürftig. Andererseits meine ich, gebe ich viel.«[31]. 1994 erhielt Henri zu seiner großen Freude den »Sankt-Martin-de-Porres-Preis« für christliche Seelsorge und Menschenführung. Bei der Feier zur Verleihung des Preises in Houston gab er preis, wie er sich selbst einschätzte:»Romantisieren Sie mich nicht. Ich habe nichts Aufsehenerregendes getan«, sagte er.»Ich konkurriere immer noch. Ich bin noch ehrgeizig. Ich habe noch eine Menge

Umtrieb – aber in einer Gemeinschaft von Menschen, die mich zur Wahrheit zurückrufen.«[32]

Henris inneres Ringen wurde in allen seinen Büchern deutlich. Mit dem offenen Eingestehen seiner Schwachheit und Verwundbarkeit hoffte er, seinen Lesern Anstoß zu geben, die eigene »Schattenseite« abzustecken und zu erkennen, daß Christus selbst dort gegenwärtig ist – und vielleicht besonders dort. Der Erfolg seiner Bücher und die begeisterte Aufnahme seiner vielen Vorträge weisen darauf hin, daß seine Hoffnung oft erfüllt wurde.

Henri legte seinen Mitbrüdern im priesterlichen Dienst von Anfang an ans Herz, sich vor den drei Versuchungen zu hüten, in die Jesus geführt wurde: Ansehen zu genießen, Aufsehen zu erregen und Macht und Einfluß zu besitzen. Es ist eine Ironie und zugleich bezeichnend für das Paradoxe an Henris Wirken, daß er den Weg des Priestertums, den Weg der »Mobilität nach unten« gewählt hat, von vielen aber am Ende seines Lebens als sehr angesehen, sehr bedeutend und sehr einflußreich betrachtet wurde. Zugleich waren sein Ansehen und sein Einfluß oft tatsächlich nicht sichtbar – was eine unmittelbare wirtschaftliche oder politische Wirkung betrifft; ebenso führte – meines Wissens – sein Wirken zu keinen wunderbaren Heilungen. Und wenngleich Henri manchmal gern eines seiner Bücher in angesehenen Zeitungen wie der »New York Times« besprochen gesehen hätte – was nie der Fall war –, so ermutigte und freute ihn der große allgemeine Anklang, den seine Veröffentlichungen fanden. Er wußte ja, daß die geistliche Autorität und Sendung Jesu im Judäa des ersten Jahrhunderts nicht von allen geschätzt worden war, und fühlte sich in guter Gesellschaft.

Das Abschiedsmahl Jesu mit seinen Jüngern stellte Henris geistliches Gravitationszentrum dar. Immer lag ihm daran, von der Tischgemeinschaft mit seinen Freunden – wie sie Jesus hielt – auszugehen und zu ihr zurückzukehren. Henri feierte täglich die Eucharistie, aber zu oft allein oder mit Menschen, die er an seinem innersten Ringen nicht teilhaben lassen konnte. Er ermüdete rasch, war oft erschöpft und niedergeschlagen. Wenn er dann wieder Mut gefaßt hatte und sich mit Gottes Gnade mit der

Gemeinschaft verbinden konnte, leuchtete aus ihm wieder ein inneres Feuer, das wohl nur wenige Bevorzugte erfahren.

Henri führte ein Leben unter Geringgeschätzten, aber sein Erfolg als Lehrer und Autor machte seinen Namen zu einem Begriff für Suchende. In den letzten zehn Jahren seines Lebens nahm er oft einen Behinderten seiner Gemeinschaft auf seinen Reisen mit. Doch ebensooft führten ihn seine Reisen in die Häuser und zu den Institutionen Wohlhabender und Mächtiger. Sein Wort und seine Botschaft waren einfach, und einfach wollte er auch schreiben. Aber Menschen mit großer Macht in der bürgerlichen und religiösen Welt suchten seinen Rat: Amerikas First Lady Hillary Rodham Clinton sagte einmal, daß Henris Buch »Nimm sein Bild in dein Herz« an der Spitze ihrer Leseliste geistlicher Bücher stehe. Und der Erzbischof von Chicago, Joseph Kardinal Bernardin (gestorben 1996), dankte Henri für seine geistliche Begleitung bei der Vorbereitung auf den Tod[33]. Henri war bei den Behinderten wie bei den körperlich tüchtigen Assistenten der »Arche« ein gefragter geistlicher Ratgeber, ebenso wie bei manchen Mächtigen aus der Welt der Politik und der Finanzen Nordamerikas.

Für Henri stand das Gemeinschaftsmahl allen offen: Frauen, Männern und Kindern, Reich und Arm, Gescheiterten und Erfolgreichen. Henri sah jeden Menschen als ein Kind Gottes an, ob getauft oder nicht, legte Nicht-Christen aber auch nahe, daß der volle Sinn und Wert der Eucharistie sich ihnen nur erschließen würde, wenn sie sich taufen ließen. Und ließen sie sich römisch-katholisch taufen, um so besser. Henri bot als Seelsorger der Daybreak-Gemeinschaft gern Vorbereitungsgespräche an zum Empfang der Taufe und zur Aufnahme in die katholische Kirche. Behinderte der »Arche« fungierten oft als Meßdiener, brachten ihm die Gaben von Brot und den Wein an den Altar, damit er Gott bitte, sie zum Leib und zum Blut Christi werden zu lassen, zu Zeichen seiner Gegenwart unter uns.

Henris priesterlicher Dienst war in fortgeschritteneren Jahren meist eine Art Einzelexpedition. Er war es von jeher gewohnt, allein in die Welt hinauszugehen. In Daybreak aber hatte er das Gefühl, sein Zuhause gefunden zu haben, und integrierte seine Arbeit in die der verantwortlichen Leiter und deren Mitarbeiter. Er schloß sich sogar einer Männergruppe an, die aus Mitarbeitern der »Arche« bestand und der es darum ging, tiefere Ebenen der Freundschaft und gegenseitigen Unterstützung zu erkunden. Henri meinte nie, daß der Tisch des Herrn – das Symbol unseres grundsätzlichen menschlichen Einsseins – etwas sei, das wir aus dem Nichts zu »schaffen« versuchen müßten. Er betrachtete unser Einssein in Gott als ein Familie-Sein in Gott, als ein grundsätzliches Geburtsrecht, das schon immer bestehe. So sagt er in seinem Buch »Gottes Clown sein. Vom Beten und Dienen«:»Im Alleinsein werden wir gewahr, daß wir schon beieinander waren, ehe wir zueinander kamen, und daß Gemeinschaftsleben nicht unserem Willen entspringt, sondern gehorsame Antwort auf die Wirklichkeit unseres Einsseins ist.«[34]

Henri verwies auf Jesus als die personale Manifestation eines verborgenen, liebenden Gottes und auf die Eucharistie als die höchste gemeinschaftliche Erfahrung der Gegenwart Gottes. Viele von uns wurden durch ihn dazu geführt, diese geistlichen Wirklichkeiten tiefer nachzuvollziehen. Aber er weckte bei uns durch seine seelsorgliche Begleitung nicht nur die Liebe zur Eucharistie und zu Jesus. Er weckte bei uns auch die Liebe zu ihm. Vielleicht verkörperte dieser kraftvolle und zerbrechliche, heile und gebrochene, glückliche und sorgenvolle Mann etwas von dem, worauf die Eucharistie verweist. Für diejenigen, die an Henris Vision glauben, ist dieses Mahl, das er liebte, ein Einklang von Himmel und Erde, ein wirkliches Zusammenfließen und Sichverbinden von Sterblichem und Unsterblichem, Zeitlichem und Ewigem.

Jeden Tag und in jeder Situation seines Lebens erhob Henri Augen und Herz zu Jesus und zur Eucharistie. Seine Beharrlichkeit bewahrte ihn nicht von persönlichem Leid, heilte nicht seine seelischen Wunden, machte ihn nicht zu einem nachhaltigen Verfechter gesellschaftlichen Wandels oder allseitigen Ratgeber in geistlichen Fragen. Vielleicht aber illustrieren die greifbaren Resultate der Glaubwürdigkeit und Nachhaltigkeit der Vision Henris die alte christliche Weisheit »Wir werden, was wir lieben«. Vielleicht werden sein Leben und sein Tod, weil er die Eucharistie so sehr liebte, mehr und mehr heiliges Brot und heiliger Wein für andere.

Henri war bis an sein Lebensende ein komplizierter Mensch. Aber es stimmt auch, daß viele Freunde in den letzten Jahren seines Lebens dankbar feststellten, wie seine Selbstakzeptanz zunahm und sein innerer Friede wuchs: Früchte seines lebenslangen Ziels, Gottes Liebe in Fülle zu empfangen. Henri zeigte uns allen, daß das Viele, das wir oft fliehen – unsere Verwundbarkeit und Sterblichkeit –, in jedem Augenblick für uns und unsere Welt zum Ort heiliger Umgestaltung werden kann.

ANMERKUNGEN

1 Henri J. M. Nouwen, The Death of Martin Luther King. Unveröffentlichtes Manuskript, nicht datiert (wahrscheinlich 1969), im Archiv der Yale Divinity School, New Haven/Mass.

2 Ebd.

3 Jurjen Beumer, Henri Nouwen. Sein Leben – sein Werk. Aus dem Niederländischen von E. Hense, Freiburg i. Br. 1996, S. 37.

4 Henri J. M. Nouwen, Ich hörte auf die Stille. Sieben Monate im Trappistenkloster. Aus dem Amerikanischen übersetzt in der Trappistenabtei Maria Frieden und in der Trappistenabtei Mariawald, Freiburg i. Br., 17. Auflage 1998, S. 158.

5 Henri J. M. Nouwen, Vorlesung »Introduction to the Spiritual Life« an der Harvard Divinity School, Frühjahr 1985, Manuskript im Archiv der Yale Divinity School.

6 Henri J. M. Nouwen, Predigt »Ministry as Hospitality«, 11. Juni 1972 (ausgehend von der Tageslesung Genesis 18, 1–10 und dem Evangelium Lukas 24, 13– 35), S. 3.

7 Henri J. M. Nouwen, zitiert in einem Aufsatz von John Robert McFarland »The Minister as Narrator« (bezugnehmend auf den Gedanken einer »schöpferischen Seelsorge«), in: Christian Ministry, Januar 1987, S. 19–21.

8 Henri J. M. Nouwen, »For Henri Nouwen, Death Not So Mortal«, Interview mit dem Herausgeber der »New Catholic Review« Tom Fox, in: National Catholic Reporter, 1. April 1994.

9 Henri J. M. Nouwen, Schöpferische Seelsorge. Mit einem Vorwort von Rolf Zerfaß. Aus dem Englischen von Bernardin Schellenberger, Freiburg i. Br. 1989, S. 141.

10 Henri J. M. Nouwen, Sterben, um zu leben. Abschied von meiner Mutter. Aus dem Amerikanischen von Robert Johna, Herderbücherei, Neuausgabe, Freiburg i. Br 1995, S. 49.

11 Ebd. 31.

12 Ebd. 87.

13 Henri J. M. Nouwen, Silence, the Portable Cell: The Word Which Creates Communion, Teil 2 einer Folge in: Sojourners, Juli 1980, S. 24.

14 Henri J. M. Nouwen, Wohin willst du mich führen? Notizen aus Lateinamerika. Aus dem Amerikanischen von P. Radbert Kohlhaas, Freiburg i. Br. 1983, S. 15.

15 Ebd., S. 180.

16 Henri J. M. Nouwen, Love in a Fearful Land. A Guatemalan Story. Notre Dame/Ind. 1985, S. 95f.

17 In einem Gespräch mit dem Herausgeber im Sommer 1984.
18 Henri J. M. Nouwen, Wohin willst du mich führen? a. a. O., S. 189.
19 Henri J. M. Nouwen, Die innere Stimme der Liebe. Aus der Tiefe der Angst zu neuem
    Vertrauen. Aus dem Amerikanischen von Franz Johna, Freiburg i. Br.,
    6. Auflage 2000, S. 11.
20 Ebd., S. 33.
21 Henri J. M. Nouwen, Ich hörte auf die Stille, a. a. O., S. 72f.
22 In einem Gespräch mit dem Herausgeber.
23 Henri J. M. Nouwen, Pilgrimage to the Christian East, in: New Oxford Review, April
    1994, S. 11 – 17.
24 Henri J. M. Nouwen, Die Gabe der Vollendung. Mit dem Sterben leben. Aus dem Ame-
    rikanischen von Bernardin Schellenberger, Freiburg i. Br. 1998, 3. Auflage, S. 81f.
25 Henri J. M. Nouwen, Touching Stone. The Sculpture of Steve Jenkinson, in: Image.
    A Journal of the Arts and Religion, Nr. 4, Herbst 1993, S. 14 – 22.
26 Eknath Easwaran, So öffnet sich das Leben. Acht Schritte der Meditation. Aus dem
    Englischen von Susan Johnson, Freiburg i. Br. 1991.
27 Henri J. M. Nouwen, Was mir am Herzen liegt. Meditationen. Aus dem Amerikani-
    schen von Franz Johna, Freiburg i. Br., 4. Auflage 1998, S. 91.
28 Henri J. M. Nouwen, Du bist der geliebte Mensch. Religiös leben in einer säkularen
    Welt. Aus dem Amerikanischen von Bernardin Schellenberger, Freiburg i. Br., 8. Auf-
    lage 1998, S. 27.
29 Henri J. M. Nouwen, Auszug aus einer Predigt vom 12. Mai 1968, Manuskript im
    Archiv der Yale Divinity School.
30 Henri J. M. Nouwen, Auszug aus einer Predigt vom 24. April 1967, Manuskript im
    Archiv der Yale Divinity School.
31 Interview in: Weekend Sun (Vancouver/B. C.), 16. April 1994.
32 Zeitungsbericht in: Times Union of Albany/N. Y. vom 28. Mai 1994, B-8. Die zweite
    Preisträgerin war Patti Ruth Linbek, die für ihr Buch über das Recht auf Leben aus-
    gezeichnet wurde.
33 Persönliche Mitteilung im Mai 1996. Siehe auch: Kenneth L. Woodward and John
    McCormick, For the Journey Everyone Must Face, Cardinal Joseph Bernardin Illu-
    minated the Trial, in: Newsweek Magazine, 25. November 1996, Lifestile section.
34 Henri J. M. Nouwen, Gottes Clown sein. Vom Beten und Dienen. Aus dem Amerika-
    nischen von Ursula Schottelius, Freiburg i. Br., 2. Auflage 1986, S. 23.

Anmerkungen

Henri Nouwen setzte sein ganzes Vertrauen in Jesus und in die verwandelnde Kraft der Frohen Botschaft. Er verschrieb sein Leben mit bezwingender Glut der Idee, daß Jesus die vollkommene Manifestation Gottes als Geheimnis und bedingungslose Liebe ist. Gleichwohl lag Henris priesterlichem Wirken die Überzeugung zugrunde, daß die Geschichte Jesu irgendwie auch unsere Geschichte ist. Irgendwo im Leben Jesu könnten wir nicht nur Fakten über einen heiligen Menschen, der vor zweitausend Jahren lebte, finden, sondern auch Geheimnisse unseres eigenen Selbst entdecken.

Wenn Henri Bibeltexte heranzog, die einen Anhalt für unsere wahre Identität als Kinder Gottes bieten, griff er oft auf bestimmte Schlüsselstellen zurück. Die nachfolgende Sammlung von Auszügen aus Henris Schriften entspringt einer solchen Stelle aus dem Lukasevangelium (6, 12f. 17–19):

»In diesen Tagen ging (Jesus) auf einen Berg, um zu beten. Und er verbrachte die ganze Nacht im Gebet zu Gott. Als es Tag wurde, rief er seine Jünger zu sich und wählte aus ihnen zwölf aus ... Jesus stieg mit ihnen den Berg hinab. In der Ebene blieb er mit einer großen Schar seiner Jünger stehen, und viele Menschen ... strömten herbei. Sie alle wollten ihn hören und von ihren Krankheiten geheilt werden. Auch die von unreinen Geistern Geplagten wurden geheilt. Alle Leute versuchten, ihn zu berühren; denn es ging eine Kraft von ihm aus, die alle heilte.«

Nach dem Verständnis Henri Nouwens führt der Weg jedes Christen mit Jesus durch unabänderliche Dimensionen: aus Stille, Alleinsein und Gebet zu Gemeinschaft und Dienst. Indem sich diese Stufen chronologisch aneinanderreihen, erschließen sie zugleich eine andere Dimension unseres Seins in Gott. Wenn sich in unserem Herzen ein großes einsames Verlangen nach Gott regt, begeben wir uns an einen Ort der Stille und des Gebets. Hier eröffnen wir uns Gott und empfangen die Gnade des Geliebtseins. Gott sagt:»Du bist mein geliebter Sohn, du bist meine geliebte Tochter!« Haben wir diese Gnade in Alleinsein und stillem Gebet empfangen, werden wir vom Berg wieder hinabgeführt in eine leidende Welt, in der viele ihr Geliebtsein nicht erfahren.

Die Anordnung der nachfolgenden Auszüge aus den Schriften Henri Nouwens hält sich an dieses Schema des Lukasberichts, wobei die Texte der verschiedenen Abteilungen von unserer Umkehr im Alleinsein zur Bildung einer Gemeinschaft und von da zum Dienst der Verkündigung der Frohbotschaft in der Welt außerhalb unserer kleinen Gemeinschaft weiterführen.

Der christliche Pfad

Die Texte dieser ersten Abteilung verdeutlichen, worin *geistliches Leben* in der Sicht Henri Nouwens besteht. Der Schwerpunkt liegt dabei auf der Praxis des Gebets. Wenngleich das Beten und die persönliche Erfahrung göttlicher Wirklichkeit sich in verschiedenen Formen vollziehen können – wie aus einigen der folgenden Texte hervorgeht –, gründen dennoch alle in Alleinsein und Stille.

GEISTLICHES LEBEN

Geistliche Umwandlung

In seinem Hohepriesterlichen Gebet läßt Jesus keine Zweifel an seiner Absicht:»Vater, laß sie in uns eins sein, wie du, Vater, in mir bist und ich in dir bin ... Ich habe die Herrlichkeit, die du mir gegeben hast, ihnen gegeben, damit sie eins seien, wie wir eins sind. Ich in ihnen und du in mir, so mögen sie zur vollendeten Einsicht gelangen, damit die Welt erkenne, ... daß ich sie geliebt habe, wie du mich geliebt hast. Vater, ich will, daß, wo ich bin, auch die bei mir seien, die du mir gegeben hast, damit sie meine Herrlichkeit schauen, die du mir gegeben hast ... Ich habe ihnen deinen Namen kundgetan, und werde ihn weiterhin kundtun, damit die Liebe, mit der du mich geliebt hast, in ihnen sei und ich in ihnen«(Johannesevangelium 17, 21–26).

Diese Worte bringen sehr anschaulich zum Ausdruck, worum es Jesus bei seinem Wirken zutiefst ging. Er ist wie wir geworden, damit wir wie er würden. Er hielt seine Gottgleichheit nicht wie eine Beute für sich selbst fest, sondern er entäußerte sich selbst und wurde so wie wir (Philipperbrief 2, 6–7), damit wir so wie er würden und Anteil bekämen an seinem göttlichen Leben.

Diese völlige Umwandlung unseres Lebens ist das Werk des Heiligen Geistes ...»In der Welt, aber nicht von der Welt«: dieser Satz bringt kurz und knapp zum Ausdruck, was Jesus mit »geistlichem Leben« meint. Es ist ein Leben, in dem wir durch den Geist der Liebe völlig umgewandelt werden. Und doch ist es ein Leben, in dem sich nichts zu ändern scheint. Ein geistliches Leben führen bedeutet nicht, daß wir unsere Familien verlassen, unseren Beruf aufgeben, unsere Arbeitsweise ändern müssen; es bedeutet nicht, daß wir uns aus unseren sozialen oder politischen Tätigkeiten zurückziehen oder unser Interesse für Literatur und Kunst verlieren müssen; es erfordert nicht strenge Formen der Askese oder lange Stunden des Gebets ...

Das eigentlich Neue dabei ist der Umstand, daß wir uns vom Vielerlei zum Reich Gottes hingewendet haben. Das Neue dabei ist, daß wir aus den Zwängen unserer Welt befreit sind und unser Herz an das einzig Notwendige gehängt haben. Das Neue dabei ist, daß wir die vielen Dinge, Menschen und Ereignisse nicht mehr als eine endlose Kette von Anlässen zur Sorge empfinden, sondern daß wir anfangen, sie als bunte Vielfalt der Möglichkeiten zu erfahren, mit denen Gott uns seine Gegenwart spüren läßt.

15: 34f. 37f

Vater und Mutter verlassen

Die längste Zeit meines Lebens habe ich das Jesuswort:»Jeder, der um meinetwillen und um des Evangeliums willen ... Brüder, Schwestern, Mutter, Vater ... verlassen hat, wird das Hundertfache empfangen« (Markusevangelium 10, 29f; vgl. Matthäusevangelium 19,29) sehr wörtlich gedeutet. Ich verstand diese Stelle als einen Aufruf, aus dem Elternhaus fortzuziehen, zu heiraten, in ein Kloster oder in ein Seminar einzutreten oder als Missionar in ein fernes Land zu gehen. Wenngleich ich mich nach wie vor von jedem, der sich zu solch einem Aufbruch um des Namens Jesu willen entschließt, ermutigt und inspiriert fühle, entdecke ich, da ich älter werde, daß diesem »Verlassen« eine tiefere Bedeutung zukommt.

Mit den Jahren wurde mir bewußt, wie sehr unser emotionales Leben von unseren Beziehungen zu Eltern und Geschwistern beeinflußt wird. Sehr oft erweist sich dieser Einfluß als so stark, daß wir noch als Erwachsene, die ihre Eltern schon längst verlassen haben, emotional an sie gebunden sind. Erst neulich überraschte ich mich dabei, daß ich meinen Vater noch zu ändern versuchte in der Hoffnung, er würde mir dann die Aufmerksamkeit schenken, die ich mir wünschte ...

Vor diesem Hintergrund erhalten die Worte Jesu, Vater und Mutter, Brüder und Schwestern zu verlassen, eine ganz neue Bedeutung. Sind wir fähig und bereit, uns von den einengenden emotionalen Fesseln zu lösen, die uns daran hindern, unserer innersten Berufung zu folgen? ... Vater, Mutter, Brüder und Schwestern um des Namens Jesu willen zu verlassen ist eine lebenslange Aufgabe. Nur langsam erkennen wir, wie sehr wir an den negativen wie positiven Erfahrungen aus unserer Jugend festhalten und wie schwer es uns fällt, alles zurückzulassen und wir selbst zu sein. Sein Zuhause zu verlassen – ob es gut oder schlecht war – ist eine der größten Herausforderungen unseres Lebens. *31: 110f*

Heimkehr zur ersten Liebe

Worte für »Zuhause« werden im Alten und im Neuen Testament häufig gebraucht. Die Psalmen sprechen immer wieder von dem Verlangen, im Hause Gottes zu wohnen, unter Gottes Flügeln Zuflucht zu nehmen und Schutz in Gottes heiligem Tempel zu finden. Sie preisen Gottes heilige Stätte, Gottes wunderbares Zelt, Gottes feste Zuflucht. Wir könnten sogar sagen, daß »im Hause Gottes wohnen« alle Sehnsüchte dieser erleuchteten Gebete zusammenfaßt. So ist es sehr bezeichnend, daß der Evangelist Johannes Jesus als das Wort Gottes darstellt, der sein Zelt unter uns aufgeschlagen hat (vgl. Johannesevangelium 1, 14). Er berichtet uns nicht nur, daß Jesus ihn und seinen Bruder Andreas eingeladen hat, in seinem Haus zu verweilen (vgl. Johannesevangelium 1, 38f), sondern er zeigt auch, wie Jesus nach und nach offenbar macht, daß er selbst der neue Tempel ist (ebd. 2, 19) und die neue Zufluchtsstätte (vgl. Matthäusevangelium 11, 28).

Am deutlichsten kommt das in den Abschiedsreden zum Ausdruck, wo Jesus sich selbst als die neue Wohnstatt offenbart: »Bleibt in mir, dann bleibe ich in euch« (Johannesevangelium 15, 4).

Jesus, in dem die Fülle Gottes wohnt, ist unser Zuhause. Indem er in uns Wohnung nimmt, erlaubt er uns, in ihm Wohnung zu nehmen. In-

Geistliches Leben

dem er den innersten Bereich unseres Selbst betritt, schenkt er uns die
Möglichkeit, in seine eigene enge Beziehung und Vertrautheit mit Gott
einzutreten. Indem er uns als *seine* bevorzugte Wohnung erwählt, lädt er
uns ein, ihn als *unsere* eigentliche Wohnstatt zu wählen. Das ist das Geheimnis der Inkarnation ... Hier läßt sich erkennen, was Disziplin im geistlichen Leben bedeutet.
Sie bedeutet einen fortschreitenden Prozeß des Heimwegs dorthin, wohin
wir gehören, und das Lauschen auf die Stimme, die unsere Aufmerksamkeit finden möchte. Es ist die Stimme der »ersten Liebe«. Der heilige Johannes schreibt: »Wir sollen Liebe haben, weil Gott uns zuerst geliebt hat«
(1. Johannesbrief 4, 19). Diese erste Liebe ist es, die uns den intimen Raum
anbietet, in dem wir in Sicherheit wohnen können. Die erste Liebe spricht:
»Ihr seid geliebt, lange bevor euch andere Menschen lieben können oder
ihr andere lieben könnt. Ihr seid angenommen, lange bevor ihr andere annehmen könnt oder von ihnen angenommen werdet. Ihr seid sicher, lange
bevor ihr selbst Sicherheit gewähren oder empfangen könnt.«

Das Zuhause ist der Ort, an dem diese erste Liebe wohnt und sanft zu
uns spricht ... Beten ist der konkreteste Weg, unser Zuhause in Gott zu finden.   *14: 30. 32f*

Aus dem Haus der Angst in das Haus der Liebe

Wie können wir leben inmitten einer Welt, die gekennzeichnet ist von
Angst, Haß und Gewalt, ohne von ihr zerstört zu werden? Wenn Jesus seinen Vater für seine Jünger bittet, antwortet er auf diese Frage, indem er
sagt: »Ich bitte nicht, daß du sie aus der Welt nimmst, sondern daß du sie
vor dem Bösen bewahrst. Sie sind nicht von der Welt, wie auch ich nicht
von der Welt bin« (Johannesevangelium 17, 15f).

In der Welt leben, ohne zu ihr zu gehören, faßt das Wesentliche des
geistlichen Lebens zusammen. Durch das geistliche Leben sind wir uns
dessen bewußt, daß unser wahres Haus nicht das Haus der Angst ist, in
dem die Mächte des Hasses und der Gewalt herrschen, sondern das Haus
der Liebe, wo Gott wohnt.

Es gibt kaum einen Tag in unserem Leben ohne die Erfahrung innerer
und äußerer Ängste, Befürchtungen, Sorgen und Vorurteile. Diese dunk-

len Mächte haben jeden Teil unserer Welt in einem solchen Ausmaß durchdrungen, daß wir ihnen niemals völlig entrinnen können. Und doch ist es möglich, nicht zu diesen Mächten zu gehören, unsere Wohnung nicht bei ihnen zu bauen, sondern das Haus der Liebe als unser Heim zu wählen. Wir treffen diese Wahl nicht ein für allemal, sondern immerfort, indem wir ein geistliches Leben leben, allezeit beten und so Gottes Atem atmen. Durch das geistliche Leben verlassen wir allmählich das Haus der Angst und ziehen um in das Haus der Liebe. *3: 19f*

Hören: eine geistliche Disziplin

»Wie schwer«, ruft Jesus aus, »werden die Reichen in das Reich Gottes hineingelangen!« (Markusevangelium 10, 23). Und um uns von der Notwendigkeit intensiver Anstrengung zu überzeugen, sagt er: »Wenn einer mir nachfolgen will, verleugne er sich selbst, nehme sein Kreuz auf sich und folge mir nach« (Matthäusevangelium 16, 24).

Wir rühren hier an die Frage der Disziplin im geistlichen Leben. Es gibt kein geistliches Leben ohne Disziplin. Disziplin gehört wesentlich zur Jüngerschaft. Die Übung geistlicher Disziplin schärft unser Wahrnehmungsvermögen für die leise, sanfte Stimme Gottes. Dem Propheten Elija hat sich Gott nicht im mächtigen Sturmwind oder im Erdbeben oder im Feuer offenbart, sondern im leisen Säuseln eines Windhauchs (vgl. 1 Könige 19, 9–13). Uns einer geistlichen Disziplin unterwerfen heißt: unser Gehör für diesen leisen Windhauch schärfen und zur Antwort bereit sein, wenn wir ihn hören.

Unser sorgenerfülltes, vollgestopftes Leben ist gewöhnlich von so viel innerem und äußerem Lärm umgeben, daß es sehr schwierig ist, unseren Gott wirklich zu hören, wenn er zu uns spricht. Oft sind wir ganz taub geworden; wir können gar nicht ausmachen, wenn Gott uns ruft, und wir erfassen nicht, in welche Richtung er uns ruft. Unser Leben ist dadurch buchstäblich absurd geworden. Im Wort »absurd« steckt ja das lateinische Wort »surdus«, und das bedeutet: »taub«. Ein geistliches Leben bedarf der Disziplin, denn das Hören auf Gott will mühsam gelernt sein. Gott spricht ständig zu uns; aber wir hören selten auf ihn. Wenn wir allmählich horchen lernen, wird unser Leben ein Leben des Gehorsams. Im Wort »Ge-

horsam« steckt das Wort »hören«. Geistliche Disziplin ist notwendig, damit nach und nach aus unserem absurden Leben ein gehorsames Leben
wird; aus unserem mit geräuschvollen Sorgen angefüllten Leben ein Leben, in dem es einen inneren Freiraum gibt, wo wir auf unseren Gott hören
und uns seiner Führung anvertrauen können.

Das Leben Jesu war ein Leben des Gehorsams. Er hörte ständig auf den
Vater, achtete ständig aufmerksam auf seine Stimme, war ständig bereit,
seinen Weisungen zu folgen. Jesus war »ganz Ohr«. Darin besteht das Eigentliche des Gebets: ganz Ohr für Gott sein. Den innersten Kern allen Betens stellt dieses Hören dar, dieses gehorsame Stehen in der Gegenwart
Gottes.   *15: 43ff*

Hell genug für den nächsten Schritt

Oft möchten wir in die Zukunft sehen können, wenn wir uns fragen:
»Was wird uns das nächste Jahr bringen? Wo werde ich in fünf oder zehn
Jahren sein?« Auf solche Fragen gibt es keine Antwort. Meistens ist es ge-
rade hell genug, um den nächsten Schritt zu tun, das, was in der nächsten
Stunde, am nächsten Tag getan werden muß.

Die Kunst des Lebens zeigt sich darin, dankbar zu sein und sich darüber
zu freuen, was wir sehen können, und nicht darüber zu klagen, was im
dunkeln und ungewissen liegt. Wenn es uns gelingt, den nächsten Schritt
zu tun und darauf zu vertrauen, daß es auch hell genug für den folgenden
Schritt sein wird, werden wir auf dem Weg durch das Leben mit Freude
voranschreiten und überrascht sein, wie weit wir kommen.

Freuen wir uns über das kleine Licht, das wir in den Händen halten,
und verlangen wir nicht nach der großen Helligkeit, die alle Schatten ver-
drängt.   *20: 23*

GEBET

Eine Symphonie des Gebets (in Guatemala)

Ja, alles ist Gebet. Aber nur durch hingebungsvolles Dienen kann diese Feststellung für uns wahr werden ...

Dies wurde heute nachmittag während der Eucharistiefeier in der Kirche von Santiago ganz deutlich. Father John (Vesey) stand in weißer Albe am Altar, über den Schultern eine bunte Stola, die die Leute aus der Stadt selbst gewebt haben. Vor ihm hatten sich über zweitausend Frauen, Männer und Kinder in den leuchtenden Gewändern des Tzutuhil-Volkes zum Gebet versammelt. Kaum hatte Fr. John die ersten Worte des Eucharistischen Hochgebets gesprochen, begann das Volk mit lauter Stimme seine eigenen Gebete vorzutragen. Jeder gab seiner eigenen Furcht und Hoffnung Ausdruck, erbat eine eigene Gnade, sprach einen eigenen Dank aus und sang seinen eigenen Lobpreis. Ein tausendstimmiges Crescendo hinausgeschrienen Bittens und Lobens. Als ich diese Symphonie des Gebets hörte, sah ich darin im Geist alles zu einem einzigen großen Eucharistischen Gebet gewordene menschliche Sein.

Alle waren Priester geworden und erhoben mit dem Brot und Wein des Priesters am Altar auch ihr Leben. Die hier versammelte Gemeinde wurde zu einem Leib, der am Kreuz gestorbene und in Herrlichkeit auferstandene Leib Christi. Not und Freude, Verzweiflung und Hoffnung, Furcht und Liebe, Tod und Leben, das alles wurde eins in dieser Gebetswoge, die sich dann in das Gebet ergoß, das uns Jesus selbst gelehrt hat, in das ›Vater unser‹.

»Es wäre schön, wenn du mitkommen würdest, um mit mir und meinen Leuten zu beten«, hatte mir Fr. John vor dem Gottesdienst gesagt. Jetzt weiß ich, was er damit meinte, und sehe besser denn je, daß wir unser Leben zu einem einzigen, unaufhörlichen Gebet machen müssen.   *21:95f*

Vom Verstand zum Herzen

Wie fangen wir es konkret an: unser Herz auf das Reich Gottes zu richten? Wenn ich mich im Bett hin und her wälze, weil mir Sorgen den Schlaf rau-

ben; wenn ich arbeite und mich dabei die Furcht plagt, was alles schiefge-
hen könnte; wenn ich von den Gedanken an meine schwerkranke Mutter,
an einen sterbenden Freund nicht loskomme – was soll ich dann tun? Mein
Herz auf das Reich Gottes richten? Schön und gut, doch wie soll das gehen?
Eine einfache Antwort ist: vom Verstand zum Herzen gelangen durch
ein langsam und so andächtig wie möglich gesprochenes Gebet. Das mag
sich zwar so anhören wie einem, der sich das Bein gebrochen hat, eine
Krücke anzubieten. Es ist aber wahr, daß ein aus dem Herzen kommendes
Gebet heilen kann. Wenn Sie das »Vaterunser«, das Glaubensbekenntnis
oder »Ehre sei dem Vater ...« auswendig beten können, besitzen Sie schon
etwas, womit sich anfangen läßt.

Sie können auch gern den 23. Psalm »Der Herr ist mein Hirte« auswendig lernen oder das »Hohelied der Liebe« aus dem ersten Brief des Apo-
stels Paulus an die Korinther (vgl. Kap. 13), ebenso das dem heiligen Franziskus zugesprochene Gebet »Herr, mach mich zu einem Werkzeug deines
Friedens!«

Ob Sie schlaflos im Bett liegen, ob Sie am Steuer Ihres Autos sitzen, auf
den Bus warten oder spazierengehen, immer und überall können Sie sich
eines dieser Gebete langsam, Wort für Wort, durch den Kopf gehen lassen
und dabei mit Ihrem ganzen Sein einfach zu erlauschen versuchen, was
diese Worte aussagen. Ihre Sorgen werden Sie dabei ständig quälen, doch
wenn Sie zu den Worten des Gebets immer wieder zurückkehren, werden
Sie allmählich eine Erleichterung feststellen und wirklich beginnen, mit
Freude zu beten. Und sobald das Gebet aus Ihrem Verstand in die Mitte Ihres Seins, in Ihr Herz, hinabsteigt, werden Sie seine Heilkraft entdecken.

31: 86f

Drei Richtpunkte

Um die persönliche Frage »Was ist das Gebet meines Herzens?« beantworten zu können, müssen wir zunächst einmal wissen, wie man zu diesem
ganz persönlichen Gebet gelangt. Wo sollen wir suchen, was sollen wir tun,
zu wem sollen wir gehen, um festzustellen, wie wir als die Menschen, die
wir sind – mit unserer persönlichen Geschichte, unserem persönlichen Mi-
lieu, unserem persönlichen Charakter, unseren persönlichen Erkennt-
nissen und unserer persönlichen Handlungsfreiheit – zur Aufnahme en-

ger Beziehungen zu Gott berufen sind? Die Frage nach dem Gebet unseres Herzens ist tatsächlich die Frage nach unserer allerpersönlichsten Berufung ...

Es sieht so aus, als ließen sich ein paar Richtlinien aufstellen. Beim aufmerksamen Studium der Lebensbeschreibungen von Menschen, für die das Gebet wirklich das »Eine Notwendige« war, entdeckt man, daß man sich immer dreierlei zur »Regel« gemacht hat: die betrachtende Lektüre des Gotteswortes, das schweigende Hinhören auf Gottes Stimme und den vertrauensvollen Gehorsam gegenüber einem geistlichen Begleiter. Es ist sehr schwer und praktisch unmöglich, ohne die Bibel, ohne Zeiten des Stillschweigens und jemanden, dessen Leitung wir uns anvertrauen, unseren besonderen Weg zu Gott zu finden ...

Zur Heiligen Schrift zu greifen und sie zu lesen, ist das erste, was wir tun müssen, wenn wir uns dem Ruf Gottes öffnen wollen. Die Schriftlesung ist nicht so leicht, wie man meint, da wir in unserer gebildeten Welt dazu neigen, alles und jedes, was wir lesen, zu analysieren und zu diskutieren. Aber das Gotteswort sollte uns in erster Linie zur Kontemplation und Meditation anregen. Statt die Worte zu sezieren, sollten wir sie in unserem Herzen wie Maria »zusammenbringen« (Lukasevangelium 2, 19); statt uns zu fragen, ob wir einverstanden sind oder nicht, sollten wir uns fragen, welche Worte unmittelbar an uns gerichtet sind und mit unserer ganz persönlichen Geschichte in direktem Zusammenhang stehen. Statt zu überlegen, ob man die Worte wohl zum Gegenstand eines interessanten Gesprächs oder eines Referats machen könnte, sollten wir bereit sein, sie bis in die verborgensten Winkel unseres Herzens dringen zu lassen, sogar dorthin, wohin noch nie ein Wort Zugang gefunden hat ...

Sodann brauchen wir einfach eine Zeit der Stille in Gottes Gegenwart. Wenn wir auch all unsere Zeit zu Gottes Zeit machen wollen, so wird uns das nie gelingen, wenn wir nicht eine Minute, eine Stunde, einen Morgen, einen Tag, eine Woche, einen Monat oder sonst einen Zeitabschnitt ausdrücklich für Gott, und nur für ihn, reservieren. Dazu muß man sich sehr zusammennehmen und auch etwas wagen, da wir immer etwas Dringenderes zu erledigen zu haben scheinen und »nur dazusitzen« und »nichts zu tun« auf uns oft eher störend als wohltuend wirkt. Aber daran führt kein Weg vorbei. Unnütz und still vor unserem Gott zu verweilen gehört zum innersten Wesen jeglichen Betens ...

Kontemplative Schriftlesung und Schweigezeiten in Gottes Gegenwart gehören eng zusammen. Gottes Wort zieht uns ins Schweigen; das Schweigen macht uns hellhörig für Gottes Wort. Aber das Wort wie das Schweigen bedürfen der Weisung. Wie können wir wissen, daß wir uns nichts vormachen, daß wir uns nicht die Worte herausklauben, die sich am besten mit unseren Leidenschaften vertragen, daß das, was wir hören, nicht einfach die Stimme unserer Einbildungskraft ist? Schon viele haben die Heilige Schrift zitiert, und viele haben im Schweigen Stimmen vernommen und Erscheinungen gehabt, aber nur wenige haben den Weg zu Gott gefunden. Wer kann Richter in eigener Sache sein? Wer kann entscheiden, ob seine Gefühle und Erkenntnisse ihn in die richtige Richtung führen? Unser Gott ist größer als unser Herz und unser Geist, und wir sind zu leicht versucht, das Sehnen unseres Herzens und das Sinnen unseres Geistes zum Willen Gottes zu erheben. Daher brauchen wir einen Begleiter, einen Berater, der uns hilft, zwischen der Stimme Gottes und den vielen anderen Stimmen zu unterscheiden, die aus unserem eigenen Durcheinander oder von dunklen Mächten stammen, auf die wir absolut keinen Einfluß haben. Wir brauchen einen Menschen, der uns Mut macht, wenn wir alles hinwerfen, alles vergessen und einfach verzweifelt davonlaufen möchten ... Wir brauchen einen Menschen, der uns sagen kann, wann wir lesen und wann wir schweigen sollen, welche Worte wir bedenken und was wir tun sollen, wenn das Schweigen sehr beängstigend wird und kaum Frieden bringt.   *4: 129f*

DAS SCHWEIGEN UND DAS WORT

Im Schweigen meines Herzens sprichst du zu mir

Herr Jesus, dein Sprechen mit dem Vater ging aus deinem Schweigen hervor. Führe mich in dieses Schweigen, damit ich in deinem Namen spreche und deshalb meine Worte fruchtbar werden. Es ist so schwer zu schweigen, mit den Lippen zu schweigen, aber noch viel mehr, mit dem Herzen zu schweigen. In mir geht so viel Gerede vor sich. Es ist, als sei ich innerlich ständig in irgendwelche Auseinandersetzungen verwickelt, entweder mit mir selbst oder mit meinen Freunden, meinen Feinden, meinen Anhängern, meinen Gegnern, meinen Kollegen und meinen Rivalen.

Aber diese innere Diskussion beweist, wie weit mein Herz von dir entfernt ist. Wenn ich einfach zu deinen Füßen säße und mir bewußt wäre, daß ich dir und dir allein gehöre, dann würde ich leicht aufhören können, mit all den wirklichen oder vermeintlichen Gesprächspartnern zu diskutieren. All diese Argumente zeigen meine Unsicherheit, meine Angst, meine Befürchtungen und mein Bedürfnis, anerkannt und beachtet zu werden.

Du, o Herr, wirst mir alle Aufmerksamkeit zuwenden, die ich nötig habe, wenn ich nur aufhören wollte zu reden und anfinge, auf dich zu hören. Ich weiß, daß du im Schweigen meines Herzens zu mir sprechen und mir deine Liebe zeigen willst. Herr, gib mir dieses Schweigen. Mach mich geduldig und laß mich allmählich in jedes Schweigen hineinwachsen, in dem ich ganz bei dir sein kann. Amen.   *8: 24*

Die Kraft des Wortes

Worte, meine eigenen nicht ausgenommen, haben ihre schöpferische Kraft verloren. Ihre unbegrenzte Vermehrung hat unser Vertrauen auf Worte erschüttert und uns dazu gebracht, meistens zu denken: »Das sind ja nur Worte.«

Lehrer sprechen sechs, zwölf, achtzehn und manchmal vierundzwanzig Jahre zu ihren Schülern und Studenten. Aber die Schüler nehmen aus dieser Erfahrung oft nur das Gefühl mit: »Das waren nur Worte.« Prediger halten Woche für Woche, Jahr für Jahr ihre Predigten. Aber ihre Gemeinde bleibt dieselbe und denkt oft: »Das sind nur Worte.« Politiker, Geschäftsleute, Ajatollahs und Päpste halten Reden und geben Erklärungen ab »gelegen oder ungelegen«, aber die Zuhörer sagen: »Das sind nur Worte ... mal eine Abwechslung.«

Daraus folgt, daß das Wort seine Hauptaufgabe, die Mitteilung, nicht mehr erfüllt. Das Wort vermittelt nicht mehr, fördert nicht mehr die Einheit, schafft keine Gemeinsamkeit mehr und macht darum nicht mehr lebendig. Das Wort ist kein zuverlässiger Grund mehr, auf dem die Menschen einander begegnen und eine Gesellschaft aufbauen könnten.

Übertreibe ich? Betrachten wir einen Augenblick das Theologiestudium etwas näher. Was anderes ist zutiefst das Theologiestudium, als uns dem Herrn, unserem Gott, näherzubringen, damit wir sein Hauptgebot besser erfüllen können, ihn mit ganzem Herzen, mit ganzer Seele und mit all unseren Gedanken zu lieben und unseren Nächsten wie uns selbst (vgl. Matthäusevangelium 22, 37.39)? Seminare und Fakultäten müssen ihre Studenten zu stets wachsender Vereinigung mit Gott, miteinander und mit ihren Mitmenschen führen. Theologische Ausbildung hat den Sinn, unser ganzes Sein zu immer tieferer Gleichförmigkeit mit der Gesinnung Christi umzuformen, so daß unsere Art zu beten und unsere Art zu glauben eins werden.

Wie ist es aber in Wirklichkeit? Oft scheint es so, als ob wir, Lehrer oder Lernende der Theologie, uns in einem so verwickelten Netz von Diskussionen, Debatten und Argumenten über Gott und den Glauben verfangen hätten, daß wir praktisch nicht mehr imstande sind, einfach mit Gott zu sprechen oder in seiner Gegenwart zu verweilen. Mit unserer differenzierten Sprache können wir die feinsten Unterscheidungen treffen, und doch ist sie oft nur ein armseliger Ersatz für die lautere Hingabe an das lebendige Wort. Die Krise des Theologiestudiums ist zuerst und zumeist eine Krise des Wortes. Das soll nicht heißen, daß kritisches Denken und intellektuelle Anstrengung und die damit verbundenen subtilen Unterscheidungen im Theologiestudium nichts zu suchen hätten. Aber wenn unsere Worte nicht mehr der Widerhall des göttlichen Wortes sind, in dem und durch das die Welt erschaffen und erlöst worden ist, dann verlieren sie ihren festen Grund und werden ebenso verführerisch und irreführend wie die Worte, mit denen man vielleicht ein Waschmittel anpreist.

In früherer Zeit absolvierte man seine theologischen Studien gewöhnlich im Kloster. Dort gingen die Worte aus dem Schweigen hervor und konnten tiefer ins Schweigen hineinführen. Heute bestehen nur noch an den wenigsten Klöstern theologische Fakultäten; trotzdem bleibt die Stille ebenso unentbehrlich wie einst. Das Wort Gottes ist aus dem ewigen Schweigen Gottes geboren, und von diesem Wort, das aus dem Schweigen hervorgeht, wollen wir Zeugnis geben. *7: 44ff*

Der schweigende Pilger

Altvater Tithoe sagte einmal:»Pilgerschaft heißt: daß der Mensch Gewalt habe über seinen Mund.« Der Ausdruck»Pilgerschaft heißt Schweigen« (peregrinatio est tacere) gibt die Überzeugung der Wüstenväter wieder, daß Schweigen die beste Vorausnahme der kommenden Welt sei. Als Argument für das Schweigen wird am häufigsten angeführt, daß Reden zur Sünde verleitet. So leuchtet ein, daß Nichtreden der sicherste Weg ist, um vor der Sünde bewahrt zu bleiben. Diese Verbindung wird von dem Apostel Jakobus deutlich hervorgehoben:»Wir alle verfehlen uns in vielen Dingen. Wer sich in seinen Worten nicht verfehlt, ist ein vollkommener Mann und kann auch seinen Körper völlig im Zaum halten« (Jakobusbrief 3, 2).

Jakobus läßt kaum Zweifel daran, daß es sehr schwer ist zu reden, ohne zu sündigen, und daß wir, wenn wir auf unserer Reise in die ewige Heimat unberührt von Sünden bleiben wollen, am sichersten auf dem Weg des Schweigens dorthin gelangen ... Der heilige Benedikt warnt seine Brüder nicht nur vor böser Rede, sondern er mahnt sie auch, bisweilen von guten, heiligen und erbaulichen Gesprächen zu lassen, weil im Buch der Sprichwörter geschrieben steht:»Beim Vielreden wirst du der Sünde nicht entgehen« (10, 19). Reden ist gefährlich und bringt uns leicht vom rechten Weg ab ... Kurz und gut, Worte können uns das Gefühl geben, uns unterwegs mehr aus Neugier als aus dienstlichen Gründen zu lange in einem der kleinen Dörfer aufgehalten zu haben, durch die wir gefahren sind. Worte lassen uns oft vergessen, daß wir Pilger und dazu berufen sind, andere aufzufordern, sich mit uns auf den Weg zu machen.»Peregrinatio est tacere – Pilgerschaft heißt Schweigen.« *7: 48f.50*

Mit Freunden schweigen

Mir kommt der Gedanke, daß es ebenso wichtig ist, mit Freunden zu schweigen wie mit ihnen zu sprechen. Vielen Leuten zu begegnen und mit ihnen über all das zu sprechen, was alles war und ist, hinterläßt bei mir oft ein Gefühl, als seien wir nicht wirklich zusammen. Das Austauschen unzähliger Einzelheiten führt oft zu mehr Distanz als zu Nähe. Worte sind wichtig und führen Herzen zusammen. Aber zu viele Worte können uns voneinander entfernen.

Ich habe zunehmend das Bedürfnis, mit Freunden zu schweigen. Nicht jedes Ereignis muß erzählt, nicht jeder Gedanke mitgeteilt werden. Ist einmal eine Atmosphäre gegenseitigen Vertrauens entstanden, können wir zusammen schweigen und den Herrn den sein lassen, der freundlich und leise spricht.

Das gemeinsame Lauschen auf Jesus ist ein wirksames Mittel, um einander näher zu kommen und eine Ebene des Vertrautseins zu erreichen, wie es kein zwischenmenschlicher Austausch von Worten zustande zu bringen vermag. Ein in der Gegenwart Jesu gemeinsam erlebtes Schweigen wird auch in Zukunft viele Früchte tragen. Es scheint so, daß ein liebevolles Schweigen sich tiefer unserer Erinnerung einprägt als viele liebevolle Worte. 25:41

Das verwandelnde Wort

Wir leben in einer Welt, in der Worte billig zu haben sind. Wörter überschütten uns. In Anzeigen, auf Werbetafeln und Verkehrsschildern, auf Flugblättern, in Prospekten, Broschüren und Büchern, auf Schallplatten, Projektionswänden, Bildschirmen, an Wänden und am Himmel: Wörter in vielen Klängen, Farben und Formen stürzen auf uns ein. Wörter, die aufleuchten und verlöschen, die laufen, tanzen oder hüpfen; Wörter, die heller oder fetter werden. Aber schließlich sagen wir: »Doch alles nur Wörter!« An Zahl unermeßlich gewachsen, an Wert unermeßlich gesunken. Ihr erster Zweck scheint die Information zu sein. Wörter halten uns auf dem Laufenden. Wir brauchen Wörter, um zu wissen, was oder wie wir etwas tun sollen, und wohin zu gehen und wie es zu erreichen ist.

Kein Wunder also, daß man auch die in der Eucharistiefeier verwendeten Wörter weithin nur noch als Wörter versteht, die uns informieren wollen. Sie erzählen uns eine Geschichte, sie unterweisen, sie ermahnen. Und weil die meisten von uns diese Wörter schon gehört haben, rühren sie uns selten noch wirklich an. Oft hören wir kaum mehr hin; alles ist uns schon bekannt, zu vertraut. Wir erwarten gar nicht mehr, überrascht oder berührt zu werden. Wir stellen uns darauf ein, doch immer wieder bloß das gleiche zu hören, mag das nun aus einem Buch vorgelesen oder von einem Ambo her gesprochen werden.

Das Schlimme daran ist, daß das Wort dann seine sakramentale Qualität verliert. Das Wort Gottes hat sakramentalen Charakter. Das heißt, es ist heilig. Ein heiliges Wort aber macht das gegenwärtig, wovon es spricht. Als sich Jesus mit den beiden traurigen Wanderern auf dem Weg nach Emmaus unterhielt und ihnen die Worte der Schrift erklärte, die von ihm selbst handelten, begannen ihre Herzen zu brennen, das heißt, sie erfuhren seine Gegenwart. Indem er von sich sprach, wurde er ihnen gegenwärtig. Seine Worte bewirkten nicht nur, daß sie an ihn dachten; er sagte ihnen nicht bloß etwas über sich selbst oder inspirierte sie bloß durch seine Erinnerung an ihn. Das ist damit gemeint, wenn wir von der sakramentalen Qualität des Wortes sprechen: Das heilige Wort erschafft, was es sagt.

Das Wort Gottes ist immer sakramental. Im Buch Genesis wird uns gesagt, Gott habe die Welt erschaffen, aber im Hebräischen ist das Wort für »sprechen« dasselbe Wort wie für »erschaffen«. Wörtlich übersetzt heißt es also: »Gott sprach Licht, und es wurde Licht« (Genesis 1, 3). Für Gott ist Sprechen und Erschaffen ein und dasselbe. Wenn wir sagen, Gottes Wort sei heilig, dann meinen wir, Gottes Wort sei mit Gottes Gegenwart erfüllt.

Oft stellen wir uns das Wort so vor, als wolle es uns bloß ermahnen, hinauszugehen und unser Leben zu ändern. In Wirklichkeit geht es gar nicht in erster Linie darum, daß wir es als Anregung dafür auffassen, was wir in unserem Leben ändern müssen, wenn wir anschließend die Kirche verlassen. Nein, seine eigentliche Wirkmacht besteht darin, daß es als göttliche Kraft an uns umwandelnd wirkt, während wir es hören.

Die Evangelien sind voller Beispiele dafür, wie Gott im Wort gegenwärtig ist. Mich persönlich hat ganz besonders die Geschichte von Jesus in der Synagoge von Nazaret angesprochen. Er hat damals aus Jesaja vorgelesen: »Der Geist des Herrn ruht auf mir; denn der Herr hat mich gesalbt. Er hat mich gesandt, damit ich den Armen eine gute Nachricht bringe; damit ich den Gefangenen die Entlassung verkünde und den Blinden das Augenlicht; damit ich die Zerschlagenen in Freiheit setze und ein Gnadenjahr des Herrn ausrufe« (Lukasevangelium 4, 18f).

Nachdem Jesus diese Worte vorgelesen hatte, sagte er: »Heute hat sich das Schriftwort, das ihr eben gehört habt, erfüllt« (4, 21). Plötzlich wird klar, daß die Armen, die Gefangenen, die Blinden und die Zerschlagenen nicht irgendwelche Leute da draußen außerhalb der Synagoge sind, die eines Tages aus ihrer Not befreit werden. Nein, von den Zuhörern selbst ist die Rede. Und im Zuhören wird Gott ihnen gegenwärtig und heilt sie.

Das Wort Gottes ist kein Wort, das wir irgendwann in unserem Alltagsleben in die Tat umsetzen sollten; es ist ein Wort, das uns durch unser Zuhören hier und jetzt und während dieses Zuhörens heilen möchte.

19: 39ff

ALLEINSEIN

Der Schmelzofen der Verwandlung

Alleinsein ist der Schmelzofen der Verwandlung. Ohne Alleinsein bleiben wir Opfer unserer Gesellschaft und verstricken uns weiterhin in die Täuschungen des falschen Ichs. Jesus selbst ist in diesen Schmelzofen eingegangen. Er wurde durch die drei Zwänge der Welt versucht: Ansehen zu genießen (»verwandle Steine in Brot«), Aufsehen zu erregen (»stürze dich hinab«) und Macht zu besitzen (»all diese Reiche will ich dir geben«). Da bekannte er Gott als die einzige Quelle seiner Identität (»vor dem Herrn, deinem Gott, sollst du dich niederwerfen und ihm allein dienen«). Alleinsein ist der Ort des großen Kampfes und der großen Begegnung – des Kampfes gegen die Zwänge des falschen Ichs und der Begegnung mit dem liebenden Gott, der dem neuen Ich sein eigenes Wesen schenkt ...

Alleinsein ist keine private Heileinrichtung. Vielmehr ist es der Ort der Umkehr, der Ort, an dem das alte Ich stirbt und das neue Ich geboren wird; der Ort, wo der neue Mann, die neue Frau in Erscheinung tritt.

Wie können wir ein besseres Verständnis für dieses umwandelnde Alleinsein gewinnen? Ich will versuchen, etwas eingehender sowohl den Kampf wie auch die Begegnung zu beschreiben, die sich im Alleinsein vollziehen.

Im Alleinsein entledige ich mich meiner Schutzausrüstung: keine Gespräche mit Freunden, keine Telefonanrufe, keine Besprechungen, keine Musik zur Unterhaltung, keine Bücher zur Ablenkung, nur ich – bloß, verwundbar, schwach, sündig, entäußert, gebrochen –, nichts. Diesem Nichts-

1. Der christliche Pfad

sein muß ich mich in meinem Alleinsein stellen, einem so schrecklichen Nichtssein, daß alles in mir danach drängt, zu meinen Freunden, meiner Arbeit und meiner Zerstreuung zu eilen, damit ich mein Nichtssein vergessen und mir vormachen kann, etwas wert zu sein.

Aber das ist noch nicht alles. Sobald ich mich entschließe, in meinem Alleinsein auszuhalten, springen wirre Ideen, zerstreuende Bilder, wilde Phantasien und unheimliche Vorstellungen in meinem Geist herum wie Affen auf einem Bananenbaum ... Es kommt alles darauf an, in meinem Alleinsein auszuharren, in meiner Zelle zu bleiben, bis all meine verführerischen Besucher es aufgeben, an meine Tür zu klopfen, und mich in Ruhe lassen ... Das ist der Kampf. Der Kampf, dem falschen Ich zu sterben. Aber es geht weit, weit über unsere eigene Kraft. Jeder, der seine Dämonen mit seinem eigenen Willen bekämpfen will, ist ein Narr ... Nur Christus kann die Mächte des Bösen überwinden. Nur in ihm und durch ihn können wir die Kämpfe unserer Einsamkeit bestehen ... Wenn uns bewußt wird, daß nicht wir leben, sondern daß Christus in uns lebt, daß er unser wahres Ich ist, dann können sich unsere Zwänge allmählich lockern, und wir beginnen, die Freiheit der Kinder Gottes zu verkosten ...

Wir müssen uns tatsächlich unsere eigene Wüste schaffen, in die wir uns jeden Tag zurückziehen, unsere Zwänge abschütteln und in der wohltuenden heiligen Gegenwart des Herrn verweilen können ... Alleinsein ist nicht einfach ein Mittel zum Zweck. Alleinsein ist sich selbst Zweck, ist der Ort, an dem Christus uns in sein eigenes Bild umformt und uns von den mörderischen Zwängen der Welt befreit. Alleinsein ist der Ort unseres Heils.
7: 22f. 24f. 26f. 28

Alleinsein und Gemeinschaft

Alleinsein ist keine privat verbrachte Zeit im Gegensatz zu gemeinsam verbrachter Zeit, auch keine Zeit, um unseren ermüdeten Geist wiederherzustellen. Alleinsein und Stille sind etwas ganz anderes als eine Pause im Gemeinschaftsleben. Alleinsein ist der Grund, aus dem Gemeinschaft erwächst. Wenn wir allein beten, studieren, lesen, schreiben oder einfach allein sind, weg von dort, wo wir unmittelbar miteinander zu tun haben, treten wir in eine tiefere Intimität miteinander ein. Es ist ein Trugschluß anzunehmen, wir kämen einander nur näher, wenn wir zusammen reden, spielen oder arbeiten. Sicher erwächst viel aus solch zwischenmenschlichem Tun, doch dieses Tun ist Frucht des Alleinseins, denn im Alleinsein vertieft sich unsere Intimität miteinander. Im Alleinsein erfahren wir einander in einer Weise, die körperliche Nähe erschwert, wenn nicht unmöglich macht. Wir entdecken da eine gegenseitige Bindung, die nicht von Worten, Gesten oder Handlungen abhängt, eine Bindung, die viel tiefer reicht, als wir allein erreichen könnten ...

Alleinsein ist für ein Gemeinschaftsleben wesentlich, weil wir dabei entdecken, daß vor allem Verlangen nach Gemeinschaft schon Einmütigkeit vorhanden war. Im Alleinsein werden wir gewahr, daß wir schon beieinander waren, ehe wir zueinander kamen, und daß Gemeinschaftsleben nicht unserem Willen entspringt, sondern gehorsame Antwort auf die Wirklichkeit unseres Einsseins ist. Wann immer wir in das Alleinsein eintreten, legen wir Zeugnis ab für eine Liebe, die unsere zwischenmenschlichen Beziehungen übersteigt und kundtut, daß wir einander lieben, weil wir zuerst selbst geliebt wurden (1. Johannesbrief 4, 19) ... Alleinsein schafft jene freie Gemeinschaft, die Beobachter sagen läßt:»Seht, wie sie einander lieben.« *11:22f*

Regelmäßigkeit

Man kann in der freien Natur spazierengehen, kurze Gebete wiederholen, wie zum Beispiel das Jesus-Gebet, kann ein kleines Lied singen, bestimmte Bewegungen machen oder Haltungen einnehmen. Das und vieles andere kann recht hilfreich sein, um das Verweilen im Alleinsein einzuüben. Jeder einzelne muß selbst entscheiden, welche besondere Form ihm am besten zusagt und welche er deshalb treu üben möchte. Es ist besser, jeden Tag zehn Minuten das Alleinsein zu üben, als ab und zu eine ganze Stunde darauf zu verwenden. Es ist besser, sich an eine bestimmte Haltung zu gewöhnen, als ständig verschiedene Haltungen auszuprobieren. Die besten Führer auf der Suche nach unserem Weg sind Einfachheit und Regelmäßigkeit. Beides hilft uns, die Übungen des Alleinseins zu einem genauso festen Bestandteil unseres Alltags zu machen, wie das Essen und das Schlafen. Wenn das gelingt, verlieren ganz allmählich unsere lauten Sorgen ihre Macht über uns, und nach und nach werden wir spüren, wie der Geist Gottes, der alles neu macht, in uns sein Werk beginnt.

Die Übung des Alleinseins erfordert es, äußerlich Zeit und Raum dafür vorzusehen. Aber letzten Endes kommt es darauf an, daß unser Inneres, unser Herz wie eine stille Zelle wirkt, in der Gott wohnen kann, wohin wir auch gehen und was wir auch tun. *15:52f*

Kreativität, die aus dem Alleinsein erwächst

Ich frage mich, ob nicht alle Kreativität eine gewisse Begegnung mit unserem Alleinsein verlangt. Die Furcht vor einer Begegnung mit ihr schränkt unsere Möglichkeit, uns auszudrücken, stark ein. Wenn ich einen Artikel verfassen soll und das blanke Blatt Papier vor mir liegen sehe, muß ich mich fast an meinen Sessel binden, um nicht wieder aufzustehen und noch einmal in einem Buch nachzuschlagen, ehe ich meine eigenen Worte zu Papier bringe. Und bin ich nach einem arbeitsreichen Tag endlich allein und frei, muß ich mich bezwingen, um nicht noch einmal zum Briefkasten zu gehen, noch einmal jemanden anzurufen, einen Freund zu besuchen, der mich in den letzten Stunden des Tages unterhalten würde. Und lasse ich den Tag in Gedanken vorüberziehen, so frage ich mich manchmal, ob der Unterrichtsbetrieb mit all den Vorlesungen, Seminaren, Besprechungen, Anfragen, Papierstößen und Prüfungen tatsächlich nicht die Form einer großen Ablenkung angenommen hat, was zwar dann und wann unterhaltsam ist, uns aber meistens davon abhält, unserem einsamen Selbst gegenüberzutreten, das doch die Hauptquelle unseres Suchens und Erforschens ist.

Die erste Aufgabe jeder Institution, die der Erziehung dient, sollte darin bestehen, das Privileg zu schützen, Schule zu sein. Das Wort *Schule*, das sich vom lateinischen *schola* herleitet, bedeutet im ursprünglichen Sinn freie Zeit für diejenigen, die sich selbst und ihre Welt etwas besser verstehen möchten. *The Lonely Search of God (Audio-Kassette)*

Eine Berufung der Familie

Die erste und vielleicht geheimnisvollste Berufung der Familie besteht darin, einen Ort des Alleinseins zu ermöglichen. Alleinsein ist das erstrangige Geschenk des Mannes, der Frau und der Kinder aneinander. »Löscht den Geist nicht aus!« sagt der heilige Paulus. Im Alleinsein offenbart sich uns der Geist und ermöglicht, »unaufhörlich zu beten und jederzeit voll Freude zu sein«. Im Alleinsein entdecken wir den inneren Ort, an dem die Wurzeln unserer Kreativität liegen und unsere wahre Lebenskraft entspringt ...

Wir leben in einer Welt, die uns glauben machen will, daß wir *sind*, was wir *tun*. Wir seien wichtig, wenn wir etwas Wichtiges tun, intelligent, wenn wir etwas Intelligentes tun, wertvoll, wenn wir etwas Wertvolles tun. Deshalb liegt uns sehr daran, etwas zu tun zu haben, beschäftigt zu sein. Und sind wir nicht beschäftigt, beschäftigt uns gewöhnlich der Kummer darüber. Leben wir aber in dem Sinn, daß wir *sind*, was wir *tun*, haben wir bereits unsere Seele an die Welt verkauft. Wir haben damit der Welt eingeräumt zu bestimmen, wer wir sind. Damit sind wir tatsächlich innerlich leere Menschen geworden, schauen ständig ängstlich um uns, von der Frage geplagt, was andere Leute wohl von uns denken, und mit dem ständigen Bedürfnis, für gutaussehend, intelligent und begehrenswert gehalten zu werden ...

Deshalb ist das Geschenk des Alleinseins das erste Geschenk, das Mitglieder einer Familie einander machen können. Denn im Alleinsein entdeckt jeder sein wahres Selbst. Eine Familie, die auf dem falschen Selbst ihrer Mitglieder aufgebaut ist, auf einem Selbst, das vom Getrieben- und vom Besorgtsein zusammengehalten wird, von Urteilen und Meinungen, ist dem Auseinanderbrechen geweiht. Nur in dem Maße, in dem die Mitglieder einer Familie im Alleinsein einander ihr wahres Selbst zu entdecken erlauben, kann wahre Liebe bestehen. Die Familie ist – so kann man in Anlehnung an Rilke sagen – der Ort, an dem »Einsamkeiten einander schützen, grenzen und grüßen« (Briefe an einen jungen Dichter).

28: 7

2

Unser Leben umarmen

Bei den Texten der folgenden Abteilung geht es vor allem um das innere Ringen, von unseren vordergründigen Identitäten abzulassen und unsere wahre Identität als Kinder Gottes anzunehmen. Zu erfahren, daß wir von Gott wirklich geliebt sind, ist der wichtigste Augenblick unseres Lebens. Davon ausgehend ermutigt Henri dazu, damit aufzuhören, vor uns davonzulaufen, und die Zusage, geliebt zu sein, in alle Bereiche unseres Lebens dringen zu lassen, vor allem in jene Winkel unseres Ichs, für die wir uns schämen. Der Weg zur Umkehr sollte mit einem fortschreitenden, vollständigen Sichbefreunden mit unserer Gebrochenheit verbunden sein.

Dieses »sich mit uns befreunden« führt uns von unserem mehr oberflächlichen, gesellschaftlich-konstruierten falschen Ich zu unserem von Gott gegebenen wahren Ich. Henri schloß sich in den letzten zehn Jahren seines Lebens der »Arche« an, einer Lebensgemeinschaft mit geistig Behinderten. Die Geschichte von Bill, einem behinderten jungen Mann aus der »Arche« Daybreak (vgl. S. 106ff), zeigt, wie diese Gemeinschaft ihren Mitgliedern hilft, zur Liebe Gottes zu finden.

Die Umkehr zu unserer wahren Identität führt zu einer überraschend neuen Zeiterfahrung, die das Neue Testament »ewiges Leben« nennt. Haben wir zu unserem wahren Ich gefunden, wird unser Leben nicht bloß »chronos«, Ablauf einer begrenzten Summe von Jahren, sondern »kairos«, eine günstige, rettende Gelegenheit, an Gottes Ewigkeit teilzuhaben. So ist unser zeitlicher Tod kein wirkliches Ende, sondern das Tor zu einem größeren Verbundensein mit Gott und dem Leben derer, die wir lieben.

EIN GELIEBTER MENSCH SEIN

Die Kommerzialisierung der Liebe

Das Wesentliche, das sich über Gottes Liebe sagen läßt, ist die Tatsache, daß Gott uns liebt. Er liebt uns aber nicht deshalb, weil wir etwas für ihn getan haben und dadurch seine Liebe verdient hätten, sondern weil Gott in absoluter Freiheit beschlossen hat, uns zu lieben. Dieser Gedanke scheint auf den ersten Blick wenig Anspornendes zu besitzen; denkt man aber etwas eingehender darüber nach, erkennt man allmählich, welch großen Einfluß er auf unser Leben haben kann. Wir haben uns daran gewöhnt, unser ganzes Dasein als eine Art Tauschhandel zu betrachten. Wir gehen davon aus, daß die Mitmenschen nett zu uns sein werden, wenn auch wir nett zu ihnen sind; daß sie uns helfen werden, wenn auch wir ihnen helfen; daß sie uns einladen werden, wenn auch wir sie einladen; daß sie uns liebhaben werden, wenn auch wir sie liebhaben. Und tief in uns allen lebt die Überzeugung, daß Zuneigung etwas ist, das es zu verdienen gelte. In unserer pragmatischen und stets nach dem Nutzen fragenden Zeit ist diese Überzeugung sogar noch stärker geworden. Wir können uns fast nicht vorstellen, daß wir irgend etwas umsonst bekommen. Alles muß erarbeitet sein – sogar ein gutes Wort, ein Zeichen der Dankbarkeit, ein liebevoller Blick.

Ich vermute, daß vor dem Hintergrund dieser Mentalität viel Angst entsteht, viel Unruhe und Gejagtsein. Es hat den Anschein, als seien wir ständig im Streß, nur um einander zu beweisen, daß wir der Liebe wert seien. Starke innere Zweifel treiben uns zu immer größerer Aktivität. Auf diese Weise versuchen wir emotional,»den Kopf über Wasser zu halten«, um nicht in den ständig wachsenden Minderwertigkeitsgefühlen zu ertrinken. Die enorme Sucht nach Anerkennung und Bewunderung, nach Bekanntheit und Ruhm wurzelt in der Sorge, daß wir ohne dies alles wertlos wären. Ja, man könnte von einer Kommerzialisierung der Liebe sprechen, umsonst ist der Tod; die Liebe jedoch nicht ...

Daraus entwickelt sich eine Geisteshaltung, die uns so leben läßt, als hinge unsere menschliche Würde allein von den Reaktionen anderer auf unser Tun und Lassen ab. Wir überlassen es anderen zu bestimmen, wer wir sind. Wir glauben, daß wir gut sind, wenn andere uns für gut halten;

2. Unser Leben umarmen

wir glauben, daß wir intelligent sind, wenn andere uns intelligent finden; wir glauben, daß wir fromm sind, wenn andere uns für fromm halten. Umgekehrt ist es genauso ...

Die Tragik liegt jedoch darin, daß wir Menschen uns nicht gegenseitig von Einsamkeit und Minderwertigkeitsgefühlen zu befreien vermögen. Wir sind nicht fähig, einander unsere existentiellsten Nöte zu lindern. Unser Vermögen, einander unsere größten Sehnsüchte zu erfüllen, ist derart begrenzt, daß wir immer wieder Gefahr laufen, uns gegenseitig zu enttäuschen ...

Und so liefern wir das innerste Erleben unserer eigenen Persönlichkeit den launischen Ansichten unserer Umgebung aus. So verkaufen wir der Welt unsere Seele. Wir sind nicht mehr Herr im eigenen Haus. Unsere Freunde und Feinde bestimmen, wer wir sind; wir sind zum Spielball ihrer guten oder schlechten Absichten geworden ...

Alles, was Jesus getan, gesagt und erlitten hat, dient dazu, uns *eines* deutlich zu machen: daß uns die Liebe, nach der wir uns am stärksten sehnen, nicht deshalb von Gott geschenkt wird, weil wir sie verdient haben, sondern weil Gott ein Gott der Liebe ist ...

Wenn wir fest daran glauben würden, daß Gott uns bedingungslos liebt, wäre es nicht mehr nötig, immer wieder nach Wegen zu suchen, um von den Menschen bewundert zu werden. Ebensowenig wäre es nötig, sich mit Gewalt von den Menschen zu holen versuchen, was Gott im Überfluß uns geben will. *17: 79ff.82.83*

Das eigene Gutsein

Sehr lange dachte ich, sich selbst geringzuachten sei eine Art Tugend. Ich bin so oft vor Hochmut und Einbildung gewarnt worden, daß ich es schließlich als etwas Gutes ansah, mich selbst herabzusetzen und zu verurteilen. Jetzt aber weiß ich, daß die eigentliche Sünde darin besteht, Gottes erste Liebe zu mir zu leugnen, mein ursprüngliches Gutsein zu ignorieren. Denn ohne diese erste Liebe und dieses ursprüngliche Gutsein für mich in Anspruch zu nehmen, verliere ich die Verbindung zu meinem wahren Selbst und lasse mich bei falschen Menschen und an falschen Plätzen auf eine verhängnisvolle, aussichtslose Suche nach dem ein, was nur im Hause meines Vaters gefunden werden kann.

Ich glaube nicht, daß ich mit diesem Kampf um den Anspruch auf Gottes erste Liebe und mein ursprüngliches Gutsein allein dastehe. Hinter viel Geltungsbedürfnis und Konkurrenzdenken, hinter viel Selbstbewußtsein und sogar Arroganz verbirgt sich oft ein sehr unsicheres Herz, das seiner selbst viel weniger sicher ist, als man aufgrund des äußeren Verhaltens meinen möchte. Ich war oft schockiert zu entdecken, daß Männer und Frauen mit offensichtlichen Begabungen und vielen anerkannten Leistungen so viele Zweifel über ihr eigenes Gutsein haben. Statt ihre äußeren Erfolge als ein Zeichen ihrer inneren Qualität zu erfahren, erleben sie das als Deckmantel für das Gefühl ihrer eigenen Wertlosigkeit. Nicht wenige haben mir gesagt:»Wenn die Leute nur wüßten, was in meinem Innersten vor sich geht, würden sie mit ihrem Lob und ihrem Beifall bald aufhören«...

Viele können quälende Geschichten erzählen, die einleuchtende Gründe für ihre geringe Selbstachtung liefern: Geschichten über Eltern, die ihnen nicht gaben, was sie brauchten; über Lehrer, die sie schlecht behandelten; über Freunde, die sie verrieten, und über eine Kirche, die sie in einem kritischen Augenblick ihres Lebens stehenließ.

Das Gleichnis vom Verlorenen Sohn ist die Geschichte einer Liebe, die da war, bevor irgendeine Ablehnung möglich war, und die noch da sein wird, nachdem alle Ablehnungen vergangen sind. Es ist die erste und immerwährende Liebe eines Gottes, der ebenso Vater wie Mutter ist. Es ist die Quelle aller echten menschlichen Liebe, wie begrenzt sie auch sein mag. Das ganze Leben Jesu und seine ganze Verkündigung hat nur ein Ziel: diese unerschöpfliche, grenzenlos mütterliche und väterliche Liebe seines Gottes offenbar zu machen und den Weg zu zeigen, der alle Bereiche unseres täglichen Lebens von dieser Liebe bestimmt sein läßt. In seinem Bild vom Vater schenkt Rembrandt mir einen Schimmer dieser Liebe. Es ist die Liebe, die immer zu Hause willkommen heißt und immer feiern möchte.

23: 128ff

Unsere wahre Identität

Zum Kern meines Glaubens gehört die Überzeugung, daß wir geliebte Söhne und Töchter Gottes sind. Und eine unserer großen geistlichen Aufgaben besteht darin, diese Erkenntnis zum Tragen zu bringen und zur Grundlage unseres Lebens zu machen. Das ist gar nicht leicht. Tatsächlich mangelt es bei vielen von uns ständig daran, die Wahrheit, wer wir sind, in Anspruch zu nehmen.

Ich könnte auf einem Diagramm eine Linie ziehen und mir sagen:»Das ist mein Leben, meine kleine Chronologie, die kurze, mir gegebene meßbare Zeit. Nun gut, ich bin 1932 geboren und frage mich: Wo wird der Endpunkt liegen? Vielleicht beim Jahr 2010? Gar nicht so schlecht!« Aber das ist auch schon alles. Nun könnten Sie kommen und den Anfangspunkt Ihrer Lebenslinie vielleicht etwas weiter rechts von meinem einzeichnen und sagen:»Ich kam hier auf die Welt, ein paar Jahre später«, und lassen Ihre Linie ein kleines Stück über meinen Endpunkt hinauslaufen, denn Sie haben normalerweise»noch ein paar Jahre mehr«. Aber der Unterschied ist nicht groß. Das Leben, das wir haben, ist kurz und schnell, sehr schnell vorbei.

Die Frage für Sie wie für mich ist:»Wer sind wir?« Das ist die eigentliche Frage, um die es uns ständig geht. Unser Leben lang versuchen wir, diese Frage zu beantworten:»Wer bin ich?«

Die erste Antwort, die sich uns oft aufdrängt, lautet:»Ich bin, was ich tue.« Ein sehr realistischer Standpunkt. Wenn ich etwas leiste und im Leben ein wenig Erfolg habe, bin ich mit mir zufrieden. Versage ich aber, werde ich mißmutig oder gar depressiv. Und werde ich älter und kann nicht mehr viel tun, dann sage ich:»Seht mal, was ich in meinem Leben alles getan habe ... Das und das; ich hab' doch manch Gutes geleistet.«

Oder wir könnten auch sagen:»Ich bin, was andere über mich sagen.« Was andere über Sie sagen, hat große Macht. Ja, manchmal ist es das Wichtigste. Wenn die Leute gut von Ihnen reden, können Sie unbeschwert Ihres Weges gehen. Sobald aber jemand etwas Negatives über Sie sagt, fühlen Sie sich wahrscheinlich bald nicht mehr wohl. Ich erinnere mich, wie ich zu Tausenden von Leuten sprach und man mir anschließend sagte:»Was Sie gesagt haben, war großartig.« Doch dann steht ein einzelner auf und sagt:»Ach, wissen Sie, das war doch großer Unsinn!« Und das sagt wohlgemerkt nur einer. Äußert sich jemand gegen Sie, kann es Ihnen tief ins Herz schneiden. Und sagt Ihnen mal jemand am Morgen etwas Verletzendes ... kann es Sie den ganzen Tag beschäftigen und Ihnen die Laune verderben.

Schließlich könnten Sie auch sagen:»Ich *bin*, was ich *habe*.« Ich, zum Beispiel, bin Niederländer, habe ein gutes Elternhaus, eine gute Erziehung genossen und erfreue mich guter Gesundheit. Sobald ich aber etwas von dem, was ich habe, verliere – durch den Tod eines Angehörigen, aufgrund nachlassender Gesundheit oder eines materiellen Schadens –, dann kann ich in ein dunkles Loch fallen ...

Sehr oft nehmen diese »Ich bin, was ich tue«, »Ich bin, was die Leute von mir sagen«, »Ich bin, was ich habe« einen Großteil unserer Kraft in Anspruch. Und ist dies der Fall, dann wissen Sie selbst, wie schnell unser Leben zu einem ständigen Auf und Ab wird. Denn reden die Leute gut von mir, und leiste ich etwas und habe ich viel, dann bin ich obenauf und fein heraus. Erleide ich aber eine Einbuße und stelle plötzlich fest, daß ich nichts oder nicht mehr viel tun kann, spüre ich plötzlich, daß die Leute etwas gegen mich haben, und merke ich, daß mein Freundeskreis kleiner wird, dann bin ich von einer Stunde auf die andere niedergeschlagen und »am Boden zerstört«. Und schon geht's, ehe wir es merken, im Zickzack weiter, hin und her, auf und ab. Wir verbrauchen eine Menge unserer körperlichen und geistigen Kräfte, um uns »oben« zu halten. Das nennen wir dann »überleben«. Wir möchten unser Ansehen, unsere wichtige Arbeit, das Erworbene behalten, wissen aber, daß es am Ende heißt: »Wir müssen sterben.«

Und Sie wissen, wenn Sie in diesem Stil mit all den Auf und Ab leben: das Ende ist der Tod. Und tot ist tot. Niemand spricht mehr von Ihnen, Sie besitzen nie mehr etwas, Sie können nie mehr etwas tun. Sie haben alles verloren. Und unser kleines Leben bedeutete nichts. Doch ich möchte Ihnen heute sagen: Das alles ist falsch. Der sind Sie nicht, und der bin ich nicht.

Als Jesus vierzig Tage und vierzig Nächte in der Wüste gefastet hatte (vgl. Matthäusevangelium 4, 1–11), trat der Versucher an ihn heran und sagte: »Verwandle diese Steine in Brot und zeig, daß du etwas kannst.« – »Stürz dich vom Tempel und laß dich von den Leuten auffangen, dann werden sie von dir reden.« – »Knie vor mir nieder, dann werde ich dir Reichtum geben.« Dann wirst du geliebt. Weil du etwas tust, sprechen die Leute respektvoll von dir ... und alle lieben dich. Aber Jesus sagt: »Das ist eine Lüge; die größte Lüge, die in Gewalt und Zerstörung hineinführt.«

Denn ich weiß, wer ich bin. Ja, ich weiß, wer ich bin. Denn ehe ich vom Geist in die Wüste geführt wurde, um versucht zu werden, kam er über mich und sprach: »Du bist mein geliebtes Kind, du bist mein geliebter

Sohn. An dir habe ich Gefallen gefunden.« An diese Stimme hielt sich Jesus in seinem Leben. Und die Menschen priesen ihn, und die Menschen wiesen ihn zurück, sie riefen ihm Hosanna zu, und sie schlugen ihn ans Kreuz. Aber Jesus hielt an der Wahrheit fest.»Was auch immer geschieht, ich bin der Geliebte Gottes. Das bin ich.« Und das läßt mich in einer Welt leben, die mich zurückweist oder lobt, mich verspottet oder mich anspeit. Ich bin geliebt. Nicht weil die Leute sagen, ich sei bedeutend, sondern weil ich geliebt bin, noch ehe ich geboren wurde.

Und, liebe Freunde, wenn es irgend etwas gibt, das ich Sie wissen lassen möchte, dann das eine: Was von Jesus gesagt wird, ist von Ihnen gesagt. Sie sollen hören, daß Sie die geliebte Tochter, der geliebte Sohn Gottes sind; und es nicht nur mit Ihrem Kopf, sondern mit allen Ihren Sinnen vernehmen, so sehr, daß Ihr ganzes Leben umgekehrt werden kann.

Halten wir uns an die Schrift.»Mit ewiger Liebe habe ich dich geliebt. Deinen Namen habe ich von Ewigkeit an in meinen Handteller geschrieben. In den Tiefen der Erde habe ich dich geformt und im Leib deiner Mutter gewoben. Ich liebe dich. Ich umarme dich. Du bist mein, und ich bin dein. Du gehörst mir.« Auf das müssen Sie hören. Denn wenn Sie diese Stimme hören können, die von Ewigkeit zu Ewigkeit zu Ihnen spricht, wird Ihr Leben mehr und mehr zum Leben des Geliebten, denn das sind Sie.

Ich möchte dazu noch kurz sagen: Die Stimme dessen, der Sie meine Geliebte, mein Geliebter nennt, ist die Stimme der ersten Liebe. Im Johannesevangelium sagt Jesus:»Liebt einander, so wie ich euch geliebt habe« (15, 12). Das In-Anspruch-Nehmen dieser ersten Liebe ist ein großes Ringen. Sie sind geliebt, noch ehe Vater und Mutter, Bruder und Schwester und Lehrer uns liebten ... Die Menschen, die uns lieben, lieben uns nicht immer so, wie es uns gut täte ... Die Menschen, die für uns sorgen, verletzen uns auch. Sie werden wohl aus eigener Erfahrung wissen, daß uns diejenigen, die uns am nächsten sind – Vater, Mutter, Kinder, Geschwister, Lehrer, die Kirche –, auch diejenigen sind, die uns am tiefsten verletzen können. Wie sollen wir das leben? Wie die blanke Wahrheit leben, daß sich in dieser Welt Liebe und Verwundungen nicht trennen lassen? Wir können es nur dann leben, wenn wir diese erste Liebe immer in Anspruch nehmen.

Deshalb können wir denen, die uns unzulänglich lieben, vergeben und in der Liebe, die wir empfangen, ein Anzeichen, einen Schimmer der ersten Liebe als der wirklichen erkennen. Können Sie sich daran halten?

Immer, wenn Sie versucht sind, verbittert oder eifersüchtig zu werden, in Zorn zu geraten, sich zurückgewiesen zu fühlen, können Sie umkehren und sagen:»Nein, ich bin ein geliebtes Kind Gottes.« Und selbst wenn ich zurückgewiesen werde, sollte die Zurückweisung mich dazu führen, diese Wahrheit in Anspruch zu nehmen. Es sollte wie ein Beschneiden oder Auslichten sein, das mir hilft, die Wahrheit meines Geliebtseins tiefer und vollständiger zum Tragen zu bringen. Und halte ich mich daran und lebe in der Welt, dann habe ich die Freiheit, um andere zu lieben, ohne von ihnen zu erwarten, mir all das zu geben, wonach mein Herz verlangt.

Denn Gott hat Sie und mich mit einem Herzen erschaffen, das nur Gottes Liebe zufriedenstellen kann. Jede andere Liebe wird eine Teil-Liebe sein, real, aber begrenzt, und sie wird schmerzen. Und wenn wir bereit sind, den Schmerz in uns brennen, uns ein tiefes Empfinden unseres Geliebtseins geben zu lassen, dann können wir so frei sein wie Jesus und in dieser Welt wandeln und Gottes erste Liebe verkünden, wohin wir auch kommen. ₂

Die zwei Stimmen

Judas und Petrus stellen mich vor die Wahl, verzweifelt vor Jesus zu fliehen oder zuversichtlich hoffend zu ihm zurückzukehren. Judas hat Jesus verraten und sich erhängt. Petrus hat Jesus verleugnet und ist unter Tränen zu ihm zurückgekehrt.

Manchmal scheint die Verzweiflung eine verlockende Alternative zu sein, die alles Negative löst. Die Stimme der Verzweiflung sagt:»Ich sündige immer wieder von neuem. Nachdem ich mir und anderen wer weiß wie oft versprochen habe, es beim nächsten Mal besser zu machen, finde ich mich doch stets in demselben dunklen Loch. Vergiß die guten Vorsätze! Ich habe es jahrelang versucht. Es hat doch nichts geholfen und wird auch nie helfen. Es ist besser, ich gehe den Menschen aus dem Weg, gerate in Vergessenheit, bin nicht mehr da, tot.«

Diese merkwürdige verlockende Stimme räumt auf mit allen Ungewißheiten und macht Schluß mit dem Ringen. Sie spricht unmißverständlich für das Dunkel und lockt mit einer Selbstnegation ohne Wenn und Aber.

Jesus ist aber gekommen, um mir das Ohr für eine andere Stimme zu öffnen, die sagt:»Ich bin dein Gott, ich habe dich mit eigener Hand geschaffen und liebe die Werke meiner Hände. Ich liebe dich mit einer grenzenlosen Liebe, denn ich liebe dich wie mich selbst. Lauf nicht vor mir weg. Komm zurück zu mir – nicht nur einmal oder zweimal, sondern immer wieder. Du bist mein Kind. Wie kannst du jeweils zweifeln, daß ich dich wieder in die Arme schließen, dich an die Brust drücken, dich küssen und mit meinen Händen dir durchs Haar fahren werde? Ich bin dein Gott – der Gott des Erbarmens und des Mitleidens, der Gott der Vergebung und der Liebe, der Gott, der dich liebevoll umsorgt. Sag doch, bitte, nicht, mir läge nichts mehr an dir, ich könne dich nicht mehr ausstehen, und es gäbe keinen Weg zurück. Das stimmt nicht. Ich möchte so sehr, daß du bei mir bist. Ich möchte so sehr, daß du eng mit mir befreundet bist. Ich kenne alle deine Gedanken. Ich höre all deine Worte. Ich sehe all deine Taten. Und ich habe dich lieb, denn du bist schön, nach meinem Bild geschaffen, ein Ausdruck meiner innigsten Liebe. Richte dich nicht selbst. Laß meine Liebe bis in die tiefsten und verborgensten Winkel deines Herzens gelangen und dir deine Schönheit zeigen; eine Schönheit, die du aus dem Blick verloren hast, die sich dir aber im Licht meines Erbarmens wieder zeigen wird. Komm, komm, laß mich deine Tränen trocknen und laß meinen Mund dir ins Ohr flüstern: ›Ich liebe dich, ich liebe dich, ich liebe dich.‹«

Das ist die Stimme, die Jesus uns hören lassen will. Es ist die Stimme, die uns ruft, immer zu dem Einen zurückzukehren, der uns in seiner Liebe erschaffen hat und uns in seinem Erbarmen neu schaffen will.　22: 192ff

Der Prozeß des Werdens

Wenn es stimmt, daß wir nicht nur der geliebte Sohn *sind*, sondern daß wir auch der geliebte Sohn *werden* müssen; wenn es stimmt, daß wir nicht nur Kinder Gottes *sind*, sondern daß wir auch Kinder Gottes *werden* müssen; wenn es stimmt, daß wir nicht nur Brüder und Schwestern *sind*, sondern daß wir auch Brüder und Schwestern *werden* müssen ... wenn all das stimmt, wie können wir es anstellen, diesen Prozeß des Werdens in Gang zu setzen? Wenn das geistliche Leben nicht nur eine Weise ist, etwas zu sein, sondern auch eine Weise, etwas zu werden – wie sieht dann dieses Werden aus?

Der geliebte Sohn werden, das bedeutet, die Wahrheit Fleisch werden zu lassen, daß wir geliebt werden, und zwar in restlos allem, was wir denken, sagen oder tun. Das setzt einen langen und mühsamen Prozeß der Aneignung, oder besser: der Fleischwerdung voraus.

Solange die Wahrheit, daß ich »geliebter Sohn« bin, nicht mehr als eine erhabene Idee ist, die über meinem Leben schwebt, um mich davor zu bewahren, in Depressionen zu fallen, ändert sich nichts Wesentliches. In Wirklichkeit geht es darum, daß ich mitten in den Banalitäten meines Alltags der geliebte Sohn werde und daß sich Stück für Stück die Kluft schließt zwischen dem, wovon ich weiß, daß ich es bin, und den unzähligen kleinen Dingen meines tagtäglichen Lebens. Der geliebte Sohn zu werden bedeutet, die Wahrheit, die mir vom Himmel her offenbart ist, auf den Boden der Gewöhnlichkeit herabzuholen, in der ich bin und mit der ich mich im Denken und Reden unablässig beschäftige. *5: 36f*

DEN KELCH TRINKEN

Unser Leben annehmen

Den Kelch des Lebens trinken bedeutet, daß wir alles, was das Leben mit sich bringt, zu unserem ureigenen Leben machen. Es bedeutet, daß wir sagen: »Das ist mein Leben«, aber auch: »Ich will, daß das mein Leben ist.« Den Kelch des Lebens trinken heißt, sich unser eigenes, einmaliges Dasein mit allem – Leiden und Freuden – zu eigen zu machen.

Dies zu erreichen ist nicht leicht, denn lange sehen wir uns vielleicht außerstande, unser Leben so anzunehmen, wie es ist, oder bemühen wir uns um ein besseres oder zumindest anderes Leben. Oft lehnen wir uns in unserem Innern gegen unser »Schicksal« auf. Denn wir konnten uns unser Land, unsere Herkunft, unsere Eltern, unsere Hautfarbe, unsere Veranlagung nicht aussuchen, ebensowenig wie unser Wesen, unsere Intelligenz, unsere äußere Gestalt oder unsere Eigenart. Wir unternehmen oft alles mögliche, um die Umstände unseres Lebens zu ändern. Wir wünschen uns, wir besäßen einen anderen Körper, lebten in einer anderen Zeit oder besäßen ein anderes Denken! Ein Schrei dringt aus der Tiefe unseres Herzens:»Warum muß ich dieser Mensch sein? Ich wurde nicht gefragt und will ihn nicht!«

Wenn wir uns aber mit den Tatsachen unseres Daseins allmählich befreunden, Erbarmen haben mit unseren Leiden und Freuden und fähig werden, das einzigartige Potential unserer ureigenen Lebenswirklichkeit zu entdecken, können wir unsere Auflehnung überwinden, den Kelch unseres Lebens an unsere Lippen führen und ihn langsam, bedächtig, aber bis auf den Grund trinken.

Wenn wir andere zu trösten versuchen, sagen wir oft:»Freilich ist es schlimm, daß dir das zugestoßen ist, aber versuch doch das Beste daraus zu machen!« Aber»den Kelch trinken« bedeutet nicht»das Beste daraus machen«. Unseren Kelch leeren bedeutet nicht einfachhin: sich einer bedrückenden Situation anpassen und so gut wie möglich mit ihr fertig werden. Unseren Kelch trinken, das heißt: sich zu einer Lebensweise entscheiden, die voll Hoffnung, Mut und Selbstvertrauen ist, das heißt: mit erhobenem Haupt in der Welt stehen, dem vertrauen, der wir sind, den Gegebenheiten, unter denen wir leben, ins Auge sehen und ihnen aus vollem Herzen Rechnung tragen. *18: 9 off*

Sich selbst ablehnendes Klagen

Wenn ich sorgsam auf die Worte achte, mit denen der ältere Sohn seinen Vater angreift, voller Selbstgerechtigkeit, Selbstmitleid, Eifersucht, höre ich darin ein tiefersitzendes Klagen. Es kommt aus einem Herzen, das meint, nie erhalten zu haben, was ihm zusteht. Es drückt sich auf zahllose, mehr oder minder feingesponnene Weisen aus und bildet den Boden für die Verbitterung des Menschen. Die Klage ruft aus:»Ich habe mich so bemüht, so lange gearbeitet, so viel getan, und ich habe doch nicht bekommen, was anderen in den Schoß fällt. Warum dankt mir keiner, lädt mich keiner ein, spielt keiner mit mir, erkennt mich keiner an, während andere, die das Leben so leicht und lässig nehmen, so viel Beachtung finden?«

An diesem Klagen, ob ausgesprochen oder unausgesprochen, erkenne ich den älteren Sohn in mir. Oft ertappe ich mich, wie ich mich über kleine Zurücksetzungen, kleine Mißachtungen, kleine Vernachlässigungen beklage. Immer wieder aufs neue entdecke ich in mir jenes Jammern, Stöhnen, Schimpfen, Nörgeln, Sich-Bemitleiden, das unentwegt weitergeht, selbst gegen meinen Willen. Je mehr ich über den fraglichen Vorfällen brüte, desto schlimmer wird mein Zustand. Je mehr ich sie zerpflücke, desto mehr Grund zum Klagen finde ich. Und je tiefer ich einsteige, desto unentwirrbarer wird alles ...

Über eins bin ich mir sicher: Das Klagen bringt aus sich selbst endloses Klagen hervor und ist kontraproduktiv. Jedesmal, wenn ich meine Klagen äußere und dabei hoffe, Mitleid zu wecken und die Befriedigung zu finden, die ich so sehr ersehne, wird immer genau das Gegenteil von dem erreicht, was ich erreichen wollte. Mit einem Menschen voller Klagen läßt sich schwer zusammenleben, und nur sehr wenige wissen, wie man auf das Klagen reagieren soll, das von einem sich selbst ablehnenden Menschen kommt. Das Tragische liegt darin, daß das Klagen, ist es erst einmal ausgesprochen, oft genau das herbeiführt, wovor der Betreffende am meisten Angst hat: weitere Ablehnung.

Aus dieser Perspektive wird die Unfähigkeit des älteren Sohnes, die Freude seines Vaters zu teilen, durchaus verständlich. Als er vom Feld nach Hause kam, hörte er Musik und Tanz. Er wußte, im Hause ist die Freude los. Sofort wurde er mißtrauisch. Sobald das sich selbst ablehnende Klagen sich in uns eingenistet hat, verlieren wir unsere Spontaneität, und selbst Freude kann nicht mehr Freude in uns erwecken ... Freude und Verbitterung kann es nicht zusammen geben. Musik und Tanz werden, statt zur Freude einzuladen, zu einem Grund, sich noch mehr zurückzuziehen.

23: 90ff

Bills Lebensgeschichte

Eine bewegende, unvergeßliche Feier erlebte ich anläßlich der Vollendung und Vorstellung von Bills »Lebensalbum« in unserer Gemeinschaft. Dieses »Lebensalbum« enthält eine bunte Sammlung von Fotos, Geschichten, Erinnerungen an besondere Ereignisse, Aufzeichnungen und Briefen, die zu einer Art Biographie zusammengestellt wurden.

Als Bill nach Daybreak kam, war er sechs Jahre alt und besaß fast keine Erinnerung. Er hatte eine schwere Kindheit hinter sich und wußte kaum, was Liebe und Freundschaft bedeuten. Seine Vergangenheit war so zerbrochen, so leidvoll und traurig, daß er beschloß, sie zu vergessen. Er war ein Mensch ohne Vergangenheit.

Aber im Laufe der fünfundzwanzig Jahre, die Bill inzwischen in Daybreak lebt, ist er mehr und mehr ein anderer geworden. Er schloß Freundschaften, entwickelte eine enge Beziehung zu einer Familie, die er an Wochenenden oder Feiertagen besucht, wurde Mitglied eines Kegelclubs, lernte schreinern und begleitet mich immer wieder auf Vortragsreisen. So schuf er sich ein Leben, das der Erinnerung wert ist. Er fand sogar die Freiheit und den Mut, sich an die eine oder andere leidvolle Erfahrung aus der Kindheit zu erinnern und seine verstorbenen Eltern wieder als Menschen zu sehen, die ihm – bei all ihren Grenzen – das Leben und Liebe geschenkt haben.

So gab es nun genug Stoff für ein »Lebensalbum«, weil er jetzt eine schöne, wenn auch leidvolle Geschichte erzählen konnte. Einige seiner Freunde schrieben Bill einen Brief, in dem sie ihre Erinnerung an ihn festhielten. Andere schickten Fotos oder Zeitungsausschnitte von Begebenheiten, an denen Bill beteiligt war, und wieder andere sandten selbstgemalte Bilder, die zeigen sollten, daß man ihn gern hat. Nach sechs Monaten Arbeit war das Album endlich fertiggestellt und damit auch der Zeitpunkt gekommen, nicht nur das nun vollendete neue Album, sondern auch Bills Leben, das es darstellt, zu feiern.

Eine große Schar hatte sich dazu in der Kapelle der Daybreak-Gemeinschaft eingefunden. Bill nahm das Album in die Hände und hielt es über seinen Kopf, damit es alle sehen konnten. Es war ein schönes, großes Ringbuch mit einem farbigen Deckel und vielen bunten, kunstvoll umrahmten Seiten. Wenn es auch Bills persönliches Album war, so war es doch das Werk seiner Freunde und Begleiter.

Wir segneten nun das Album und Bill, der es stolz in Händen hielt. Ich sprach ein Gebet, daß das Album Bill helfen möge, vielen Leuten zu zeigen, was für ein sympathischer, freundlicher junger Mann er ist und wie gut er sein Leben zu meistern versteht. Ich betete auch darum, daß Bill sich an jede Zeit seines Lebens – an Freude *und* Leid – mit dankbarem Herzen erinnern soll.

Während ich das Gebet sprach, traten Bill die Tränen in die Augen. Gleich nach dem »Amen« kam er zu mir, umarmte mich, lehnte sich an meine Schulter und schluchzte laut und ließ seinen Tränen freien Lauf.

Alle schauten uns an und verstanden, was in diesem Augenblick in Bill vorging. Bill hatte sein Leben erhoben und es uns allen gezeigt. Er selbst war fähig geworden zu zeigen, daß es ein Leben ist, für das er dankbar sein kann.

Seitdem nimmt Bill sein »Lebensalbum« auf jede Reise mit. Er zeigt es vor als ein Mensch, der daran glaubt, daß er sich seines Lebens nicht schämen muß, sondern daß sein Leben eine Gabe für andere ist.   *18: 78f*

UMKEHR

Mittelpunkt allen Handelns

Sobald ich sage: »Gott existiert«, kann meine Existenz nicht mehr im Mittelpunkt stehen; denn die Erkenntnis Gottes besteht im Grunde darin, daß sich meine eigene Existenz als ganz und gar von der seinen stammend erweist. Das erlebt man in einer echten Bekehrung. Ich lasse dann das Wissen um meine Existenz nicht mehr Mittel- und Ausgangspunkt sein oder werden, von dem aus ich die Existenz Gottes ableite, projiziere, folgere oder intuitiv erschließe; plötzlich oder allmählich entdecke ich, wie sich mir meine eigene Existenz in der Erkenntnis Gottes und durch sie offenbart. Dann wird für mich Wirklichkeit, daß ich mich und meinen Nächsten nur lieben kann, weil Gott mich zuerst geliebt hat. Die lebensverwandelnde Erfahrung ist nicht die Entdeckung, daß ich frei Entscheidungen treffen muß, von denen abhängt, wie ich meine Existenz verwirkliche, sondern die Erkenntnis, daß meine eigene Existenz nicht im Mittelpunkt steht. Sobald ich Gott »kenne«, das heißt, sobald ich seine Liebe als die Liebe erfahre, in der all meine menschlichen Erfahrungen verankert sind, kann ich nur noch eins ersehnen: in dieser Liebe zu sein. Sonstwo immerzu »sein«, erweist sich dann als illusorisch und schließlich tödlich ...

Ist es besser, in Bolivien, in Peru, in den Vereinigten Staaten oder in den Niederlanden zu sein? Ist es besser, einem dürstenden Kind ein Glas Wasser zu reichen als an einer neuen Weltordnung zu arbeiten, in der Kinder nicht um Wasser zu betteln brauchen? Ist es besser, ein Buch zu lesen, auf die Straße zu gehen, einen Brief zu schreiben oder die Wunden eines Sterbenden zu verbinden? Ist es besser, dies zu tun oder das, dies zu sagen oder das, dies zu überlegen oder das? All diese Fragen entpuppen sich auf einmal als unangebrachte Sorgen, als Befangenheit in der illusorischen Beschäftigung mit meiner eigenen Existenz, als Ausdruck meiner krankhaften Annahme, Gott hänge von mir ab und seine Existenz leite sich von der meinen her.

Nichts ist wirklich, dessen Wirklichkeit nicht von Gott stammt. Das war die große Entdeckung des heiligen Franz von Assisi, als er plötzlich die ganze Welt in Gottes Händen erblickte und sich fragte, warum Gott sie nicht fallen ließ. Der heilige Augustinus, die heilige Teresa von Ávila, der heilige Johannes Vianney und alle Heiligen sind gerade deshalb heilig, weil sich für sie die Seinsordnung umkehrte und sie sahen, spürten und – vor allem – mit dem Herzen erkannten, daß außer Gott nichts ist, nichts atmet, nichts sich regt und nichts lebt.

Das führt mich zu der Erkenntnis, daß christliches Dienen nicht schlechthin auf dem Streben nach Vollkommenheit beruht, sondern auf dem mystischen Leben. Es geht nicht darum, unser Leben so gut zu führen, wie wir nur können, sondern darum, unserem Leben zu ermöglichen, das Leben zu sein, das im göttlichen Leben seinen Quellgrund hat ...

Anstatt zu sagen: »Da ich weiß, daß Gott existiert, ist alles andere unwichtig«, sagt der Bekehrte:»Alles ist jetzt in göttliches Licht gehüllt, und daher kann nichts unwichtig sein.« Der Bekehrte sieht, hört und versteht mit einem göttlichen Auge, einem göttlichen Ohr und einem göttlichen Herzen. Der oder die Bekehrte erkennt sich und die ganze Welt in Gott. Der Bekehrte befindet sich dort, wo Gott ist, und von dieser Warte aus ist alles von Belang: einen Trunk Wasser reichen, die Nackten bekleiden, an einer neuen Weltordnung arbeiten, beten, ein Kind anlächeln, ein Buch lesen und ruhig schlafen. Alles ist anders geworden und doch dasselbe geblieben. *32: 77f*

Vom Wünschen zum Hoffen

Wir leben in einer Welt, in der man nicht viel von Hoffnung weiß. Wenn es ums Wünschen geht, kennen wir uns aus. Die Advents- und Weihnachtszeit ist eine einzige Zeit der Wünsche. Ich wünsche mir dies und möchte das. Oder ganz konkret: Ich möchte dieses Spielzeug, ein Auto, einen neuen Job, alles ganz spezielle Erwartungen. Aber Hoffnung heißt doch, sich zu sagen:»Ich weiß nicht, wie Gott seine Verheißungen erfüllt, aber ich weiß, daß er es tun wird. Deshalb kann ich hier und jetzt mit dem Wissen leben, daß Gott mit mir ist.« Ich weiß und vertraue dann darauf, daß die tiefsten Sehnsüchte meines Lebens in Erfüllung gehen werden. Auf diese Weise bleibt die Zukunft völlig offen ...

Hoffnung hat nichts mit Optimismus zu tun. Viele meinen, hoffen heiße optimistisch sein, die positive Seite des Lebens sehen. Jesus aber sagt etwas ganz anderes. Wenn er von Zukunft oder vom Ende der Welt spricht, ist von Kriegen die Rede, von Unruhen, von Menschen in Angst; davon, daß ein Volk sich gegen das andere erheben und kein Stein auf dem anderen bleiben wird. Nirgendwo sagt Jesus:»Eines Tages wird alles wunderbar sein.« Er spricht von großer hereinbrechender Not und Angst, sagt aber:»Wacht und betet allezeit (meine Geliebten), damit euer Herz auf mich gerichtet bleibt. Bleibt standhaft in der Gegenwart des Menschensohnes.« Wir sollten nicht meinen, das alles würde sich legen und am Ende kein Leid mehr sei. Jesus sagt, daß die Welt dunkel ist und bleibt.

Leben wir mit Hoffnung, dann leben wir ganz in der Gegenwart, weil wir die Fußspuren Gottes in unserem Herzen und in unserem Leben pflegen können. Ständig beschäftigt uns das Kommende. Und das ganze geistliche Leben sagt, daß Gott doch mit uns ist, genau jetzt, so daß wir sein Kommen erwarten können. Solch ein Warten heißt mit Hoffnung warten. Weil wir aber mit Hoffnung warten, wissen wir, daß das, worauf wir warten, schon da ist. Wir müssen das pflegen. Auf das Hier und Jetzt kommt es an, denn Gott ist ein gegenwärtiger Gott. Und er ist ein gegenwärtiger Gott, weil er ein ewiger Gott ist.

Hoffen bedeutet sich öffnen, um Gott in uns in einer Weise wirken zu lassen, die unsere Vorstellungskraft übersteigt. Jesus sagt:»Als du noch jung warst, hast du dich selbst gegürtet und konntest gehen, wohin du wolltest. Wenn du aber alt geworden bist, wirst du deine Hände ausstrecken, und ein anderer wird dich gürten und dich führen, wohin du nicht willst« (Johannesevangelium 21, 18). Das heißt Hoffnung: sich an neue Orte führen lassen. *Interview mit Brian Stiller*

Von der Traurigkeit zur Freude

Für Jesus ist Freude ganz eindeutig ein tieferer und wahrhaftigerer Zustand als Traurigkeit. Er verheißt Freude als das Zeichen neuen Lebens: »Ihr werdet traurig sein, aber eure Traurigkeit wird sich in Freude verwandeln. Wenn eine Frau gebiert, leidet sie Not, weil ihre Stunde gekommen ist. Aber wenn sie das Kind geboren hat, denkt sie nicht mehr an ihre Not in der Freude darüber, daß ein Mensch zur Welt gekommen ist. So seid auch ihr jetzt traurig, aber ich werde euch wiedersehen, und eure Freude wird niemand von euch nehmen« (Johannesevangelium 16, 20b – 22).

Jesus stellt einen Zusammenhang her zwischen Freude und der Verheißung, ihn (Jesus) wiederzusehen. In diesem Sinn gleicht sie jener Freude, die wir empfinden, wenn ein lieber Freund nach langer Abwesenheit zurückkehrt. Aber Jesus stellt auch klar, daß Freude mehr ist als das. Es ist »seine eigene Freude«, die aus der Liebe hervorströmt, die ihn mit seinem himmlischen Vater verbindet und die zur ganzen Fülle kommt. »Bleibt in meiner Liebe …, damit meine Freude in euch sei und eure Freude vollkommen werde« (ebd. 15, 9b.11).

Das Wort »Ekstase« hilft uns, die Freude besser zu begreifen, die Jesus schenkt. Die wörtliche Bedeutung kann hilfreich sein, unsere Gedanken über Freude zu lenken. »Ekstase« kommt vom griechischen »ekstasis«, was sich herleitet von »ek«, das heißt »aus« und »stasis«, das heißt »Stillstand«. Ekstatisch sein heißt demnach wörtlich: sich außerhalb eines Ruhezustands befinden. Wer ekstatisch lebt, strebt demnach immer weg von starr verfestigten Zuständen und erforscht neue, nicht vorgezeichnete Dimensionen der Wirklichkeit. Daran erkennen wir das Wesen der Freude. Freude ist immer neu. Während es alten Schmerz, alten Groll, alte Sorgen gibt, gibt es keine alte Freude. Alte Freude ist gar keine Freude! Freude ist stets mit Bewegung, Erneuerung, Neugeburt, Wandel, kurz, mit Leben verbunden.   *14: 78f*

Von zynischem Pessimismus zur Freude

Es ist für mich eine verblüffende Erfahrung, Tag für Tag auf den radikalen Unterschied zwischen zynischem Pessimismus und Freude zu stoßen.

Überall, wo sie gehen und stehen, sind Pessimisten geradezu auf der Suche nach Dunkelheit und finsteren Machenschaften. Sie sehen unentwegt drohende Gefahren, unlautere Motive und geheime böse Pläne. Sie nennen Vertrauen naiv, Fürsorglichkeit romantisch und Vergebung sentimental. Sie grinsen über Begeisterung, verhöhnen religiösen Eifer und verachten charismatisches Verhalten. Sich selbst betrachten sie als Realisten, die die Realität für das halten, was sie wirklich ist, und die sich nicht täuschen lassen durch gefühlsmäßige Anwandlungen, wie sie sagen; das seien nichts anderes als Fluchtversuche vor der Realität. Aber dadurch, daß ihre Finsternis Gottes Freude heruntermacht, ruft sie nur noch mehr Finsternis hervor.

Menschen, die Gottes Freude kennengelernt haben, leugnen nicht die Finsternis, aber sie wollen nicht darin leben. Sie behaupten, dem Licht, das in der Finsternis leuchtet, könne mehr vertraut werden als der Finsternis, und eine Spur von Licht könne eine Menge Finsternis vertreiben. Sie zeigen einander, wo hier oder dort Licht aufleuchtet, und erinnern einander, daß sie die verborgene, aber wirkliche Gegenwart Gottes aufscheinen lassen. Sie entdecken, daß es Menschen gibt, die sich gegenseitig Wunden heilen, die einander Verfehlungen vergeben, die ihr Hab und Gut teilen, die Gemeinschaft bilden, die die empfangenen Gaben feiern und in Erwartung auf die volle Offenbarung von Gottes Herrlichkeit leben.

In jedem Augenblick des Tages habe ich die Möglichkeit, zwischen Pessimismus und Freude zu wählen. Jeder Gedanke, den ich habe, kann von Pessimismus oder von Freude erfüllt sein. Jedes Wort, das ich spreche, kann von Pessimismus oder Freude erfüllt sein. Jedes Tun kann von Pessimismus oder Freude erfüllt sein. Zunehmend werden mir all diese Möglichkeiten der Entscheidung bewußt, und zunehmend entdecke ich, daß jede Entscheidung zur Freude mehr Freude bringt und mehr Grund bietet, das Leben zu einem wirklichen Fest im Hause des Vaters zu machen.   *23: 138f*

Heil geschieht jetzt

»Heil« geschieht durch »geheilt« werden. Doch wovon müssen wir geheilt werden? Die traditionelle und richtige Antwort lautet: von Sünde und Tod. Wir haben uns durch Sünde und Tod in die Fangnetze eines Jägers verstrickt. Wir brauchen nur an die eine oder andere Abhängigkeit zu denken, der sich Menschen aussetzen – Alkohol, Drogen, Genußsucht, Spielsucht, Sex –, um zu verstehen, was Verstrickung und Gefesseltsein heißen.

Letzten Endes sind wir alle von irgend etwas besessen: Eine Idee, ein Plan, ein Hobby kann uns derart in Besitz nehmen, daß wir zu Sklaven unserer Idee oder unseres Hobbys werden.

Diese Abhängigkeiten, Zwänge und Besessenheiten stellen unsere persönlichen Verstrickungen dar. Sie zeigen unsere Sündhaftigkeit, da sie uns unsere Freiheit als Kinder Gottes rauben und uns dadurch zu Sklaven in einer verengten, eingeschränkten Welt machen. Die Sünde stiftet uns an, unser Leben nach eigenem Verlangen zu gestalten und den Kelch zu ignorieren, der uns gegeben wurde. Die Sünde macht uns selbstsüchtig ...

Heil ist nicht nur ein Ziel, das im jenseitigen Leben liegt. Heil ist eine tägliche Wirklichkeit, wir erfahren es hier und jetzt. Wenn ich mich zu Adam setze, der stark behindert ist, und ihm beim Essen helfe, mit Bill, ebenfalls ein Behinderter unserer Gemeinschaft, unsere nächste Reise bespreche, mit Susanne eine Tasse Kaffee trinke und mit David frühstücke, wenn ich Michael in den Arm nehme, Patsy einen Kuß gebe oder mit Gordie bete, dann ist Heil da. Und wenn wir um den niedrigen Altartisch sitzen und ich allen, die da sind, den mit Wein gefüllten Glaskelch entgegenhalte, kann ich mit großer Gewißheit verkünden: »Das ist der Kelch des Heils!«

18: 102

SICH MIT DER EIGENEN GEBROCHENHEIT BEFREUNDEN

Durchlebe deine Wunden

Du wurdest auf verschiedene Weise verwundet. Je mehr du dich dafür öffnest, geheilt zu werden, desto deutlicher siehst du, wie tief deine Wunden sind. Du wirst vielleicht bald den Mut verlieren, wenn du bei jeder Wunde, die du entdeckst, auf eine andere stößt. Deine Suche nach wirklicher Heilung wird eine schmerzliche Suche sein. Noch viele Tränen werden fließen müssen.

Die große Herausforderung liegt darin, daß du deine Wunden durch-*leben* mußt, statt sie zu durch*denken*. Es ist besser, laut zu schreien, als vor Angst zu zittern, besser deine Wunden tief zu spüren, als sie zu verstehen, besser, sie in dein Schweigen aufzunehmen, als über sie zu reden. Du hast immer die Wahl, deine Verletzungen entweder in deinen Kopf oder in dein Herz zu nehmen. In deinem Kopf kannst du sie analysieren, ihre Ursachen und Folgen erforschen und nach Begriffen suchen, um über sie zu diskutieren und zu schreiben. Aber endgültige Heilung entspringt dieser Quelle gewiß nicht. Du mußt deine Wunden in dein Herz eingehen lassen. Dann kannst du sie durchleben und wirst dabei feststellen, daß sie dich nicht zerstören. Dein Herz ist größer als deine Wunden.

Das Verstehen deiner Wunden kann nur dann heilend sein, wenn es in den Dienst deines Herzens gestellt wird. Es ist nicht leicht, dich mit deinen Wunden an dein Herz zu wenden, und verlangt, auf viele Fragen zu verzichten. Du möchtest wissen:»Warum, wann, wie, durch wen wurde ich verletzt?« Du glaubst, daß dir die Antworten auf diese Fragen Erleichterung verschaffen werden. Doch im besten Fall bringen sie dir ein wenig Abstand zu deinem Schmerz. Du mußt dich davon verabschieden, deinen Schmerz unter Kontrolle haben zu wollen, und auf die Heilkraft deines Herzens vertrauen. In ihm können deine Verwundungen einen sicheren Ort finden, um angenommen zu werden. Und sind sie einmal angenommen, verlieren sie ihre Macht, Schaden anzurichten, und werden fruchtbarer Boden für neues Leben.

Vergleiche jede Wunde mit einem Kind, das von einem Spielkameraden verletzt wurde. Solange das Kind tobt und schreit und versucht, sich an dem Spielkameraden zu rächen, folgt eine Wunde der anderen. Nehmen aber Mutter oder Vater das Kind in den Arm und trösten es, kann es den Schmerz durchleben, zu seinem Spielkameraden zurückgehen, ihm verzeihen und den Anfang einer neuen Beziehung schaffen. Sei freundlich zu dir selbst, und laß dein Herz deine liebevolle Mutter oder dein Vater sein, indem du deine Wunden durchlebst. *16: 114f*

2. Unser Leben umarmen

Kummer, ein Weg zum Mit-Leid

Es mag vielleicht seltsam klingen, tiefen Kummer als einen Weg zum Mit-Leid anzusehen. Doch es ist so. Zu diesem Kummer gehört, daß ich die Sünden der Welt, meine eigenen eingeschlossen, mein Herz durchdringen lasse und daß ich ihretwegen Tränen vergieße, viele Tränen. Es gibt kein Mit-Leid und kein Erbarmen, ohne viele Tränen, und wenn es keine Tränen meiner Augen sein können, so müssen es doch Tränen sein, die aus meinem Herzen kommen. Denke ich an die Verirrungen und Verfehlungen der Kinder Gottes, an unsere Habgier, Wollust, Gewalt, unsere Wutausbrüche, Empfindlichkeiten und Verbitterungen, und sehe ich das alles mit den Augen des Herzens Gottes an, kann ich nur weinen vor Kummer.

Sieh dir das an, meine Seele, wie ein Mensch einem anderen so viel Schmerz zu bereiten sucht, wie er nur kann; sieh die Menschen, was sie sich alles ausdenken, um ihren Mitmenschen zu schaden; sieh, wie Eltern ihre Kinder mißhandeln; sieh, wie mächtige Besitzer ihre Arbeiter ausbeuten; sieh die Opfer von Gewalt, verletzte Frauen, mißbrauchte Männer, ausgesetzte Kinder. Sieh dir das an, meine Seele, diese Welt; sieh die Konzentrationslager, die Gefängnisse, die Krankenhäuser, die Pflegeheime, und höre die Schreie der Armen.

Solche Klage aus tiefstem Kummer ist Gebet. Es sind so wenige Trauernde in dieser Welt übriggeblieben. Kummer aber ist die Kunst des Herzens, die die Sünde der Welt erkennt und weiß, daß dies der traurige Preis der Freiheit ist, ohne die es ein Aufblühen von Liebe nicht geben kann. Ich fange an, zu verstehen, daß Gebet weithin kummervolle Klage ist. Kummer geht deshalb so tief, nicht nur weil die Sünde des Menschen so groß ist, sondern auch und noch mehr, weil die Liebe Gottes so unergründlich ist. Um wie der Vater zu werden, dessen einzige Autorität Mit-Leiden und Erbarmen ist, habe ich unzählige Tränen zu weinen; so wird mein Herz bereitet, einen jeden aufzunehmen, wie auch immer sein Weg gewesen sein mag, und ihm aus einem solchen Herzen zu vergeben.

23: 152f

Sich mit der eigenen Gebrochenheit befreunden

Laß es zu, daß dein Schmerz der Schmerz wird

Dein Schmerz hängt – bei all seiner Tiefe – mit besonderen Umständen zusammen. Du leidest nicht abstrakt. Du leidest, weil dich jemand zu einer bestimmten Zeit und an einem bestimmten Ort verletzt hat. Dein Gefühl, abgewiesen, fallengelassen und überflüssig zu sein, ist in ganz konkreten Vorkommnissen verwurzelt. In dieser Hinsicht ist alles Leiden einmalig und unverwechselbar, in besonderer Weise das Leiden Jesu. Seine Jünger verließen ihn, Pilatus verurteilte ihn, römische Soldaten peinigten und kreuzigten ihn.

Doch solange du nur auf die Besonderheiten siehst, entgeht dir die volle Bedeutung deines Schmerzes. Du täuschst dich selbst, wenn du meinst, deinen Schmerz gäbe es nicht, wären die Menschen, die Umstände und Ereignisse anders gewesen. Das mag zwar zum Teil richtig sein, aber die tiefere Wahrheit ist, daß die Situation, die deinen Schmerz hervorrief, ganz einfach die Art und Weise war, in der du mit dem unausweichlichen menschlichen Leid in Berührung gekommen bist. Mit deinem Schmerz nimmst du konkret am Schmerz der Menschheit teil.

Deshalb bedeutet Heilung, so paradox es klingen mag: sich von *deinem* Schmerz abwenden und sich *dem* Schmerz, dem Schmerz an sich, zuwenden. Wenn du dich nur auf die besonderen Umstände deines Schmerzes konzentrierst, wird dich bald Zorn, Empörung, ja Rachsucht erfassen. Um deinen Schmerz zu mildern, neigst du dazu, etwas gegen seine äußeren Symptome zu tun. Das ist auch der Grund, warum du oft nach Rache sinnst. Wirkliche Heilung ergibt sich aus der Einsicht, daß dein eigener, besonderer Schmerz ein Teil des Schmerzes der Menschheit ist. Diese Einsicht erlaubt es dir, deinen Feinden zu vergeben und in ein wahrhaft mitleidendes Leben einzutreten. Es ist der Weg Jesu, der am Kreuz betete: »Vater, vergib ihnen, denn sie wissen nicht, was sie tun« (Lukasevangelium 23, 34). So konkret das Leiden Jesu auch war: sein Leiden war das Leiden der ganzen Menschheit. *Sein* Schmerz war *der* Schmerz.

Immer wenn du deine Aufmerksamkeit von der äußeren Situation, die deinen Schmerz hervorrief, abwendest und dem Schmerz der Menschheit, an dem du teilhast, zuwendest, wird er erträglicher. Er wird eine »leichte Last« und ein »Joch, das nicht drückt« (vgl. Matthäusevangelium 11, 30). Sobald du erkennst, daß du aufgerufen bist, in Solidarität mit den Hungernden, den Heimatlosen, den Gefangenen, den Flüchtlingen, den Kranken und Sterbenden zu leben, beginnt sich dein persönlicher Schmerz in *den* Schmerz zu wandeln und findest du neue Kraft, ihn zu leben. Darin liegt die Hoffnung aller Christen. *16: 108f*

Unsere eigenen Verluste – unser aller Verluste

Wenn es ein Wort für das gibt, was unseren Schmerz ausmacht, dann ist es das Wort *verloren.* Wir haben so viel verloren! Manchmal sieht es geradezu so aus, als bestehe das Leben lediglich aus einer langen Serie von Verlusten: Bei unserer Geburt verloren wir die Sicherheit des Schoßes, als wir zur Schule kamen, verloren wir die Sicherheit des Familienlebens, als wir unsere erste Stelle antraten, verloren wir die Freiheit der Jugend, als wir heirateten oder zum Priester geweiht wurden, verloren wir die Freude, das Leben noch ganz offen vor uns zu haben, und als wir alt wurden, verloren wir unser gutes Aussehen, unsere alten Freunde oder unser hohes Ansehen. Als wir schwach oder krank wurden, verloren wir unsere physische Unabhängigkeit, und bei unserem Tod werden wir vollends alles verlieren! Alle diese Verluste gehören schon zum ganz gewöhnlichen Leben. Aber wessen Leben verläuft schon ganz gewöhnlich? Jeder kennt auch außergewöhnliche Erfahrungen des Verlierens, die ganz besonders tiefe Spuren in unseren Herzen hinterlassen: da ist der Verlust der Nähe durch Trennung, der Sicherheit durch Gewalttätigkeit, der Unschuld durch Mißbrauch, der Verlust von Freunden durch Verrat, von Liebe durch Verlassenwerden, von Heimat durch Krieg, von Wohlbefinden durch Hunger, Hitze und Kälte, der Verlust von Kindern durch Krankheit oder Unfall, der Verlust der Heimat durch politische Unruhen und der Verlust von Leben durch Erdbeben, Überschwemmungen, Flugzeugabstürze, Bomben und Seuchen ...

Was sollen wir angesichts dieser Verluste tun? ... Reden wir uns selbst und anderen ein, daß unsere Verluste gering seien im Vergleich zu unseren Gewinnen? Machen wir irgend jemandem einen Vorwurf? Meistens tun wir all das, aber es gibt auch eine Möglichkeit: die Möglichkeit der Trauer. Ja, wir müssen unsere Verluste betrauern ...

Wenn wir den Schmerz angesichts unserer eigenen Verluste ganz zulassen, geht unser inneres Auge für eine Welt auf, in der Verluste erlitten werden, die weit über unseren eigenen engen Bereich von Familie, Freunden und Kollegen hinausreichen. Das ist die Welt der Gefangenen, der Flüchtlinge, der Aidskranken, der hungernden Kinder und der zahllosen Menschen, die in ständiger Angst leben müssen. Der Schmerz unseres eigenen traurigen Herzens verbindet uns dann mit dem Trauern und Stöhnen einer leidenden Menschheit. Dann wird unsere Trauer größer als wir selbst. Aber mitten in diesem unermeßlichen Leid gibt es eine überraschende Stimme. Es ist die Stimme dessen, der sagt:»Selig die Trauernden, denn sie werden getröstet werden«(Matthäusevangelium 5, 4). Das ist die unerwartete Neuigkeit: tief in unserer Trauer steckt Segen. Nicht diejenigen, die trösten, werden als Selige, als Gesegnete bezeichnet, sondern die Trauernden! Unter all unseren Tränen verbirgt sich ein Geschenk. Mitten in unserem Klagen setzen wir zu den ersten Schritten eines Tanzes an. Und das Klagen, das von unseren Verlusten herrührt, ist eng verwandt mit unseren Dankliedern. *19: 18f.21f*

Das Geschenk der Behinderten

Viele, die jahrelang mit Behinderten gearbeitet haben, werden mit Freude feststellen, daß sie mehr empfangen als gegeben haben. Sie werden sogar zugeben müssen, daß sie durch ihre Arbeit mit Behinderten sich selbst gefunden haben. Jean Vanier erzählte mir eine Begebenheit, die das sehr schön verdeutlicht.

Vor ein paar Jahren machten Mitglieder der»Arche« eine Pilgerreise ins Heilige Land. Als sie auf dem streng bewachten Flughafen in Israel landeten, marschierte Jean-Claude, einer der behinderten Männer, geradewegs auf die bewaffneten israelischen Soldaten zu, gab jedem die Hand und erzählte ihnen, wie glücklich er über die Ankunft im Heiligen Land sei! Sehr gebrochene Menschen machen es uns in der Tat oft möglich, unser wahres Ich zu erkennen, das sich hinter Uniformen und Gewehren versteckt. Sie vermitteln uns, daß wir wirklich Brüder und Schwestern sind und daß Rüstzeug und Waffen nichts darüber aussagen, wer wir in Wahrheit sind.

Behinderte sind überaus verletzlich. Sie können ihre Gebrechen nicht verbergen und werden darum häufig Opfer von Mißhandlungen und Verspottung. Aber eben diese Verletzlichkeit läßt sie auch reiche Frucht in das

Leben derer bringen, die bereit sind, sie anzunehmen. Behinderte sind dankbare Menschen. Sie wissen, daß sie von andern abhängig sind, und sie tragen ihre Abhängigkeit in jedem Augenblick zur Schau. Aber ihr Lächeln, ihre Umarmungen und Küsse schenken sie als spontanen Ausdruck des Danks. Sie wissen, daß wirklich alles nur Geschenk ist, wofür sie Dank schuldig sind. Es sind Menschen, die Fürsorge nötig haben. Wenn sie in Verwahranstalten eingeschlossen und als ein Niemand behandelt werden, ziehen sie sich zurück und können keine Frucht bringen. Sie werden von Ängsten überwältigt und verschließen sich anderen gegenüber. Aber wenn ihnen ein sicherer Freiraum mit treusorgenden Menschen gewährt wird, denen sie vertrauen können, werden sie bald großzügig Schenkende, die bereit sind, ihr ganzes Herz zu geben.

Behinderte Menschen helfen uns, das große Geheimnis der Fruchtbarkeit zu erfassen. Sie holen uns aus unserem ehrgeizigen, leistungsorientierten Leben heraus und erinnern uns daran, daß auch wir Behinderte mit dem Bedürfnis nach Liebe und Fürsorge sind. Sie geben uns auf vielerlei Weise zu verstehen, daß auch wir uns nicht wegen unseren Beeinträchtigungen ängstigen müssen, daß auch wir Frucht bringen können, so wie Jesus es tat, als er seinen geschundenen Leib seinem Vater hingab. *14: 66f*

Ohnmacht

Heute nachmittag um drei Uhr rief meine Schwester aus den Niederlanden an, um mir mitzuteilen, daß meine Schwägerin ein, wie die Diagnose ergab, mongoloides Töchterchen zur Welt gebracht habe. Vorige Woche habe ich erst geschrieben, ich hätte bei Pete Ruggeres Nachbarn ein Kind mit mongoloidem Schwachsinn gesehen; gestern habe ich im *Wall Street Journal* von diesem Kind gelesen. Heute habe ich schon eine Nichte, die an dieser Krankheit leidet. Ich telefonierte in die Niederlande und sprach mit Heiltjen, meiner Schwägerin. Das Baby war, wie sie mir sagte, gerade vor fünf Stunden auf die Welt gekommen, und die Ärzte haben sie sofort über die Behinderung des Kindes informiert. »Unser Leben wird fortan mit Laura ganz andere Formen annehmen«, sagte sie. Mein Bruder Laurent war zur Zeit meines Anrufes nicht im Krankenhaus, aber meine Schwester wie auch Heiltjen sagten mir, wie sehr es ihn getroffen habe.

Noch fällt es mir schwer, mir diese Nachricht ganz zu eigen zu machen. Mir will kaum viel anderes in den Sinn kommen als dieses Kindchen, das für meinen Bruder und meine Schwägerin zum Mittelpunkt des Lebens werden und sie in eine Welt führen wird, an die sie im Traum nicht gedacht haben. Das wird eine Welt ständiger liebender Sorge und Aufmerksamkeit sein, eine Welt, in der es nur sehr langsam vorangeht, eine Welt mit ganz neuen Gefühlen, Emotionen und Gedanken, eine Welt mit einer Herzenswärme, deren Ursprünge bei »normalen« Menschen nicht in Erscheinung treten.

Ich weiß, daß Laurents und Heiltjens Liebe jetzt auf die Probe gestellt wird, nicht nur ihre Liebe zu ihrem neugeborenen Kind, sondern noch mehr ihre Liebe zueinander und zu ihrer zweijährigen Tochter Sarah. Ich bete heute abend für sie, daß Laura ihnen dazu verhelfe, in der Liebe zu wachsen, und daß sie in ihr Gottes Gegenwart in ihrem Leben entdecken mögen.

Laura wird einmal für unsere ganze Familie wichtig sein. Wir haben noch nie einen »Schwächling« in der Familie gehabt. Wir sind samt und sonders Menschen, die zupacken, ehrgeizig sind, es zu etwas gebracht haben und selten einmal Ohnmacht hinnehmen mußten. Da kommt nun Laura mit einer ganz neuen Geschichte, einer Geschichte, deren Thema Schwäche, Gebrochenheit, Gefährdung und totale Abhängigkeit sind. Laura, die ihr Leben lang Kind bleiben wird, wird uns den Weg Christi lehren, wie sonst niemand es je fertigbringen wird.

Ich hoffe und bete, daß ich Laurent und Heiltjen auf ihrem langen Weg mit Laura Stütze sein kann und daß Laura uns alle einander und Gott näherbringen möge. *32: 31f*

Gottes Zeit leben

Wenn wir die Wahrheit in Anspruch nehmen, daß wir von Gott geliebt sind, gewinnt unser Leben an Weite und Tiefe. Sind wir geliebt, erstreckt sich unser Leben weit über die Grenzen von Geburt und Tod hinaus. Zu geliebten Söhnen und Töchtern werden wir nicht bloß bei unserer Geburt und hören bei unserem Tod auch nicht auf, es zu sein. Unser Geliebtsein währt ewig.

Gott sagt uns: »Ich liebe dich mit unvergänglicher Liebe.« Diese Liebe bestand, noch ehe uns Vater und Mutter ihre Liebe schenkten, und sie wird noch dasein, lange nachdem wir nicht mehr sind. Es ist eine göttliche, unvergängliche, ewige Liebe.

Gerade weil unsere wahre Identität in dieser bedingungslosen, unbegrenzten, unvergänglichen Liebe verwurzelt ist, kann es vorkommen, daß wir Opfer der Zeit, die uns der Uhrzeiger anzeigt, werden. Diese ablaufende »Uhrzeit« ist die Zeit, die wir in dieser Welt haben und die sich in Sekunden, Minuten, Stunden, Tagen, Wochen, Monaten und Jahren messen läßt. Der Ablauf unserer Zeit, unsere »Uhrzeit«, die das griechische Wort »chronos« bezeichnet, kann uns verfolgen, besonders dann, wenn all das, was wir sind, mit der Uhr verbunden ist, die unablässig tickt, ob wir wach sind oder schlafen.

Ich war mir meiner ablaufenden »Uhrzeit« immer sehr bewußt. Oft habe ich mich gefragt:»Kann ich noch doppelt so alt werden, wie ich bin?« Als ich dreißig war, sagte ich:»Ich kann leicht noch einmal so viele Jahre leben!« Als ich die Vierzig erreicht hatte, wurde ich nachdenklich:»Vielleicht ist es gerade die Hälfte!« Das kann ich heute nicht mehr sagen, und meine Frage lautet jetzt:»Wie kann ich die wenigen mir noch verbleibenden Jahre nutzen?«

Doch dieses besorgte Achten auf unsere »Uhrzeit«, das ängstliche Fragen nach dem »Wie spät ist es für mich?« kommen von unten. Sie beruhen auf der Annahme, daß unsere Chronologie, unsere Dauer in der Zeit, alles ist, was uns zu leben gegeben ist. Doch von oben gesehen, aus der Perspektive Gottes, ist unsere ablaufende »Uhrzeit« eingebettet in das zeitlose Umfangensein Gottes. Von oben gesehen, sind unsere Erdenjahre nicht bloß »chronos«, sondern »kairos«, ein anderes griechisches Wort für die Zeit im Sinne einer günstigen Gelegenheit, die Liebe für uns in Anspruch zu nehmen, die Gott uns von Ewigkeit zu Ewigkeit anbietet.

31:136

Fülle der Zeit

Jesus Christus kam in der Fülle der Zeit. Er wird in der Fülle der Zeit wiederkommen.»Fülle der Zeit« oder»die Zeit ist erfüllt« (Markusevangelium 1, 15) bedeutet in neutestamentlichem Sinn: Die Zeit hat ihr Vollmaß erreicht, kommt zum Abschluß in Jesu Ankunft. Die Zeit der Vorbereitung und Erwartung ist mit seinem Kommen erfüllt: Das Reich Gottes ist da.

Oft erfahren wir unsere Zeit als unerfüllt und leer. Wir hoffen, daß morgen, nächste Woche, nächsten Monat oder nächstes Jahr das eigentlich Wesentliche geschehen wird. Aber manchmal *erfahren* wir die Fülle der Zeit, zum Beispiel dann, wenn die Zeit stillzustehen scheint, Vergangenheit, Gegenwart und Zukunft ineinanderfließen, alles in diesem Augenblick und an diesem Ort gegenwärtig ist, und Gott, wir und alles, was ist, zu einer vollkommenen Einheit werden. Es ist die Erfahrung der Zeit Gottes.»Als die Zeit erfüllt war, sandte Gott seinen Sohn, geboren von einer Frau«(Galaterbrief 4, 4). Und in der Fülle der Zeit wird Gott»in Christus alles vereinen, alles, was im Himmel und auf Erden ist«(Epheserbrief 1, 10). So ist die Fülle der Zeit die Zeit, in der wir Gott begegnen. *20: 383*

Transparente Zeit

Auch unser Verhältnis zur Zeit fordert von allen, die ein kontemplatives Leben anstreben, eine ständige Bewegung von der Undurchsichtigkeit hin zur Transparenz. Immer wieder droht die Zeit zu unserem Feind zu werden. In der heutigen Gesellschaft scheint oft nicht das Geld, sondern die Zeit uns in Fesseln zu legen. Wir sagen:»Ich wünschte, ich könnte all die Dinge tun, die ich tun müßte, aber ich habe einfach keine Zeit. Allein der Gedanke an das, was ich heute tun sollte – fünf Briefe schreiben, einen Freund besuchen, auf meinem Musikinstrument üben, ein Telefongespräch führen, unterrichten, eine Arbeit abschließen, meine Meditation halten –, der bloße Gedanke daran läßt mich schon erlahmen.«

Viele Menschen spüren offensichtlich, daß nicht länger sie die Zeit im Griff haben, sondern umgekehrt. Sie erfahren sich als Opfer eines ständigen Termindruckes, pünktlich fertig zu sein, Fristen einzuhalten ...

Das kontemplative Leben ist ein Leben, in dem die Zeit allmählich ihre Undurchsichtigkeit verliert und durchsichtig wird. Das erweist sich oft als ein sehr langwieriger und schwieriger Prozeß, in dem jedoch viel neue schöpferische Kraft steckt. Beginnt man einzusehen, daß die vielen Ereignisse, die unsere Tage, Wochen und Jahre ausfüllen, unserer Suche nach einem erfüllten Leben nicht im Wege stehen, sondern der Weg dorthin sind, erfahren wir eine wirkliche Umkehr. Wenn wir allmählich merken, daß Briefeschreiben, Unterricht geben, Menschen besuchen und Essen zubereiten, nicht beliebige Ereignisse sind, die uns davon abhalten, unser eigentliches Selbst zu entdecken, sondern in sich die verwandelnde Kraft haben, die wir suchen, dann beginnen wir uns von der Zeit als *chronos* hinzubewegen zu einer Zeit, die als *kairos* bezeichnet wird. *Kairos* bedeutet *die* Chance. Es ist *die* günstige Gelegenheit, der richtige Augenblick, die Chance unseres Lebens. Wenn unsere Zeit *kairos* wird, eröffnet sie uns unendliche neue Möglichkeiten und immer wieder eine Gelegenheit, einen inneren Wandel zu vollziehen.

Im Leben Jesu wird jedes Ereignis zum *kairos*. Jesus beginnt sein öffentliches Wirken mit den Worten:»Die Zeit ist erfüllt«(Markusevangelium 1, 15), und er erlebt jeden Augenblick dieser Zeit als Chance. Schließlich verkündet er, daß seine Zeit nahe ist (Matthäusevangelium 26, 45), und tritt ein in seine letzte Stunde als *den kairos*. Indem er das tut, befreit er die Geschichte von ihrer fatalistischen Chronologie ...

Das kontemplative Leben ist somit kein Leben, das einige wenige gute Augenblicke unter vielen schlechten beschert, sondern ein Leben, in dem unsere Zeit in ein Fenster verwandelt wird, durch das die unsichtbare Welt sichtbar wird.

Es gehört zum innersten Wesen allen geistlichen Dienstes, Zeit transparent zu machen, um in den jeweiligen Lebenssituationen erkennen zu können, daß unsere Stunde Gottes Stunde ist und von daher alle Zeit *kairos*.

11: 102f.104ff

DAS PARADOX UMARMEN

Heilende Widersprüche

Die vielen Widersprüche, mit denen wir leben – zum Beispiel daheim zu sein und sich dabei heimatlos zu fühlen, vielbeschäftigt zu sein und dabei Langeweile zu empfinden, bekannt zu sein und dabei unter Einsamkeit zu leiden, zu glauben und dabei viele Zweifel zu haben –, können uns frustrieren, irritieren, ja mutlos machen. Sie geben uns das Gefühl, nie ganz anwesend zu sein. Jede Tür, die sich uns öffnet, zeigt uns, wie viele andere geschlossen sind.

Aber es gibt eine andere Antwort. Dieselben Widersprüche können uns mit einer tieferen Sehnsucht in Berührung bringen: nach Erfüllung eines Verlangens, das neben allem Verlangen steht und nur Gott zu befriedigen vermag. Widersprüche, die in dieser Weise verstanden werden, schaffen die Reibung, die uns zu Gott hinbewegt. *20: 129*

Störungen und Chancen

Sehen wir nicht die vielen Ereignisse unseres Lebens als große oder kleine Störungen an, die so manche unserer Pläne, Vorhaben und Lebensentwürfe durchkreuzen?

Wenn aber das, was uns querkommt, in Wirklichkeit Chancen für uns sind, Aufforderungen zu einer Herzensantwort, an der wir wachsen und zur Fülle des Seins gelangen? Wenn die Ereignisse unserer Lebensgeschichte uns formen, wie ein Bildhauer sein Tonmodell formt, und wir nur in schmiegsamer Anpassung an diese modellierenden Hände unsere wahre Berufung entdecken und zu menschlicher Reife gelangen können? Wenn aber all die unvorhergesehenen Störungen eigentlich Einladungen sind, unseren altmodischen und veralteten Lebensstil aufzugeben, und unserer Erfahrung Neuland erschließen wollen? Und wenn sich schließlich unsere Geschichte nicht als eine Kette blinder, unpersönlicher Zufälle erweist, auf die wir keinen Einfluß haben, sondern uns erkennen läßt, daß eine Hand uns führt und auf eine persönliche Begegnung verweist, in der all unser Hoffen und Sehnen in Erfüllung geht?

Dann wäre unser Leben tatsächlich ganz anders; denn dann wird das Schicksal zur Chance, dann werden Wunden zum Signal und lähmende Ohnmacht zur Aufforderung, die Quellen der Lebenskraft in tieferen Schichten zu suchen. Dann können wir mitten im Lärm der Städte, in brennenden Krankenhäusern und unter verzweifelten Eltern und Kindern noch nach Hoffnung Ausschau halten. Dann können wir die Versuchung zur Verzweiflung abschütteln und vom Baum reden, der Früchte bringt, während vor unseren Augen die Saaten zugrunde gehen. Dann können wir wirklich aus dem Gefängnis ausbrechen, in dem eine anonyme Kette von Ereignissen uns festhält, und hinhören auf den Geist der Geschichte, der im Innersten unserer Stille zu uns spricht, und seinem ewig neuen Aufruf zur Umkehr folgen. *4: 47f*

Selbstsicherheit und Selbstentäußerung

Selbstsicherheit und Selbstentäußerung sind keine Gegensätze; denn niemand kann etwas veräußern, was er nicht zuvor besitzt. Niemand kann sich in Liebe hingeben, wenn er kein wirkliches Bewußtsein von sich selber hat. Niemand kann Intimität erfahren, der nicht zuvor seine Identität gefunden hat. Jesus hat dreißig Jahre lang in einer Familie gelebt. In ihr ist er zu einem Menschen geworden, der wußte, wer er war und wohin er gehen wollte. Erst dank dieser Voraussetzung war er fähig, sich selbst zu entäußern und sein Leben für andere hinzugeben. Das ist der Weg jeder Seelsorge. Durch eine lange und oft schmerzliche Ausbildung und Einübung muß der Seelsorger zuerst seinen Platz im Leben finden, muß entdecken, worin sein spezifischer Beitrag zum Leben anderer liegen kann, muß lernen, sein Ich zu bejahen. Das heißt nicht, sich an dieses Ich zu hängen und es als sein Eigentum gegen alle anderen zu verteidigen. Nein, wenn er sich selbst gefunden hat, soll er aus sich selbst herausgehen, soll seine Dienste andern anbieten und von sich selbst leer werden. Dann kann Gott durch ihn sprechen und durch ihn die Menschen in ein neues Leben berufen.

So ist die Identität des Seelsorgers, wie sie in seinem praktischen Dienst sichtbar wird, die Frucht der unauflöslichen Spannung zwischen Selbstbejahung und Selbstverleugnung, Selbsterfüllung und Selbstentäußerung, Selbstverwirklichung und Selbsthingabe. Es gibt Phasen im Leben, wo das Schwergewicht mehr auf der einen als auf der anderen Seite liegt, aber im allgemeinen scheint es, daß der Mensch mit zunehmender Reife immer weniger darauf bedacht ist, sich selbst zu gürten, und daß er statt dessen bereit ist, seine Hände auszustrecken und dem zu folgen, der sein Leben gefunden hat, indem er es verschenkte.   *26: 88f*

Dankbar in der Paradoxie

Dankbarkeit in ihrer tiefsten Bedeutung heißt, das Leben so zu leben, als sei es ein Geschenk, das wir dankbar empfangen haben. Aber nach der Bibel umfaßt Dankbarkeit das ganze Leben: Gutes und Schlechtes, Freudiges und Schmerzliches, Heiliges und weniger Heiliges. Ist das überhaupt möglich in einer Gesellschaft, in der Glück und Traurigkeit, Freude und Schmerz, Friede und Konflikt radikal voneinander getrennt werden. Redet uns denn nicht die Werbung auf Schritt und Tritt ein:»Sie können sich nicht wohlfühlen, solange Sie traurig sind – werden Sie also glücklich: kaufen Sie dies, tun Sie das, reisen Sie dahin, reisen Sie dorthin. Dann erleben Sie einen Augenblick Glück und vergessen Ihre Sorgen«? Ist es wirklich möglich, unser ganzes Leben dankbar zu umarmen, und nicht bloß das Gute, an das wir uns gern erinnern?

Jesus sagt uns, daß Traurigkeit und Freude nie voneinander getrennt sind, daß Freude und Schmerz zusammengehören und daß Trauern und Tanzen Teile ein und derselben Bewegung sind. Deshalb ruft uns Jesus auf, für jeden Augenblick, den wir erleben konnten, dankbar zu sein und unseren einmaligen Lebensweg als den Weg zu beschreiten, auf dem Gott unsere Herzen mehr und mehr seinem Herzen angleicht. Das Kreuz ist das Hauptsymbol unseres Glaubens und lädt uns ein, Hoffnung zu schöpfen, wo uns Schmerz begegnet und Auferstehung neu zu bezeugen, wo wir Tod sehen. Die Aufforderung, dankbar zu sein, bedeutet zugleich, darauf zu vertrauen, daß jeder Augenblick unseres Lebens als ein Teil des Kreuzwegs in Anspruch genommen werden kann, der uns zu neuem Leben führt. Als die beiden Jünger auf dem Weg nach Emmaus waren und ihnen Jesus begegnete, konnten sie nicht glauben, daß aus dem Leiden, dessen Zeugen sie gewesen waren, viel Frucht zu erwarten ist. Aber Jesus legte ihnen dar, daß gerade durch Leiden und Qual dieses neue Leben geboren wurde. Es fällt mir sehr leicht, die schlechten Erinnerungen unter den Teppich meines Lebens zu kehren und nur an die guten Dinge, die mich erfreuen, zu denken. Tue ich das aber, dann hindere ich mich selbst daran, die Freude neben meinem Schmerz, den Frieden inmitten meiner Konflikte und die Stärke, die inmitten meiner Schwachheit sichtbar wird, zu entdecken.

1: 39f

Das Paradox feiern

Beim Wort»Feiern« denken wir spontan an fröhliches, unbeschwertes, heiteres Miteinander, bei dem sich für etliche Stunden der graue Alltag vergessen läßt, wo wir uns der Musik, dem Tanzen, Trinken und Lachen hingeben und viel miteinander scherzen und plaudern. Aber das Feiern im christlichen Sinn hat sehr wenig mit solchem Feste-Feiern zu tun. Das echte Feiern ergibt sich aus der tiefen Einsicht, daß Leben und Tod immer innerlich zusammenhängen. Echtes Feiern ist nur dort möglich, wo Furcht und Liebe, Freude und Trauer, Tränen und Lächeln nebeneinander existieren können. Feiern bedeutet: das Leben annehmen, wie es ist, und sich immer tiefer bewußt werden, wie kostbar es ist. Das Leben aber ist kostbar, nicht nur weil man es sehen, berühren und schmecken kann, sondern auch weil es eines Tages vorbei sein wird.

Wenn wir eine Hochzeit feiern, dann feiern wir eine Vereinigung, aber auch eine Trennung; wenn wir ein Begräbnis feiern, dann feiern wir den Abschied von einem lieben Menschen, aber auch die Tatsache, daß er eine neue Form der Freiheit gefunden hat. Auf Hochzeiten kann es Tränen und nach Begräbnissen kann es Lachen geben. Ja, wir können genau wie unsere Freuden auch unsere Trauer zum Gegenstand der Feier unseres Lebens machen, aus der tiefen Einsicht, daß Leben und Tod keine Gegensätze sind, sondern daß sie in Wirklichkeit in jedem Augenblick unseres Lebens einander die Hand reichen.

Wenn wir zur Welt kommen, werden wir freigesetzt, um selbständig atmen zu können, verlieren aber zugleich die Geborgenheit im Schoß unserer Mutter; wenn wir zur Schule gehen, erwerben wir die Freiheit, uns einer größeren Gemeinschaft anzuschließen, verlieren aber gleichzeitig den besonderen Platz in unserer Familie; wenn wir heiraten, finden wir einen neuen Lebensgefährten, verlieren aber die enge Bindung, die wir an unsere Eltern hatten; wenn wir Arbeit finden, gewinnen wir an Unabhängigkeit, weil wir selbst unser Geld verdienen, verlieren aber die Unterstützung durch Eltern und Mitstudenten; wenn wir Kindern das Leben schenken, entdecken wir eine neue Welt, verlieren aber ein großes Stück weit unsere Möglichkeit, uns frei zu bewegen; wenn wir befördert werden, gewinnen wir in den Augen anderer mehr Ansehen, verlieren aber die Fähigkeit, uns auf größere Wagnisse einzulassen; und wenn wir uns schließlich zur Ruhe setzen, gewinnen wir die Möglichkeit, vieles zu tun, was wir schon lange tun wollten, verlieren aber die Selbstbestätigung, ein unentbehrliches Glied der Gesellschaft zu sein. Sind wir fähig gewesen, das Leben in all diesen entscheidenden Momenten zu feiern, in denen Gewinnen und Verlieren – und das ist: Leben und Sterben – untrennbar miteinander verbunden gewesen sind, dann werden wir fähig sein, auch noch unser eigenes Sterben zu feiern, denn dann haben wir vom Leben gelernt, daß der, welcher es verliert, es in Wirklichkeit findet (vgl. Matthäusevangelium 16, 25).

26: 141f

TOD UND AUFERSTEHUNG

Wie Jesus sterben

Wir neigen vielleicht dazu, die Art, wie Jesus sich und seine Freunde auf seinen Tod vorbereitet hat, als völlig einmalig zu betrachten, als fern unserer »normalen« menschlichen Art. Aber in Wirklichkeit bietet uns Jesu Art, auf das Sterben zuzugehen, ein sehr hoffnungträchtiges Beispiel.

Auch wir können zu unseren Freunden sagen:»Es ist zu eurem Besten, wenn ich gehe ... Denn wenn ich gehe, kann ich euch den Geist senden, und der Geist wird euch verkünden, was kommen wird.« Will nicht Marina im Grunde genommen das sagen, wenn sie Gedichte verfaßt und Bilder malt, die ihren Freunden bei der Trauer über ihren Tod neues Leben schenken werden? Ist »den Geist senden« nicht der beste Ausdruck dafür, daß man seine Lieben nicht verlassen, sondern mit ihnen auf neue Weise zutiefst verbunden sein will, mit einer Bindung, die tiefer geht als diejenige zu Lebzeiten? Heißt »für andere sterben« nicht, sterben, damit die anderen für ihr Weiterleben mit dem Geist unserer Liebe gestärkt werden?

Dagegen mag man einwenden:»Jesus, der einzige Sohn des Vaters, hat uns seinen Heiligen Geist gesandt ... aber wir sind nicht Jesus, wir haben keinen Heiligen Geist zu senden!« Doch wenn wir ganz genau auf Jesus hören, erkennen wir, daß wir dazu berufen sind, wie er zu leben, wie er zu sterben und wie er aufzuerstehen, weil der Heilige Geist, die Liebe Gottes, die Jesus mit dem Vater eins sein läßt, auch uns gegeben ist. Und so soll nicht nur der Tod Jesu, sondern auch unser Tod anderen zum Segen gereichen. Ja mehr noch: nicht nur der Tod Jesu, sondern auch unser Tod wird allen, die wir zurücklassen, den Geist Gottes erschließen. Ja, das große Geheimnis besteht darin, daß alle Menschen, die mit uns aus dem Geist Gottes gelebt haben, durch ihren Tod an seinem Aussenden des Heiligen Geistes teilhaben. So wird uns weiterhin Gottes Geist der Liebe gesandt, und er offenbart uns, wie der Tod Jesu weiterhin Frucht bringt durch den Tod all der Menschen, deren Tod wie der seine ein Tod für andere ist.

8: 51ff

In unserem Tod mit allen eins

Jeden Tag, jede Stunde, jede Minute sterben Menschen. Sie sterben langsam oder plötzlich. Sie sterben auf den Straßen der großen Städte oder in vornehmen Häusern. Sie sterben einsam oder im Kreis ihrer Freunde und Verwandten. Sie sterben unter großen Schmerzen oder still, so als schliefen sie ein. Sie sterben unter Qualen oder in Frieden. Doch alle sterben allein, sehen dem Unbekannten entgegen. Sterben gehört zur Wirklichkeit des täglichen Lebens. Und doch geht die Welt im allgemeinen ihren Geschäften nach und will mit dieser Wirklichkeit nichts zu tun haben. Sterben ist oft ein verborgener Vorgang, etwas, dem man keine Beachtung schenkt, ja das man leugnet.

Jesus wurde ans Kreuz geschlagen. Sein Sterben dauerte drei Stunden. Er starb zwischen zwei Männern:»Uns geschieht recht, wir erhalten den Lohn für unsere Taten; dieser aber hat nichts Unrechtes getan« (Lukasevangelium 23, 41). Jesus nahm sein Sterben ganz und gar als ein Sterben für andere auf sich. Die totale körperliche Erschöpfung, das Verlassensein von seinen Freunden, ja sogar von seinem Gott, das alles ist Hingabe seiner selbst. Und als er sterbend dahing, vollkommen machtlos, an das Holz eines Baumes geschlagen, kannte er keine Verbitterung, kein Verlangen nach Rache, keinen Groll. Es gab nichts, woran er festgehalten hätte. Er gab alles hin.»Wenn das Weizenkorn nicht in die Erde fällt und stirbt, bleibt es allein; wenn es aber stirbt, bringt es reiche Frucht« (Johannesevangelium 12, 24).

In der Hingabe für andere wurde sein Leben fruchtbar. Jesus, der vollkommen Unschuldige, der ohne alle Sünde, Schuld und Schmach war, starb einen grausamen, qualvollen Tod, damit der Tod nicht länger ignoriert, sondern ein Tor zum Leben und der Ursprung einer neuen Gemeinschaft werde.

Betrachten wir den sterbenden Jesus, so betrachten wir die sterbende Welt. Jesus, der am Kreuz alle Menschen an sich gezogen hat, starb Millionen Tode. Er starb nicht nur den Tod der Zurückgewiesenen, Verlassenen und der in Schuld Gefallenen, sondern auch den Tod der Hohen und Mächtigen, der Berühmten und Geachteten. Vor allem aber starb er den Tod der vielen, die ihr einfaches Leben geführt haben, alt und müde wurden und darauf vertrauten, daß ihr Dasein in irgendeiner Weise nicht umsonst war. Wir alle müssen sterben, und alle werden wir einsam sterben, da uns niemand auf dieser letzten Reise begleiten kann. Wir müssen uns lösen von dem, woran wir festhalten, darauf vertrauen, daß wir nicht vergebens gelebt haben. Sterben ist ohne Zweifel der größte aller Augenblicke eines Menschenlebens, weil es der Augenblick ist, in dem wir gefordert sind, alles herzugeben. Die Art und Weise unseres eigenen Sterbens hat nicht nur viel damit zu tun, wie *wir* gelebt haben, sondern auch mit der Art und Weise, wie *diejenigen* leben werden, *die nach uns kommen.*

Jesu Tod offenbart uns, daß wir nicht in der Täuschung leben dürfen, als sei der Tod etwas, was nicht jedem von uns widerfährt. Während Jesus ausgestreckt zwischen Himmel und Erde hängt, fordert er uns auf, unserer Sterblichkeit direkt ins Angesicht zu sehen und darauf zu vertrauen, daß der Tod nicht das letzte Wort ist. Dann können wir auf die Sterbenden unserer Welt schauen und ihnen Hoffnung geben; wir können ihre sterbenden Leiber in unseren Armen halten und darauf vertrauen, daß mächtigere Arme als die unseren sie aufnehmen und ihnen den Frieden und die Freude geben werden, nach der sie sich immer gesehnt haben.

Im Sterben ist die ganze Menschheit eins. In diese sterbende Menschheit kam Gott, um uns Hoffnung zu geben. *6: 82ff*

Für andere sterben

Warum lebe ich? ... Diese Frage führt mich an den Kern meiner Berufung: daß ich mit dem brennenden Verlangen lebe, mit Gott verbunden und berufen zu sein, seine Liebe zu verkünden, während mir ihre Erfüllung noch versagt ist.

Die Begegnung mit dem Tod (infolge eines Unfalls) half mir, die Spannung besser zu verstehen, die zu dieser Berufung gehört. Es ist zweifellos eine Spannung, die nicht aufgelöst, sondern tief durchlebt werden muß, um fruchtbar zu werden. Was ich über das Sterben gelernt habe, ist, daß ich dazu berufen bin, für andere zu sterben.

Die ganz einfache Wahrheit besteht darin: Die Art und Weise, wie ich sterbe, betrifft viele Menschen. Wenn ich in großer Verärgerung und Verbitterung sterbe, lasse ich meine Familie und meine Freunde verwirrt, schuldbewußt, beschämt, mit lähmenden Gefühlen zurück.

Als ich den Tod auf mich zukommen sah, wurde mir plötzlich klar, wie sehr ich die Herzen derer, die zurückbleiben würden, zu beeinflussen vermochte. Wenn ich ehrlich sagen könnte, daß ich dankbar für alles war, was mir im Leben widerfahren ist; wenn ich danach verlangte, zu vergeben und Vergebung zu erhalten, wenn mich die Hoffnung erfüllte, daß alle, die mich lieben, in Freude und Frieden weiterleben würden; wenn ich darauf vertraute, daß Jesus, der mich ruft, all den Menschen zur Seite stehen würde, die in irgendeiner Weise zu meinem Leben gehört haben – wenn ich all das tun könnte –, dann würde ich in der Stunde meines Todes eine weit größere geistige Freiheit zeigen, als ich in all den Jahren meines Lebens sichtbar machen konnte.

In meinem tiefsten Innern erkannte ich, daß Sterben der wichtigste Akt des Lebens ist. Es stellt einen vor die Wahl, andere in Schuld zu fesseln oder sie in Dankbarkeit zu befreien ... Der Sterbende hat die einzigartige Chance, all denen die Freiheit zu gewähren, die er zurückläßt ...

Mein inniger Wunsch, durch Jesus mit Gott vereint zu sein, entsprang keiner Verachtung menschlicher Beziehungen, sondern einer festen Überzeugung von der Wahrheit, daß in Christus zu sterben tatsächlich mein größtes Geschenk für andere sein kann.

So gesehen ist das Leben ein langer Pilgerweg der Vorbereitung: des eigenen Vorbereitens darauf, für andere zu sterben. Es ist eine Folge von kleinen Toden, bei denen von uns verlangt wird, die vielerlei Abhängigkeiten aufzugeben und beständig darauf hinzustreben, andere nicht mehr zu gebrauchen, sondern für sie dazusein. Die vielen Stufen der Entwicklung, die wir von der Kindheit bis zur Jugend, vom Heranwachsen zum Erwachsensein und vom Erwachsensein zum Alter durchlaufen, geben uns immer neue Gelegenheiten, zu wählen, sich entweder für uns oder für andere zu entscheiden. *27:44ff*

Tod und Auferstehung

Vertrau dem Fänger

Die »Flying Rodleighs« sind eine Trapezartistengruppe, die im deutschen Zirkus Simoneit-Barum auftreten. Als der Zirkus vor zwei Jahren nach Freiburg kam, luden Franz und Reny mich und meinen Vater zu einer Vorstellung ein. Ich werde nie vergessen, wie hingerissen ich war, als ich das erstemal die Rodleighs durch die Luft fliegen sah und sie sich gegenseitig in waghalsig-eleganten Schwüngen wie Tänzer losließen und wieder auffingen. Am nächsten Tag ging ich wieder zum Zirkus, um sie noch einmal zu sehen, und ich stellte mich ihnen vor und sagte, ich sei ein großer Fan von ihnen. Sie luden mich ein, bei ihrem Training zuzuschauen, schenkten mir Freikarten, luden mich zum Essen ein und schlugen vor, ich solle sie in absehbarer Zeit einmal eine Woche lang auf ihrer Tournee begleiten. Das tat ich, und wir wurden gute Freunde.

Eines Tages saß ich mit Rodleigh, dem Leiter der Truppe, in seinem Wohnwagen und unterhielt mich mit ihm übers Fliegen durch die Luft. Er sagte: »Als Luftspringer muß ich absolutes Vertrauen auf den haben, der mich auffängt. Sie und das Publikum halten vielleicht mich für den großen Star am Trapez, aber der wirkliche Star ist Joe, mein Fänger. Er muß für mich im Bruchteil einer Sekunde parat sein und mich aus der Luft angeln, wenn ich in hohem Bogen auf ihn zufliege.«

»Wie klappt das immer?« fragte ich zurück. »Nun«, sagte Rodleigh, »das Geheimnis besteht darin, daß der Flieger nichts tut und der Fänger alles! Wenn ich auf Joe zufliege, muß ich bloß meine Arme und Hände ausstrecken und darauf warten, daß er mich packt und sicher auf die Rampe zurücksetzt.«

»Und Sie tun dabei nichts?« erwiderte ich ziemlich überrascht. »Nein, gar nichts«, wiederholte Rodleigh. »Das Schlimmste, was der Flieger tun kann, ist, nach dem Fänger greifen zu wollen. Aber ich soll ja nicht Joe auffangen, sondern er mich. Würde ich nach Joes Handgelenken greifen, könnte ich sie brechen, oder er könnte die meinen brechen, und das wäre für uns beide das Aus! Ein Flieger soll nichts als fliegen, ein Fänger nichts als auffangen; und der Flieger muß mit ausgestreckten Armen völlig darauf vertrauen, daß sein Fänger im richtigen Augenblick nach ihm greift!«

Als mir Rodleigh das mit so großer Überzeugung sagte, kam mir der Ausspruch Jesu in den Sinn: »Vater, in deine Hände lege ich meinen Geist«

(Lukasevangelium 23, 46). Sterben heißt, völlig auf den Fänger vertrauen! Und wenn man sich eines Sterbenden annimmt, sagt man zu ihm:»Hab keine Angst. Denk daran, du bist Gottes geliebtes Kind. Er wird zur Stelle sein, wenn du deinen großen Sprung machst. Versuch nicht, nach ihm zu greifen, denn er greift nach dir. Streck einfach die Arme und Hände weit aus und vertrau, vertrau, vertrau!«   *9: 81f*

Die Auferstehung leben

Früh am Morgen des ersten Tages der Woche fanden Maria von Magdala, Maria, die Mutter des Jakobus, und Salome das Grab leer. Sie hörten einen jungen Mann, der mit einem weißen Gewand bekleidet war, sagen:»Er ist nicht hier.« Zwei der Jünger, Petrus und Johannes, gingen in das Grab hinein und sahen die Leinenbinden liegen und das Schweißtuch, das auf dem Kopf Jesu gelegen hatte. Maria von Magdala hörte, wie er sie beim Namen rief; Kleopas und sein Freund erkannten ihn in Emmaus beim Brechen des Brotes. Am Abend desselben Tages kam Jesus zu seinen Jüngern, trat in ihre Mitte und sagte zu ihnen:»Friede sei mit euch!« Nach diesen Worten zeigte er ihnen seine Hände und seine Seite.

Während dies geschah, durchbrach ein neues Wort die Stille dieses Tages und ergriff Herz und Sinn der Männer und Frauen, die Jesus gekannt und geliebt hatten:»Er ist auferstanden, er ist wahrhaft auferstanden!« Diese Neuigkeit wurde nicht von den Dächern gerufen und auch nicht auf großen Plakaten durch die Straßen der Stadt getragen, sie ging wie eine vertrauliche Botschaft von Mund zu Mund; eine Botschaft, die nur von den Herzen wirklich gehört und verstanden werden konnte, die die Ankunft des Reiches herbeigesehnt und die Zeichen seines Nahens in den Worten und Taten des Mannes aus Nazaret erkannt hatten.

Alles ist anders geworden und dennoch gleichgeblieben für die diejenigen, die ja sagen zu der neuen Nachricht, die durch die Zeiten hindurch von einem Ende der Welt zum anderen geflüstert wird. Bäume sind Bäume geblieben, Flüsse sind weiterhin Flüsse, Berge weiterhin Berge. Auch die Menschen können in ihren Herzen noch immer zwischen Liebe und Angst entscheiden. Doch all dies ist im auferstandenen Leib des Herrn erhöht und zur Rechten Gottes gesetzt. Der verlorene Sohn ist in die liebenden

Arme des Vaters genommen; das kleine Kind in die Arme der Mutter, der wahre Erbe hat das beste Gewand erhalten und einen kostbaren Ring; Brüder und Schwestern sind an einen Tisch geladen. Alles ist, wie es war, und doch ist alles neu. Wenn wir unser Leben im Glauben an die Auferstehung leben, dann werden unsere Last und unser Joch sanft, weil wir im sanften und demütigen Herzen Jesu, das in alle Ewigkeit Gott gehört, Ruhe gefunden haben.   *6: 106ff*

Gebet der Vorbereitung

O Herr, wann werde ich sterben? Ich weiß es nicht und hoffe, es wird nicht bald sein. Nicht, daß ich so sehr an diesem Leben hängen würde – obgleich ich vielleicht viel mehr daran hänge, als ich ahne –, aber ich fühle mich so unvorbereitet, um vor deinem Angesicht zu erscheinen. Während du mich ein wenig länger leben läßt, spüre ich, daß du deine Geduld offenbarst, daß du mir noch einmal eine Chance zur Bekehrung gibst, daß du mir mehr Zeit gewährst, um mein Herz zu reinigen. Zeit ist dein Geschenk für mich.

Ich erinnere mich, wie ich mich vor fünf Jahren nach meinem siebenmonatigen Aufenthalt in der Abtei bereit gefühlt habe zu sterben. Jetzt empfinde ich dies nicht mehr. Ich fühle mich unruhig, friedlos, schuldig, ratlos und sehr dunkel. Laß meine Zeit hier eine Zeit der Wandlung sein: Wandlung zu innerer Ruhe, zu tiefem Vertrauen auf dein Verzeihen und dein Erbarmen, zu gänzlicher Hingabe an dich.

Dank dir, Herr, für jeden Tag, den du mir schenkst, um dir näher zu kommen. Dank dir für deine Geduld und Güte. Ich bete, daß ich einmal, wenn ich sterbe, im Frieden heimgehen darf. Hör mein Gebet. Amen.

9: 30

2. Unser Leben umarmen

3
Unsere Herzen öffnen

Die Texte des folgenden Abschnitts beziehen sich auf drei wesentliche Elemente geistlichen Lebens: Nähe, Mit-Leiden und Dankbarkeit. Henri Nouwen sah die Liebe Gottes nicht als Teil einer Morallehre oder als ein abstraktes Prinzip an, sondern als etwas sehr Persönliches und Kostbares. Wir empfangen unser Geliebtsein ganz persönlich von einem Du, das uns nahe ist, uns liebt und treu bleibt, selbst wenn wir Fehler begehen, uns selbst ablehnen, uns von Gott abwenden oder uns fürchten. Diese persönliche Gegenwart Jesu in unserem Herzen ruft uns auf zur Nähe zu uns selbst und zu denen, die wir lieben.

Die Nähe, die wir zu andern suchen, spiegelt die innige Verbundenheit wider, die wir mit Gott in Alleinsein und »Leersein« erfahren. Henri Nouwen vertieft dieses Element »praktizierten Geliebtseins« in der geistlichen Tugend des Mit-Leidens. Aber die Praxis des Mit-Leidens ist schwierig und verlangt von uns, zwei Hürden zu überwinden: die Neigung, andere zu bedauern und über sie zu richten, zwei Versuchungen, die Nähe verhindern und wahrer Freundschaft in Christus entgegenstehen. Ebenso ist Danken nicht als moralische Anweisung zu verstehen, sondern als spontane Antwort auf die Einsicht, daß wir geliebt sind. Wenngleich Dankbarkeit eine spontane Regung des Herzens ist, ist sie auch eine Tugend, eine Qualität des Seins bei Gott, bei uns und bei anderen, für das wir uns immer wieder bewußt entscheiden müssen.

Freundschaft in Anspruch nehmen

Um uns selbst wirklich zu erkennen und unseren eigenen, einmaligen Weg uneingeschränkt zu akzeptieren, müssen wir von anderen erkannt werden und als der/die akzeptiert werden, der/die wir sind. Wir können kein geistliches Leben im geheimen führen. Wir können unseren Weg zu wahrer Freiheit nicht in der Isolierung finden. Stille ohne Sprechen ist ebenso gefährlich wie Alleinsein ohne Gemeinschaft. Beides gehört zusammen.

Über unseren Kelch und das, was in ihm ist, zu sprechen, fällt nicht leicht. Es verlangt große Disziplin, denn ebenso wie wir der Stille entfliehen wollen, um der Konfrontation mit uns selbst auszuweichen, wollen wir uns auch einem Gespräch über unser inneres Leben entziehen, um der Konfrontation mit anderen aus dem Wege zu gehen.

Damit will ich nicht sagen, daß jeder, den wir kennen oder treffen, hören sollte, was unser Kelch enthält. Im Gegenteil: es wäre taktlos, unklug, ja gefährlich, Menschen, auf die kein Verlaß ist und denen wir nicht vertrauen, unsere innersten Gedanken mitzuteilen. Solch ein Verhalten stiftet keine Gemeinschaft, sondern führt nur zu gegenseitiger Verlegenheit und vertieft unsere Schuld und Scham. Was wir hingegen brauchen, sind gute, mitfühlende Freunde, denen wir unser Herz öffnen können. Solche Freunde können uns die Lähmung nehmen, die Verborgen- und Geheimhalten hervorruft. Sie können uns einen sicheren Ort bieten, an dem wir unser innerstes Leid und unsere tiefste Freude aussprechen können; sie können uns durch ihre Liebe zu einer Konfrontation mit uns selbst führen und uns dadurch herausfordern, zu größerer geistlicher Reife zu gelangen.

Vielleicht wenden wir dagegen ein:»Ich habe keine solch vertrauenswürdigen Freunde und weiß auch nicht, wo ich sie finden kann.« Aber dieser Einwand entspringt unserer Furcht vor dem Trinken des Kelchs, den zu trinken Jesus uns einlädt.

Wenn wir bereit sind, das geistliche Abenteuer, unseren Kelch bis zur Neige zu trinken, ganz und gar einzugehen, werden wir bald entdecken,

3. Unsere Herzen öffnen

daß Menschen, die auf demselben Weg sind, uns Ermutigung, Freundschaft und Liebe anbieten. Ich weiß aus eigener, meist glücklicher Erfahrung, daß Gott denen gute Freunde schickt, die sich ihm ganz und gar zuwenden. Es ist jenes geheimnisvolle Paradox, von dem Jesus zu den Jüngern spricht, als ihn ein junger Mann fragte, was er tun müsse, um in das Reich Gottes zu kommen; jenes Paradox, daß, wenn wir um seinetwillen und um des Evangeliums willen diejenigen, welche wir lieben, verlassen, wir das Hundertfache dafür empfangen werden (vgl. Markusevangelium 10, 29f).

18: 110ff

Gottes Treue offenbaren

Alle menschlichen Beziehungen müssen, um wahrhaftig zu sein, ihren Ursprung in Gott finden und Zeugnis seiner Liebe sein. Eines der wichtigsten Merkmale der Liebe Gottes ist die Treue. Gott ist ein treuer Gott; ein Gott, der die göttliche Verheißung erfüllt und uns niemals fallen läßt. Gott erweist diese Treue Abraham und Sara, Isaak, Jakob und Rahel; er erweist sie Mose und Aaron und dem Volk Israel auf seinem Weg aus Ägypten in das verheißene Land. Doch Gottes Treue reicht weiter. Gott will nicht nur ein Gott *für* uns sein, sondern auch ein Gott *mit* uns, wie in Jesus Wirklichkeit geworden. Er ist der Immanuel, der mit uns geht, mit uns spricht und mit uns stirbt. Indem uns Gott Jesus, den Christus, sandte, wollte er uns die unerschütterliche Treue der göttlichen Liebe beweisen.

Doch nicht genug: Bei seinem Abschied sagt uns Jesus:»Ich werde euch nicht als Waisen zurücklassen ... ich werde den Vater bitten, und er wird euch einen anderen Beistand ... den Heiligen Geist senden« (Johannesevangelium 14, 18.16.26). Der Geist Jesu ist Gott *in* uns. Darin offenbart sich die Fülle der Treue Gottes. Durch Jesus gibt uns Gott den göttlichen Geist, damit wir ein gottähnliches Leben führen können. Der Geist ist der Atem Gottes. Er ist die innige Beziehung zwischen Jesus und seinem Vater. Er ist die göttliche Gemeinschaft und Gottes wirkende Liebe in uns.

Diese Treue bildet den Kern unseres Zeugnisses. Durch unsere Worte, doch vor allem durch unser Leben offenbaren wir der Welt Gottes Treue. Die Welt ist an Treue nicht besonders interessiert, denn Treue ist keine Hilfe, um Erfolg, Ansehen und Macht zu erringen. Jesus ruft uns aber auf, einander so zu lieben, wie er uns liebt. Damit ruft er uns zu Beziehungen unverbrüchlicher Treue auf, die nicht auf den pragmatischen Interessen der Welt, sondern auf Gottes unvergänglicher Liebe gründen.

Treue bedeutet offensichtlich nicht, sie zusammen bis zum bitteren Ende auszuhalten, was keine Widerspiegelung der Liebe Gottes wäre. Treue besagt, daß alle Entscheidungen, die wir in unserem gemeinsamen Leben treffen, von dem Bewußtsein geleitet sind, zu lebendigen Zeugen der Treue Gottes und seiner Gegenwart unter uns berufen zu sein. Und dies erfordert ein gegenseitiges Verpflichtetsein, das über jede formale Bindung weit hinausgeht. 31: 126

Eine Berufung der Familie

Das Geschenk des Alleinseins ermöglicht das Geschenk der Nähe. Der heilige Paulus sagt: »Bedenkt, was das Beste füreinander ist« (vgl. Philipperbrief 2, 4). Wenn wir gemeinsames Alleinsein leben – in Achtung vor Gottes liebendem Geist –, dann können wir in wirkliche Nähe zueinander treten, können wir das Beste nicht nur füreinander bedenken, sondern auch tun. Wenn Nähe nicht aus dem Freiraum des Alleinseins, sondern aus Angst vor Vereinsamung entsteht, entartet sie bald in gieriges, anklammerndes Inbesitznehmen ...

Wenn Mann und Frau die Erfüllung ihrer tiefsten Sehnsüchte voneinander erwarten, stellen sie unmenschliche Ansprüche aneinander, entwickelt sich daraus eine Beziehung, die erdrückt. Wenn Eltern ihre Kinder dazu benutzen, ihre unerfüllten Wünsche nach Zuneigung und Sympathie zu befriedigen, kerkern sie ihre Kinder ein und hindern sie daran fortzugehen, um ihr eigenes, einmaliges Leben zu gestalten. Wenn wir den anderen zu einem Gott erheben, machen wir uns selbst zu einem Teufel.

Ist Nähe aber im Alleinsein verwurzelt, werden wir zu Personen füreinander, zu Menschen, durch die etwas für den anderen *hindurchtönt* (was das lateinische Wort *personare* meint). Dann ermöglicht Nähe, eine Wahrheit *hindurchtönen* zu lassen, die weiter reicht, als wir erfassen, einen Frieden, der tiefer ist, als wir ergründen, und eine Liebe, die größer ist, als wir ermessen können. Dann werden wir zu Liebenden, die nicht versuchen, einander Erfüllung zu sein, sondern die den Wunsch haben, einander die alles erfüllende Liebe, die uns alle umfängt, durchtönen zu lassen. Aus alldem ergeben sich für Eltern weitreichende Konsequenzen. Eine Nähe, die aus dem freien Alleinsein erwächst, schafft bei Ehepartnern einen Raum, in dem wirkliche Bewegung möglich ist, ein Tanz stattfinden kann. In ihrer Nähe klammern sich die Ehepartner nicht aneinander, sondern bewegen sich nach vorn, zur Seite und schreiten weiter aus. Diese Art Nähe erlaubt es, gelegentlich zu schweigen, sich auch einmal zurückzuziehen, Abstand zu halten, krank und schwach zu sein. Sie läßt aber auch Beglückung, Freude und Sinnlichkeit zu, ermöglicht, daß sich Körper und Geist zum Ausdruck bringen, und schafft Augenblicke vollkommener Hingabe und seligen Einsseins ... In einer Nähe, die aus dem Alleinsein erwachsen ist, haben Verzückung und Schmerz ihren Platz und vertiefen die schöpferische Kraft des Zusammenlebens.

Doch nicht genug: Eine aus dem Alleinsein entstandene Nähe schafft nicht nur einen Raum, in dem die Partner sich frei bewegen und tanzen können, sondern auch einen Raum für andere, vor allem für Kinder. Die Nähe in der Ehe ist die Nähe, in die Kinder eintreten, in ihr aufwachsen und sich entwickeln und die sie einmal ohne Schuldgefühle verlassen können. Die Nähe in der Ehe erlaubt den Partnern, ihre Kinder als Gäste zu betrachten, die zu ihnen kamen – Gäste, die mit Freude, Staunen und voller Erwartung empfangen wurden; Gäste, die die Freiheit haben, ihre Talente zu entdecken und sie zu entfalten, Gäste, die sich wieder verabschieden können, wenn sie stark genug sind und den Wunsch haben zu gehen, um ihren Weg fortzusetzen. Eine aus dem Alleinsein entstandene Nähe bietet einen geheimnisvollen Raum, der weiter und breiter ist, als wir uns vorzustellen vermögen, jenen Raum, den Kinder, Freunde und Fremde furchtlos betreten können und in dem es keinen Anlaß zu Rivalität oder Eifersucht gibt. Es ist ein Raum, in dem sie zu alleinigem Selbstsein, zu ihrem eigenen innersten Ich finden können. Somit besteht das große Geheimnis familiärer Nähe darin, daß sie andere nicht ausschließt, vielmehr sie in diese Nähe hineinnimmt.

Deshalb ist ein gereiftes Familienleben ein gastfreundliches Leben. Zum Geheimnis der Liebe gehört, daß sie Raum schafft, nicht nur für die unmittelbaren Familienmitglieder, sondern auch für Fremde. Wenn es in einer Familie kein Alleinsein und keine Nähe gibt, gibt es in ihr auch keinen Platz für Fremde ... Herrscht in ihr aber Liebe, so öffnet sich ein weiter Raum für andere. Die Liebe unter den Mitgliedern einer Familie ist größer als diese selbst umfassen können. Sie überschreitet die Grenzen menschlichen Zusammenseins. Es ist eine göttliche Liebe, deren sichtbare Zeugen die Mitglieder einer solchen Familie geworden sind. Diese weite göttliche Liebe, die in der Familie offenbar wird, bietet daher Raum für Fremde. In dieser Liebe können Fremde zu Freunden, ja zu Mitgliedern der Familie werden. Daran sehen wir, daß die Familie in der Tat die Grundlage christlicher Gemeinschaft ist.   *28: 10 – 12*

MIT-LEIDEN

Vom Bedauern zum Mit-leiden

Mit-leiden ist etwas anderes als Mitleid haben oder Bedauern. Mitleid haben hat einen Anflug von Distanz, wenn nicht gar einen Hauch von Sich-Herablassen. Ich tue oft etwas, weil ich Mitleid habe: Ich gebe einem Bettler auf der Straße in Toronto oder New York etwas Geld, schaue ihm aber kaum in die Augen und wechsle mit ihm kein Wort. Ich habe es zu eilig, um einem Menschen, der mir die offene Hand hinhält, nähere Aufmerksamkeit zu schenken. Mein Geld ersetzt meine persönliche Aufmerksamkeit und entschuldigt mein Weitergehen.

Mit-leiden heißt, auf einen anderen, der leidet, zugehen und sich auf ihn einlassen. Wir können uns aber nur auf einen anderen Menschen einlassen, wenn wir bereit sind, dadurch selbst verwundbar zu werden. Ein mit-leidender Mensch sagt:»Ich bin dein Bruder, ich bin deine Schwester. Ich bin ein Mensch, habe Schwächen und bin sterblich genau wie du. Ich störe mich nicht an deinen Tränen, schrecke vor deiner Not nicht zurück. Auch ich habe geweint und Schmerz erfahren.« Wir können nur dann mit dem anderen sein, wenn der andere aufhört, ein»anderer« zu sein, und wird wie wir.

Daran mag es vor allem liegen, daß es uns manchmal leichter fällt, Mitleid zu zeigen, statt mit-zu-leiden. Der leidende Mensch fordert uns heraus, unser eigenes Leiden zur Kenntnis zu nehmen. Wie kann ich auf die

Einsamkeit eines anderen eingehen, wcnn mir die Beziehung zu meiner eigenen Einsamkeit fehlt? Wie kann ich einem behinderten Menschen beistehen, wenn ich mich weigere, meine eigene Behinderung zu sehen? Wie kann ich mich einem Armen zuwenden, wenn ich mir meine eigene Armut nicht eingestehen will?

Schaue ich auf mein eigenes Leben, so wird mir deutlich, daß die Augenblicke größter Freude und größten Trostes Gelegenheiten waren, bei denen mir jemand sagte:»Ich kann dir deine Qual nicht abnehmen und habe auch keine Lösung für dein Problem. Aber ich kann dir versprechen, daß ich dich nicht allein lassen und dir beistehen werde, solange und so gut ich kann.« Es gibt viel Trauer in unserem Leben, doch ist es ein großer Segen, wenn wir in unserer Trauer und unserem Schmerz nicht allein sein müssen. Darin liegt die Gabe des Mit-leidens.   *31: 102ff*

Die Last des Richtens

Stellen Sie sich einmal vor, Sie sähen keinen Grund mehr, über jemanden zu urteilen. Es dränge Sie nicht mehr zu entscheiden: Der oder die ist ein guter oder böser Mensch. Stellen Sie sich einmal vor, Sie seien vollkommen davon befreit, Ihre Meinung über das sittliche Verhalten eines anderen äußern zu müssen. Stellen Sie sich einmal vor, Sie brächten es fertig zu sagen:»Ich urteile über niemanden!«

Was meinen Sie? Wäre das nicht wahre innere Freiheit? Die Wüstenväter, die im 4. und 5. Jahrhundert in der ägyptischen Wüste lebten, sagten:»Über andere zu richten ist eine drückende Last.«

Es gab in meinem Leben ein paar kurze Abschnitte, in denen ich mich von allem Richten über andere frei fühlte. Dabei meinte ich, eine schwere Last losgeworden zu sein. Zugleich empfand ich eine große Liebe zu jedem, der mir begegnete, von dem ich hörte oder über den ich las. Ein Gefühl tiefer Solidarität mit allen Menschen und ein starkes Verlangen, sie zu lieben, brachte alle meine inneren Trennwände zum Einsturz und machte mein Herz so weit wie das Universum.

Einen solchen Augenblick erlebte ich nach einem siebenmonatigen Aufenthalt in einem Trappistenkloster. Ich war so sehr von Gottes Güte erfüllt, daß ich Güte sah, wohin ich auch ging, selbst hinter den Fassaden von

Gewalt, Zerstörung und Verbrechen. Ich hätte die Menschen am liebsten umarmt, den Lebensmittelhändler, die Blumenverkäuferin, den Schneider, bei dem ich einen Anzug bestellte. Sie alle erschienen mir wie Heilige. Wir alle haben solche Augenblicke, in denen wir für die Regungen des Geistes Gottes in uns offen sind. Sie sind wie ein leises Vorausahnen des Himmels, ein Erahnen von Schönheit und Frieden. Es ist nicht schwer, diese Augenblicke als Produkt unserer Träume und dichterischen Phantasie abzutun. Doch entschließen wir uns, sie als die Weise Gottes zu sehen, in der er uns auf die Schulter tippt und uns die tiefste Wahrheit unseres Daseins zeigt, werden wir nach und nach unser Bedürfnis, über andere zu richten, und unsere Neigung, jeden und alles zu bewerten, überwinden. Dann können wir zu wirklicher innerer Freiheit und Heiligkeit heranwachsen. *31:58f*

Christus sehen – ein Gebet

Herr Jesus, du sagst zu mir:»Was du für einen meiner geringsten Brüder getan hast, das hast du mir getan« (vgl. Matthäusevangelium 25, 40). Der Hungernde, der Dürstende, der Nackte, der Gefangenen, der Flüchtling, der von Angst Geplagte, der Sterbende, sie alle umgeben mich und zeigen mir dein gebrochenes Herz. Ich sehe dich, sooft ich durch die Straßen gehe, sooft ich das Fernsehen einschalte, sooft ich die Zeitung aufschlage, sooft ich einer Frau, einem Mann oder einem Kind, das zu mir kommt, Aufmerksamkeit schenke. Ich sehe dich, sooft sich mein Blick auf die Pein derer richtet, mit denen ich Tag für Tag lebe. Du bist ganz nah, näher als ich je wußte, ehe ich auf deine durchstochene Seite blickte. Du bist in dem Haus, in das ich gehöre, in meiner Straße, in der ich wohne, in meinem Land, in dem ich lebe. Du bist, wo ich gehe und wo ich stehe, wo ich schlafe und wo ich esse, wo ich arbeite und wo ich ausruhe. Du bist nie weit weg von mir.

Herr Jesus, das sind keine sentimentalen Gedanken. O nein ... du, der alle Menschen an sich zog, da du zu deiner Pein und deiner Herrlichkeit erhöht wurdest, du bleibst bei uns als der verwundete und auferstandene Herr. Wann immer ich dein gebrochenes Herz berühre, berühre ich die Herzen deiner gebrochenen Menschen; und wann immer ich die Herzen deiner gebrochenen Menschen berühre, berühre ich dein Herz. *12:53f*

Beten als Mit leiden

Oft habe ich zu Menschen gesagt:»Ich werde für Sie beten.«Aber wie oft habe ich mich tatsächlich auf die volle Wirklichkeit dessen eingelassen, was das bedeutet? Jetzt geht mir auf, wie ich wirklich tiefer in den andern eingehen und aus seiner Mitte heraus zu Gott beten kann. Wenn ich wirklich meine Freunde und die vielen, für die ich bete, in mein innerstes Sein hineinnehme und ihre Schmerzen, ihre Kämpfe, ihre Schreie in meiner eigenen Seele fühle, dann verliere ich sozusagen mich selbst und werde mit ihnen identisch, dann habe ich Mit-leid. Das Mit-leid macht den Kern unseres Gebets für unsere Mitmenschen aus. Wenn ich für die Welt bete, werde ich mit der Welt identisch; wenn ich für die endlosen Bedürfnisse der Millionen bitte, weitet sich meine Seele und möchte sie alle umspannen und in die Gegenwart Gottes stellen. Aber mitten in dieser Erfahrung erkenne ich, daß das Mit-leid nicht meine eigene Leistung, sondern ein Geschenk Gottes an mich ist. Ich kann die Welt gar nicht umspannen, aber Gott kann es. Ich kann gar nicht beten, aber Gott kann in mir beten. Als Gott so geworden ist, wie wir sind, das heißt, als Gott uns allen erlaubt hat, in sein innerstes Leben einzugehen, da ist es für uns möglich geworden, an seinem unendlichen Mit-leiden teilzunehmen.

Wenn ich für die andern bete, verliere ich mich selbst und werde mit den andern identisch, und so findet mich die göttliche Liebe bei ihnen, diese Liebe, die die ganze Menschheit in einer einzigen großen Umarmung des Mit-leids umfaßt. *13:135*

Der Weg des Dalai-Lama

Ich kenne nur wenige, die so viel Leid gesehen haben wie der Dalai-Lama. Als das religiöse und politische Oberhaupt Tibets floh er und mit ihm etwa siebzigtausend Tibeter nach einem Aufstand gegen die Besetzung seines Landes und gegen die chinesische Oberhoheit nach Indien, wo er seit 1959 im Exil lebt. Er mußte jahrelang mit ansehen, wie sein Volk systematisch umgebracht, gequält, unterdrückt und vertrieben wurde.

Doch ebenso kenne ich nur wenige, die so viel Freude und Frieden ausstrahlen. Das freundliche und entwaffnende Lächeln des Dalai-Lama ist

frei von Haß oder Bitterkeit gegenüber den Chinesen, die sein Land verwüsteten. Er sagt:»Die Chinesen sind auch Menschen, die kämpfen, um das Glück zu finden, und die unser Mit-leid verdienen.«
Wie ist es möglich, daß ein Mann, der so viel Verfolgung erleiden mußte, nicht von Zorn und Rachegelüsten beherrscht ist? Als man dem Dalei-Lama diese Frage stellte, erklärte er, daß er bei seiner Meditation alles Leiden seines Volkes wie auch das seiner Unterdrücker in die Tiefe seines Herzens eintreten lasse, um dort in Mit-leid verwandelt zu werden. Welch eine Herausforderung liegt darin! Während ich mich ängstlich frage, wie den Menschen in Bosnien, Südafrika, Guatemala und auch in Tibet geholfen werden kann, legt mir der Dalai-Lama nahe, alles Leiden der Völker dieser Erde im Mittelpunkt meines Seins zu sammeln, damit es dort gleichsam das Rohmaterial meiner mit-leidenden Liebe werden kann.
Ist es nicht auch der Weg, den Jesus uns zeigt? Kurz vor seinem Tod und seiner Auferstehung sagt Jesus:»Wenn ich über die Erde erhöht bin, werde ich alle zu mir ziehen«(vgl. Johannesevangelium 12, 32). Jesus nahm das Leid aller Menschen auf sich und machte es zu einem Geschenk des Mitleids an den Vater. Das ist der Weg, dem wir folgen sollen. *31: 46f*

Mein Haus ist dein Haus

Sobald wir im eigenen Herzen die Mitte unseres Lebens entdeckt und unser Alleinsein nicht als Schicksal, sondern als Aufgabe bejaht haben, können wir anderen Freiheit einräumen. Sobald wir unser Verlangen nach totaler Erfüllung aufgegeben haben, können wir leer sein für andere. Sobald wir arm geworden sind, können wir gute Gastgeber sein. Das Paradox der Gastfreundschaft besteht tatsächlich darin, daß die Armut die Schule ist, die uns zu guten Gastgebern macht. Die Armut versetzt unser Herz in die Lage, unsere Schutzwehr abzubauen und unsere Feinde in Freunde zu verwandeln. Wir können im Fremden nur so lange einen Feind sehen, wie wir etwas zu verteidigen haben. Aber wenn wir sagen:»Bitte, treten Sie ein – mein Haus ist Ihr Haus, meine Freude ist Ihre Freude, mein Schmerz ist Ihr Schmerz, und mein Leben ist Ihr Leben«, brauchen wir nichts mehr zu verteidigen, da wir nichts mehr zu verlieren, aber alles zu geben haben.
Wir halten die andere Wange hin, wenn wir unseren Feinden zeigen,

daß sie nur so lange unsere Feinde sein können, wie sie annehmen, wir klammerten uns mit aller Macht an unseren, wie auch immer gearteten, Privatbesitz: an unser Wissen, unseren guten Ruf, unser Grundstück, unser Geld oder die vielen Dinge, mit denen wir uns umgeben haben. Aber wer will uns denn berauben, wenn wir ihm alles, was er uns wegnehmen will, als unsere Gabe gönnen? Wer kann uns belügen, wenn ihm nur mit der Wahrheit gut gedient ist? Wer möchte sich durch die Hintertür bei uns einschleichen, wenn die Haustür offen steht? Die Armut ist die Schule, die uns zu guten Gastgebern macht. Diese überraschende Feststellung muß man näher erklären. Für den, der sich in Freiheit anderer annehmen will, sind zwei Arten von Armut besonders wichtig: die Geistesarmut und die Herzensarmut. *4: 97*

DANKBARKEIT

Alles ist Gnade

»Für alles Gute sind wir von Herzen dankbar ... Mit allem Schmerzlichen müssen wir uns einfach abfinden oder es zu vergessen suchen.« Die Haltung, die solch einer Feststellung zugrunde liegt, macht mir bewußt, wie oft wir dazu neigen, bei unserer Vergangenheit zwischen Gutem, an das wir uns dankbar erinnern, und Schmerzlichem, das wir wohl oder übel akzeptieren müssen und vergessen sollten, zu trennen. Nehmen wir diese Trennung jedoch vor, entwickeln wir im Nu eine Mentalität, bei der wir mehr gute als schlechte Erinnerungen zu sammeln hoffen, mehr Dankenswertes als Beklagenswertes, mehr Erfreuliches als Bedrückendes. Solch eine Denkweise, die auf den ersten Blick als ganz selbstverständlich erscheinen mag, hält uns jedoch davon ab, unsere ganze Vergangenheit als Quelle in Anspruch zu nehmen, aus der wir für unser Leben in der Zukunft schöpfen. Ist das die Dankbarkeit, zu der uns das Evangelium aufruft? ... Dankbarkeit ist nicht einfach eine Emotion oder eine sich nahelegende Haltung. Sie ist eine regelrechte Disziplin, die schwierige Übung, meine ganze Vergangenheit als den konkreten Weg stets in Anspruch zu nehmen, auf dem mich Gott bis zu diesem Augenblick geführt hat und mich in die

Zukunft gehen läßt. Sie ist eben deshalb schwierig, weil ich dabei herausgefordert werde, allem Schmerzlichen gegenüberzutreten – Erfahrungen der Ablehnung und des Verlassenseins, Gefühle von Verlust und Versagen –, um in ihnen nach und nach die beschneidende Hand Gottes zu entdecken, die mein Herz zu tieferer Liebe, stärkerer Hoffnung und größerem Glauben freilegt. Jesus sagt zu seinen Jüngern, daß sie – obwohl sie so eng mit ihm verbunden sind wie die Reben am Weinstock – dennoch beschnitten werden müßten, damit sie reiche Frucht brächten (vgl. Johannesevangelium 15, 1-5). Beschneiden, entfernen, befreien von allem, was das Wachstum hemmt ...

Dankbare Menschen können selbst das Schmerzliche des Lebens feiern, weil sie darauf vertrauen, daß die Frucht bei der Ernte zeigen wird, daß Beschneiden kein Schädigen, sondern bloß Auslichten bedeutete.

Ich komme mehr und mehr zu der Einsicht, daß die Aufforderung zur Dankbarkeit uns zu sagen einlädt: »Alles ist Gnade.« Ist unsere Dankbarkeit für das Vergangene nur ein Teil-Dank, wird unsere Hoffnung auf das Neue und Künftige nie vollständig sein ... Um für eine neue Aufgabe im Dienste Gottes wirklich bereit zu sein, um wirklich voller Freude einer neuen Berufung entgegenzusehen, um wirklich frei zu sein, neu ausgesandt zu werden, muß unsere ganze in die Weite eines bekehrten Herzens eingebrachte Vergangenheit zu einer Quelle der Kraft werden, die uns in die Zukunft treibt.   1: 39

Fruchtbarkeit

Dankbarkeit erwächst aus der Einsicht, daß alles, was ist, ein Geschenk Gottes ist, aus Liebe geboren und uns in Freiheit gegeben, so daß wir Dank sagen und mit anderen teilen dürfen.

Je mehr wir der intimen Liebe Gottes innewerden, die uns erschafft, erhält und führt, um so klarer erkennen wir die Fülle der Früchte, die aus dieser Liebe erwachsen. Es sind Früchte des Geistes: Freude, Frieden, Freundlichkeit, Güte, Sanftmut. Finden wir eine dieser Früchte, erfahren wir sie stets als Gabe. Wenn wir zum Beispiel eine gute Atmosphäre in der Familie genießen, friedliche Stimmung unter Freunden oder den Geist der Zusammenarbeit und gegenseitiger Hilfe in der Gemeinschaft, dann wissen wir intuitiv, daß wir selbst sie nicht hergestellt haben. Sie kann nicht »gemacht«, nicht imitiert oder übertragen werden. Neidischen Menschen, die gern unsere Freude und unseren Frieden besitzen möchten, können wir kein Rezept und keine Methode verraten, um sie herzustellen oder zu erwerben. Alles wird immer nur als Geschenk empfangen, auf das die einzig angemessene Antwort Dank ist.

Immer wenn wir aufrichtige Güte und Milde erfahren, wissen wir: es sind Geschenke. Sobald wir sagen: »Nun, sie wird ja dafür bezahlt, daß sie freundlich zu uns ist« oder »Er macht uns nur schöne Worte, weil er irgend etwas von uns will«, können wir diese Güte nicht mehr als Geschenk entgegennehmen. Wir leben davon, Geschenke zu empfangen und zu geben.

Das Leben verliert seine Dynamik und seine überströmende Fülle, wenn wir alles, was uns widerfährt, als das voraussagbare Ergebnis voraussagbarer Handlungen betrachten. Es verkommt zu einem Geschäft, zu einem ständigen Kaufen und Verkaufen, gleichgültig, ob es sich um materielle, ideelle oder geistliche Werte handelt. Ohne den Geist der Dankbarkeit verflacht unser Leben und wird stumpf und eintönig. Lassen wir uns jedoch immer wieder von neuen Offenbarungen des Lebens überraschen und hören nicht auf, zu lobpreisen und Gott und unseren Nächsten zu danken, dann können Routine und Eintönigkeit nicht um sich greifen. Dann werden alle Dinge des Lebens ein Grund, um Dank zu sagen. Fruchtbarkeit und Dankbarkeit können daher niemals voneinander getrennt werden. *14: 62f*

Eine Tugend

Früher dachte ich immer, Dankbarkeit sei eine spontane Antwort aus dem Bewußtsein heraus, etwas geschenkt bekommen zu haben. Aber jetzt wird mir klar, daß Dankbarkeit auch als eine eingeübte Haltung, als eine Tugend gelebt werden kann. Dankbarkeit als Tugend heißt sich ausdrücklich darum bemühen, anzuerkennen, daß alles, was ich bin und was ich habe, mir als eine Gabe der Liebe gegeben ist, als ein Geschenk, das ich voller Freude feiern kann.

Dankbarkeit als Tugend schließt eine bewußte Entscheidung ein. Ich kann mich entscheiden, dankbar zu sein, selbst wenn meine Empfindungen und Gefühle von verletztem und verbittertem Klagen durchtränkt sind. Es ist unglaublich, wie viele Gelegenheiten sich bieten, bei denen ich mich zu Dankbarkeit statt unzufriedener Klage entscheiden kann. Ich kann mich entscheiden, dankbar zu sein, wenn ich kritisiert werde, selbst wenn mein Herz noch mit Verbitterung reagiert. Ich kann mich entscheiden, über das Gute und Schöne zu sprechen, selbst wenn mein inneres Auge noch auf irgendeinen gerichtet ist, dem Vorwürfe zu machen sind, oder auf irgend etwas, was als häßlich zu bezeichnen ist. Ich kann mich entscheiden, auf die Stimmen zu hören, die vergeben, und auf die Gesichter zu schauen, die freundlich sind, selbst wenn ich noch Worte der Rache höre und Fratzen des Hasses sehe.

Immer gibt es die Möglichkeit, zwischen Verbitterung und Dankbarkeit zu wählen, weil Gott in meiner Finsternis erschienen ist, weil er mich gedrängt hat, nach Hause zu kommen, und weil er mit einer Stimme voller Zuneigung erklärt hat:»Du bist allezeit bei mir, und alles, was mein ist, ist dein.« In der Tat, ich kann mich entscheiden, in der Finsternis, in der ich stehe, zu bleiben und auf jene zu zeigen, die besser dran sind als ich, über das viele Unglück zu jammern, das mich in der Vergangenheit heimgesucht hat, und so mich selbst in Verbitterung einzuhüllen. Aber ich muß das nicht tun. Es besteht die Möglichkeit, in die Augen des einen zu schauen, der herauskam, um nach mir zu schauen, und in seinen Augen zu sehen, daß alles, was ich bin und was ich habe, reines Geschenk ist, das Dankbarkeit heischt.

Die Entscheidung zur Dankbarkeit vollzieht sich nicht immer ohne regelrechte Anstrengung. Aber jedes Mal, wenn ich es schaffe, wird die nächste Entscheidung etwas leichter, etwas freier, etwas weniger bewußt. Denn eine jede Gabe, die ich als geschenkt wahrnehme, macht eine weitere und diese wiederum eine weitere offenbar, bis sich schließlich selbst die gewöhnlichsten, selbstverständlichsten und scheinbar alltäglichsten Ereignisse oder Begegnungen als voll der Gnade erweisen. Ein estnisches Sprichwort sagt:»Wer für wenig nicht dankt, wird für viel nicht danken.« Dankendes Tun macht dankbar, weil es Schritt um Schritt enthüllt, daß alles Gnade ist. *23: 105*

4

Nähe und Ferne Gottes

Der Textauswahl dieses Abschnitts liegt die Frage zugrunde, warum die Manifestationen Gottes – als Vater, Christus und Heiliger Geist – manchmal anschaulich sind und manchmal verschwimmen. Wie können wir dieses scheinbare Hervortreten und Entschwinden verstehen?

Wir beginnen mit Texten, die die Überzeugung Henri Nouwens darlegen, daß die Geschichte Jesu auch unsere Geschichte ist. Dadurch ist die Wirklichkeit Jesu so faßbar wie unser eigenes Leben. Sein ganzes Priesterleben über lehnte Henri Nouwen den Gedanken ab, daß Jesus sich als ein besonderer, vollkommener Mensch absetzen wollte, der zu bewundern und als Ideal anzusehen sei. Vielmehr sei Jesu Geliebtsein von Gott auch unser Geliebtsein, seine vom Geist erfüllte Gemeinschaft auch unsere Gemeinschaft und seine »Prüfung durch die Feuersglut« (1. Petrusbrief 4, 12) ebenso unsere Prüfung. Ferner spreche Gott kraft des Heiligen Geistes durch uns, wie Gott durch Jesus gesprochen hat, und verleihe uns dasselbe ewige Leben. Gott sei in jeder Dimension unseres Lebens mit uns, selbst in unserer Furcht und in unseren Ängsten. Gott offenbare sich uns durch das Wort der Schrift, in der Musik, im Gebet, in vertrauensvoller Freundschaft und in der Natur. Und manchmal werde unser Leben auf so überraschende und begnadete Weise verwandelt, daß wir im Glauben wissen, Gott ist ganz nah.

Aber Henri Nouwen spricht auch von der Ferne Gottes, ja seiner scheinbaren Abwesenheit. Wenngleich die Geschichte Jesu unsere eigene Geschichte erhellt und unser wahres Ich offenbart, reicht Gott unendlich über uns hinaus und bleibt für uns ein Geheimnis. Gott ist weder vollständig zu begreifen, noch ist er direkt wahrzunehmen.

Wie Henri Nouwen in seinem Leben suchen auch wir manchmal Christus und können ihn nicht finden. Mit der Hervorhebung der Wiederkehr von Christi Abwesenheit und Gegenwart knüpft Henri an ein altes christliches Verständnis an, das im Alten Testament, insbesondere im Hohenlied, verwurzelt ist. Das Sehnen der Braut steht darin für unsere Seelen, die nach Gott, unserem Bräutigam, verlangen. Wir haben die tiefe, erfüllende Erfahrung des vollkommenen Einsseins mit dem Geliebten schon erahnt. Klopft der Geliebte an, gehen wir oft voller Hoffnung, Liebe und Erwartung an die Tür, nur um dann festzustellen, daß er gerade gegangen ist oder eine andere Gestalt angenommen hat. Christliche Theologen haben diese beiden unterschiedlichen Glaubenserfahrungen oft als kataphatische (das heißt durch Bilder) und apophatische (ohne Bilder) beschrieben. Und verschiedene christliche Theologen stuften die eine dieser Annäherungen an Gott höher ein als die andere. Henris Erfahrung hält die Waage zwischen beiden. Indem wir uns Gott anheimgeben, »lassen wir's gut sein und Gott machen«, ohne im voraus sicher wissen zu können, wie – oder ob überhaupt – Gottes liebende Gegenwart erfahrbar sein wird. Niemand vermag über Gott zu verfügen oder ihn vollständig zu kennen. Wahre Heiligkeit weht – wie der Wind –, wo sie will. Und der christliche Weg gleicht einem Tanz, der in und aus den zwei Dimensionen von greifbarer Wirklichkeit und Geheimnis gestaltet wird.

DIE GESCHICHTE JESU – UNSERE GESCHICHTE

Wie Jesus werden

Unser Leben ist dazu bestimmt, so zu werden wie das Leben Jesu. Jesu gesamtes Wirken dient der Absicht, uns ins Haus seines Vaters heimzuholen. Jesus ist nicht nur gekommen, um uns von den Fesseln der Sünde und des Todes zu befreien, sondern er wollte uns auch in die Intimität seines göttlichen Lebens einführen. Wir können uns nur schlecht vorstellen, was das bedeutet. Wir neigen dazu, vor allem den Abstand zwischen Jesus und uns zu betonen. Wir sehen in Jesus den allwissenden und allmächtigen Sohn Gottes, der in unerreichbarer Höhe über uns sündigen, gebrochenen menschlichen Wesen thront. Aber wenn wir so denken, vergessen wir, daß Jesus gekommen ist, um uns sein eigenes Leben zu schenken. Er ist gekommen, um uns in die Liebesgemeinschaft mit dem Vater emporzuheben. Nur wenn wir diese tiefgreifende Zielsetzung des Wirkens Jesu erfassen, erschließt sich uns, was es bedeutet, ein geistliches Leben zu führen. Alles, was Jesus ist und hat, wird uns angeboten, damit wir Anteil daran haben. Wir sollen all das tun, was Jesus getan hat.   *15: 33f*

Leben aus dem Geliebtsein

Als Jesus von Johannes im Jordan getauft wurde, hörte er eine Stimme vom Himmel, die sprach:»Das ist mein geliebter Sohn, an dem ich Gefallen gefunden habe«(Matthäusevangelium 3, 17). Diese Worte offenbaren die wahre Identität Jesu: er ist der vom Vater Geliebte ...

Jetzt weiß ich, daß die Worte, die zu Jesus während seiner Taufe gesprochen wurden, auch an mich und alle Brüder und Schwestern Jesu gerichtet sind. Meine Neigung zu Selbstablehnung und Selbstabwertung macht es mir schwer, die Wahrheit dieser Worte zu vernehmen und sie in mein Herz eindringen zu lassen. Aber sobald ich sie ganz erfaßt habe, bin ich vom Zwang befreit, mich der Welt beweisen zu müssen. Dann kann ich in ihr leben, ohne zu ihr zu gehören. Sobald ich die Wahrheit annehme, daß ich ein Kind Gottes bin und von ihm geliebt, bedingungslos geliebt, kann ich in die Welt gesandt werden, um wie Jesus zu sprechen und zu handeln.

Die große geistliche Aufgabe, die sich mir stellt, besteht darin, so uneingeschränkt darauf zu vertrauen, Gott zu gehören, daß ich in der Welt frei sein kann – frei, um zu sprechen, auch wenn meine Worte nicht gehört werden; frei, um zu handeln, auch wenn mein Tun kritisiert, belächelt oder als nutzlos angesehen wird; frei auch, um Liebe von Menschen zu empfangen und dankbar zu sein für alle Zeichen der Gegenwart Gottes in der Welt. Ich bin davon überzeugt, daß ich die Welt wahrhaft zu lieben vermag, wenn ich fest darauf vertraue, weit über ihre Grenzen hinaus geliebt zu sein.   *27: 50f*

Der Heilige Geist in uns

Jesus ist wie wir geworden, damit wir wie er würden. Er hielt seine Gottgleichheit nicht wie eine Beute für sich fest, sondern entäußerte sich selbst und wurde so wie wir (vgl. Philipperbrief 2, 6f), damit wir so wie er würden und Anteil bekämen an seinem göttlichen Leben. Diese völlige Umwandlung unseres Lebens ist das Werk des Heiligen Geistes. Die Jünger konnten fast gar nicht begreifen, was Jesus eigentlich wollte. Solange er im Fleisch unter ihnen anwesend war, erkannten sie noch nicht seine volle Gegenwart im Geist. Deshalb sagte Jesus:»Es ist gut für euch, daß ich weggehe. Denn wenn ich nicht weggehe, wird der Helfer nicht zu euch kommen. Wenn ich aber weggehe, werde ich ihn zu euch senden«(Johannesevangelium 16, 7)…

Deshalb erfährt die Sendung Jesu ihre Vollendung am Pfingsttag. An Pfingsten wird in aller Fülle sichtbar, was Jesus gewirkt hat. Der Heilige Geist kommt auf die Jünger herab und nimmt in ihnen Wohnung, und ihr Leben wird damit zu einem christusförmigen Leben umgewandelt. Es wird ein Leben, das die Züge der gleichen Liebe trägt, die zwischen dem Vater und dem Sohn west. So ist das geistliche Leben seinem Wesen nach ein Leben, das uns in den Rang von Teilhabern am göttlichen Leben emporhebt.

In das göttliche Leben des Vaters, des Sohnes und des Heiligen Geistes emporgehoben zu werden, bedeutet aber nicht, aus der Welt herausgenommen zu werden. Im Gegenteil: Gerade diejenigen, die ins geistliche Leben eingetreten sind, werden in die Welt ausgesandt, um das Werk, das Jesus begonnen hat, fortzusetzen und zu vollenden. Das geistliche Leben entfernt uns nicht von der Welt, sondern führt uns tiefer in sie hinein. Jesus sagt zu seinem Vater:»Wie du mich in die Welt gesandt hast, so habe auch ich sie in die Welt gesandt«(Johannesevangelium 17, 18). Er sagt ganz deutlich, daß seine Jünger gerade deshalb, weil sie nicht länger zur Welt gehören, *so* in der Welt leben können, wie er es getan hat. *15: 35f*

Eine Kommunion des Gleichseins

Kommunion mit Jesus bedeutet: so zu werden wie er. Mit ihm werden wir ans Kreuz genagelt, mit ihm ins Grab gelegt, mit ihm auferweckt, um verlorene Wanderer auf ihrem Weg zu begleiten. Die Kommunion, das Zu-Christus-Werden, führt uns in eine neue Seinswirklichkeit. Es geleitet uns in das Reich Gottes. Dort gibt es nicht mehr die früheren Unterscheidungen zwischen Glück und Traurigkeit, Erfolg und Versagen, Lob und Tadel, Gesundheit und Krankheit, Leben und Tod. Dort gehören wir nicht mehr zur Welt, die immer weiter nur aufspaltet, verurteilt, trennt und wertet. Dort gehören wir zu Christus und Christus zu uns und wir mit Christus zu Gott.   *19: 68*

GOTT MIT UNS

Einer von uns

Die eigentliche Frohbotschaft besagt, daß Gott kein ferner Gott ist, kein Gott, den man fürchten und meiden muß, kein Gott der Rache, sondern ein Gott, den unser Leid ergreift und der am Ringen der Menschen voll und ganz Anteil nimmt ... Gott ist ein mit-leidender Gott. Das heißt zuallererst, er ist ein Gott, der sich dafür entschieden hat, Gott mit uns zu sein ...

Sobald wir Gott »Gott mit uns« nennen, treten wir in eine neue, innige Beziehung zu ihm. Wenn wir ihn Immanuel nennen, bekennen wir damit unseren Glauben, daß er sich darauf eingelassen hat, solidarisch mit uns zu leben, unsere Freuden und Leiden mit uns zu teilen, unser Schutz und Schirm zu sein und die ganze Last des Lebens mit uns zu tragen. Der Gott-mit-uns ist ein eng mit uns verbundener Gott, ein Gott, den wir unsere Zuflucht, unsere Burg, unsere Weisheit und sogar noch inniger unseren Beistand, unseren Hirten und unsere Liebe nennen. Wir werden Gott nie wirklich als einen mit-leidenden Gott kennenlernen, wenn wir nicht mit Herz und Geist erfassen, daß »er unter uns gewohnt hat« (Johannesevangelium 1, 14).   *10: 28.21.23*

Obwohl wir uns selbst für Menschen halten, die Jesus nachfolgen möchten, werden wir oft durch die angstvollen Fragen verführt, die die Welt an uns richtet. Ohne es ganz zu merken, werden wir ängstliche, nervöse, sorgengeplagte Menschen, verstrickt in die Fragen ums Überleben: unser eigenes Überleben, das unserer Familien, Freunde und Kollegen, das Fortbestehen unserer Kirche, unseres Landes und unserer Welt. Eines Tages werden die ängstlichen Überlebensfragen zu den bestimmenden Fragen unseres Lebens. Wir sind geneigt, Worte, die aus dem Haus der Liebe gesprochen werden, als wirklichkeitsfremd, romantisch, sentimental, fromm oder einfach unnütz abzutun. Wenn die Liebe als Alternative zu Angst gezeigt wird, sagen wir:»Ja, das hört sich zwar wunderschön an, aber ...« Das »Aber« enthüllt, wie sehr wir im Zugriff der Welt leben, einer Welt, die Christen naiv nennt und»realistische« Fragen stellt:»Ja, aber was ist, wenn du alt wirst und niemand da ist, der dir hilft? Ja, aber was ist, wenn du deinen Arbeitsplatz verlierst und kein Geld hast, um für dich und deine Familie zu sorgen? Ja, aber was ist, wenn Millionen von Flüchtlingen in dieses Land kommen und die Bedingungen verändern, unter denen wir so lange gelebt haben?« ...

Sind wir so an ein Leben in Angst gewöhnt, daß wir taub für die Stimme geworden sind, die sagt:»Fürchtet euch nicht«? Diese beruhigende Stimme, die ein über das andere Mal wiederholt:»Fürchtet euch nicht, habt keine Angst«, ist die Stimme, die zu hören am meisten not tut. Diese Stimme wurde von Zacharias vernommen, als Gabriel, der Engel des Herrn, ihm im Tempel erschien und ihm sagte, daß seine Frau Elisabet einen Sohn gebären werde; diese Stimme wurde von Maria vernommen, als derselbe Engel in ihr Haus in Nazaret eintrat und ankündigte, daß sie empfangen, ein Kind gebären und es Jesus nennen werde; diese Stimme wurde auch von den beiden Männern vernommen, die zum Grab kamen und sahen, daß der Stein weggewälzt war.»Fürchtet euch nicht, fürchtet euch nicht, fürchtet euch nicht.« Die Stimme, die diese Worte sprach, klingt durch die ganze Geschichte als die Stimme der Boten Gottes, seien sie Engel oder Heilige. Es ist die Stimme, die eine ganz neue Weise des Daseins verkündet, ein Dasein im Haus der Liebe, im Haus Gottes.

Warum gibt es nicht länger einen Grund zur Angst? Jesus selbst beantwortet diese Frage bündig, als er sich den erschreckten Jüngern auf dem See wandelnd näherte: »Fürchtet euch nicht. Ich bin es« (Johannesevangelium 6, 20). Das Haus der Liebe ist das Haus Christi, der Ort, an dem wir in der Weise Gottes denken, sprechen und handeln können – nicht in der Weise einer angsterfüllten Welt.

14: 12ff

Engelsflügel

Allmählich entdecke ich in meinem Gebetsleben eine neue Dimension. Sie ist schwer zu beschreiben, aber ich empfinde sie wie eine Anwesenheit Gottes, Marias, der Engel und der Heiligen zu meinem Schutz auch bei allen Zerstreuungen, Ängsten, Versuchungen und meiner inneren Verwirrung.

War mein Beten auch nicht inständig oder tief, so habe ich mich diese Woche doch danach gesehnt, für längere Zeit zu beten. Es war schön, einfach im Halbdunkel der an das Mutterhaus der Vinzentinerinnen angebauten Kirche (in Freiburg im Breisgau) zu sitzen. Ich fühlte mich umgeben von Wohlwollen, Milde, Güte und Angenommensein. Es kam mir vor, als würden Engelsflügel mich beschirmen: eine bergende Wolke, die mich bedeckte und dort festhielt. Wenn dieses neue Erleben auch sehr schwer in Worte zu fassen ist, so spürt man sich vor den Gefahren einer verführerischen Welt beschützt. Aber dieser Schutz ist sehr sanft, behutsam und umsorgend. Keine Schutzmauer und kein Gitterzaun. Es ist eher wie eine Hand auf meiner Schulter oder ein Kuß auf meiner Stirn. Aber mag ich auch noch so abgesichert sein, ich werde nicht aus der Gefahrenzone genommen. Ich werde der verführerischen Welt nicht entrückt, werde dem Zugriff von Gewalt, Haß, Gelüsten und Begierden nicht entzogen. Ich spüre sie sogar mitten in meinem Sein, wo sie schrill meine ganze Aufmerksamkeit fordern. Sie sind rastlos und laut. Dennoch sind diese Hand, diese Lippen und diese Augen da, und ich weiß, daß ich geborgen bin, liebevoll gehalten und umsorgt, von den guten Geistern des Himmels beschützt werde.

So bete ich denn, während ich nicht weiß, wie man in rechter Weise beten soll. Ich bin still, während ich meine Rastlosigkeit spüre, in Frieden trotz der Anfechtung, geborgen trotz aller Sorgen, umgeben von einer lichten Wolke trotz der noch andauernden Finsternis, ein Liebender trotz meiner noch andauernden Zweifel.

22: 163f

Christus sehen heißt Gott und alle Menschen sehen. Dieses Geheimnis hat in mir ein brennendes Verlangen wachgerufen, das Antlitz Jesu zu sehen: Unzählige Bilder wurden im Lauf der Jahrhunderte geschaffen, um das Antlitz Jesu darzustellen. Manche haben mir geholfen, es zu sehen, andere nicht. Doch als ich Andrej Rublevs Christusikone sah, sah ich, was ich nie zuvor gesehen, und empfand ich, was ich nie zuvor empfunden hatte. Ich wußte im gleichen Moment, daß meine Augen auf ganz besondere Weise gesegnet worden waren.

Andrej Rublev malte seine Christusikone zu Beginn des 15. Jahrhunderts als Teil eines Ikonostas, den er für eine Kirche in der russischen Stadt Zvenigorod anfertigte. Aus diesem Grund wird die Ikone oft der »Erlöser von Zvenigorod« genannt.

Diese Erfahrung des Auge-in-Auge leitet uns in die Mitte des großen Geheimnisses der Menschwerdung. Wir können Gott sehen und am Leben bleiben! Wenn wir versuchen, unsere Augen auf die Augen Jesu zu heften, wissen wir, daß wir Gottes Augen sehen. Was für ein größeres Verlangen gibt es im Herzen der Menschen, als Gott zu sehen? Mit dem Apostel Philippus schreit unser Herz: »Herr, zeig uns den Vater; das genügt uns.« Und der Herr antwortet: »Wer mich gesehen hat, hat den Vater gesehen ... glaubst du nicht, daß ich im Vater bin und daß der Vater in mir ist?« (Johannesevangelium 14, 8ff). Jesus ist die vollständige Offenbarung Gottes, »das Ebenbild des unsichtbaren Gottes« (Kolosserbrief 1, 15). In die Augen Jesu schauen ist die Erfüllung unserer tiefsten Sehnsucht.

Es ist schwer, dieses Geheimnis zu erfassen, aber wir müssen versuchen zu erspüren, wie die Augen des fleischgewordenen Wortes in ihrem Blick wirklich alles umfassen, was man sehen kann. Die Augen von Rublevs Christus sind die Augen des Menschen – und Gottessohnes –, wie er in der Offenbarung des Johannes beschrieben wird. Sie sind wie Feuerflammen, die das Geheimnis des Göttlichen durchdringen. Sie sind die Augen dessen, dessen Licht leuchtet wie die Sonne in all ihrer Kraft und dessen Name heißt: das Wort Gottes (vgl. Offenbarung 1, 14; 2, 18; 1, 16; 19, 12f). Es sind die Augen dessen, der ist »Licht vom Licht, wahrer Gott vom wahren Gott, gezeugt nicht geschaffen, eines Wesens mit dem Vater, durch ihn ist alles geschaffen« (Glaubensbekenntnis von Nizäa). Ja, er ist das Licht, in dem alles geschaffen ist. Er ist das Licht des ersten Tages, als Gott das Licht sprach, es von der Finsternis schied und sah, daß es gut war (vgl. Genesis 1, 3). Er ist auch das Licht des neuen Tages, das in der Finsternis leuchtet, »und die Finsternis hat es nicht ergriffen« (Johannesevangelium 1, 5). »Er ist das wahre Licht, das jeden Menschen erleuchtet« (1, 9). Es erfüllt uns mit scheuer Ehrfurcht, in die Augen dessen zu blicken, der als einziger wahrhaft das Licht sieht und dessen Sehen nicht von seinem Wesen unterscheidet ...

Derjenige, der unaufhörlich die grenzenlose Güte Gottes sieht, kam in die Welt, sah sie in Stücke zerbrochen durch die Sünde der Menschen und wurde von Mitleid bewegt. Dieselben Augen, die in Gottes Herz schauen, sahen auch das Leid der Menschen und weinten (vgl. Johannesevangelium 11, 35). Diese Augen, die wie Feuerflammen lodern und Gottes eigenes Inneres durchdringen, enthalten auch Ozeane von Tränen über das Leid der Menschen aller Zeiten und Orte. Das ist das Geheimnis der Augen von Rublevs Christus.   *3: 49.59ff*

Gott sucht nach mir

Die meiste Zeit meines Lebens habe ich darum gekämpft, Gott zu finden, Gott zu erkennen, Gott zu lieben. Ich habe nach Kräften versucht, den Weisungen des geistlichen Lebens – unablässig beten, anderen dienen, die Heilige Schrift lesen – zu folgen und die vielen Versuchungen zu meiden, mich zu zerstreuen und zu verlieren. Viele Male habe ich versagt, aber immer wieder versucht, selbst wenn ich der Verzweiflung nahe war.

Jetzt frage ich mich, ob mir genügend bewußt war, daß in dieser ganzen Zeit Gott versucht hat, mich zu finden, mich zu erkennen und mich zu lieben. Die Frage ist nicht: »Wie kann ich Gott finden?«, sondern: »Wie kann ich mich von ihm finden lassen?« Die Frage ist nicht: »Wie kann ich Gott erkennen?«, sondern: »Wie kann ich mich von Gott erkennen lassen?« Und schließlich ist die Frage nicht: »Wie kann ich Gott lieben?«, sondern: »Wie kann ich mich von Gott lieben lassen?« Gott hält Ausschau nach mir in der Ferne; er sucht, um mich zu finden, und er sehnt sich danach, mich nach Hause zu bringen. In allen drei Gleichnissen, die Jesus als Antwort auf die Frage erzählt, warum er mit Sündern ißt, legt er allen Nachdruck auf die Initiative Gottes. Gott ist der Hirt, der sein verlorenes Schaf suchen geht. Gott ist die Frau, die eine Lampe anzündet, das Haus fegt und überall nach ihrem verlorenen Geldstück sucht, bis sie es gefunden hat. Gott ist der Vater, der seinen Kindern nachschaut und auf sie wartet, der hinausläuft, ihnen entgegen, der sie umarmt, ihnen gut zuredet, sie bittet und drängt, nach Hause zu kommen. Es mag seltsam klingen, aber Gott möchte mich ebenso, wenn nicht mehr, finden, wie ich Gott finden möchte. Ja, Gott braucht mich ebensosehr, wie ich Gott brauche. Gott ist nicht der Patriarch, der zu Hause sitzt, sich nicht von der Stelle rührt und erwartet, daß seine Kinder zu ihm kommen, sich für ihr Fehlverhalten entschuldigen, um Verzeihung bitten und versprechen, es besser zu machen. Im Gegenteil, er verläßt das Haus, er achtet nicht auf seine Würde, sondern rennt ihnen entgegen, hält sich nicht bei Entschuldigungen und Beteuerungen der Besserung auf und bringt sie an den reich für sie gedeckten Tisch.

Jetzt fange ich an, zu begreifen, wie radikal sich der Charakter meines geistlichen Weges ändert, wenn ich mir nicht mehr länger Gott vorstelle, als würde er sich verstecken und es mir möglichst schwierig machen, ihn zu finden; vielmehr ist er es, der nach mir sucht, während ich mich verstecke. *23: 126f*

Gott, unsere Mutter

Jedesmal, wenn ich den zeltartigen und flügelartigen Umhang auf Rembrandts Bild »Die Rückkehr des Verlorenen Sohnes« betrachte, spüre ich die Mütterlichkeit von Gottes Liebe, und mein Herz beginnt mit dem Psalmisten zu singen:

Wer im Schutz des Höchsten wohnt
und ruht im Schatten des Allmächtigen,
der sagt zum Herrn:
»Du bist für mich Zuflucht und Burg,
mein Gott, dem ich vertraue.«…
Er beschirmt dich mit seinen Flügeln,
unter seinen Schwingen findest du Zuflucht.

Und so taucht in der Gestalt eines alten jüdischen Patriarchen eine Gottmutter auf, die ihren Sohn zu Hause empfängt.

Wenn ich nun wiederum auf Rembrandts alten Mann schaue, der sich über seinen heimkehrenden Sohn beugt und seine Hände auf dessen Schultern legt, fange ich an, nicht nur einen Vater zu sehen, der »seinem Sohn um den Hals fällt«, sondern auch eine Mutter, die ihr Kind küßt, es mit der Wärme ihres Leibes umgibt und an den Schoß drückt, aus dem es hervorging. So wird die »Rückkehr des Verlorenen Sohnes« die Rückkehr in den Schoß Gottes, die Rückkehr zu den eigentlichen Ursprüngen des Seins.

Nun verstehe ich auch die gewaltige Stille dieser Darstellung von Gott besser. Hier ist keine Sentimentalität, keine Romantik, keine vereinfachende Geschichte mit Happy-End. Was ich hier sehe, ist Gott als Mutter; sie empfängt den wieder in ihrem Schoß, den sie nach ihrem eigenen Bild machte. Die fast erblindeten Augen, die Hände, der Umhang, der gebeugte Körper, alles ruft die mütterliche Liebe Gottes wach, die gezeichnet ist von Gram, Sehnsucht, Hoffnung und endlosem Warten.

In der Tat, das Geheimnis liegt darin, daß Gottes Mütterlichkeit in ihrem unendlichen Mit-Leiden sich auf ewig mit dem Leben ihrer Kinder verbunden hat. Sie hat sich frei dafür entschieden, von ihren Geschöpfen abhängig zu werden. Diese Entscheidung verursacht Herzensleid, wenn die Kinder sie verlassen; diese Entscheidung bereitet ihr Herzensfreude, wenn sie heimkehren. Aber ihre Freude ist nicht vollkommen, solange nicht alle, die Leben von ihr empfangen haben, nach Hause gekommen und um den Tisch versammelt sind, der für sie bereitet ist ...

Das Gleichnis vom Verlorenen Sohn ist die Geschichte einer Liebe, die da war, bevor irgendeine Ablehnung möglich war, und die noch dasein wird, nachdem alle Ablehnungen vergangen sind. Es ist die erste und immerwährende Liebe eines Gottes, der ebenso Vater wie Mutter ist.

23: 120f.129f

In dir, o Gott, finde ich alles – Gebet

Herr, hilf mir, meine Augen auf dich gerichtet zu halten. Du bist die menschgewordene Liebe Gottes, du bist die Offenbarung des unendlichen göttlichen Erbarmens, du bist die sichtbare Kundgabe der Heiligkeit des Vaters. Du bist Schönheit, Güte, Vergebung und Barmherzigkeit.

In dir findet sich alles. Außerhalb von dir kann nichts gefunden werden. Warum sollte ich anderswohin schauen und gehen? Du hast Worte des ewigen Lebens, du bist Speise und Trank, du bist der Weg, die Wahrheit und das Leben. Du bist das Licht, das in der Dunkelheit scheint, die Lampe auf dem Leuchter, die Stadt auf dem Berge. Du bist das vollkommene Abbild Gottes. In dir und durch dich kann ich den himmlischen Vater sehen, und mit dir kann ich den Weg zu ihm finden. Du Heiliger, Schönster, Herrlicher, sei du mein Herr, mein Heiland, mein Erlöser, mein Weggefährte, mein Tröster und mein Helfer, meine Hoffnung, meine Freude und mein Friede.

Dir möchte ich alles geben, was ich bin. Mach mich großmütig, nimm von mir meinen Kleinmut und meine Zaghaftigkeit. Laß mich dir alles schenken, alles, was ich habe, denke, tue und fühle. Es gehört dir, o Herr. Ich bitte dich und laß es ganz dein eigen sein. Amen.   *9: 38*

EIN VERBORGENER GOTT

Gegenwart in Abwesenheit

Gott befindet sich »jenseits«, jenseits unseres Herzens und Geistes, jenseits unserer Gefühle und Gedanken, jenseits unserer Erwartungen und Wünsche und jenseits aller Ereignisse und Erfahrungen, die unser Leben ausmachen. Und doch ist er mittendrin. Hier berühren wir das Herzstück des Gebets; denn hier zeigt sich, daß im Gebet der Unterschied zwischen Gottes Nähe und Gottes Ferne eigentlich kein Unterschied mehr ist. Im Gebet trennt man Gottes Nähe nie von seiner Ferne, und Gottes Ferne trennt man nie von seiner Nähe. Seine Nähe liegt so weit jenseits der Erfahrung menschlichen Miteinanders, daß man sie sehr wohl als Ferne empfinden kann. Seine Ferne empfindet man andererseits oft so tief, daß sie zu einem neuen Empfinden für seine Nähe führt. Psalm 22, 2–6 bringt dies deutlich zum Ausdruck:

4. Nähe und Ferne Gottes

Mein Gott, mein Gott, warum hast du mich verlassen,
bist fern meinem Schreien, den Worten meiner Klage?
Mein Gott, ich rufe bei Tag, doch du gibst keine Antwort;
ich rufe bei Nacht und finde doch keine Ruhe.
Aber du bist heilig, du thronst über dem Lobpreis Israels.
Dir haben unsre Väter vertraut, sie haben vertraut,
und du hast sie gerettet.
Zu dir riefen sie und wurden befreit,
dir vertrauten sie und wurden nicht zuschanden.

Dieses Gebet ist nicht nur der Ausdruck dessen, was das Volk Israel erlebt hat, sondern auch der Gipfel der christlichen Erfahrung. Als Jesus am Kreuz diese Worte aussprach, berührten einander darin völlige Verlassenheit und totale Ergebenheit. In jenem Augenblick der vollständigen Leere war alles erfüllt. In jener Stunde der Finsternis zeigte sich neues Licht. Was sich den Augenzeugen als Tod darstellte, war die Behauptung des Lebens. Wo Gottes Ferne ihren lautesten Ausdruck fand, hat sich die tiefste Offenbarung seiner Nähe ereignet.

Als Gott selbst in seinem Menschsein in unsere schmerzlichste Erfahrung der Gottesferne einging, kam er uns am nächsten. Das ist das Geheimnis, in das wir beim Beten eingehen. *4: 122f*

Von Geheimnis zu Geheimnis

Unser aller Leben bewegt sich zwischen zwei Zonen des Unbekannten, der Finsternis. Bei unserer Geburt kommen wir zögernd aus einer Finsternis, bei unserem Sterben gleiten wir langsam in eine andere Finsternis: in die des Todes. Wir bewegen uns von Staub zu Staub, von Unbekanntem in Unbekanntes, von Geheimnis zu Geheimnis. Wir versuchen, uns auf dem dünnen Drahtseil des Lebens in der Balance zu halten. Unser Leben ist zwischen zwei absolute Endpunkte gespannt, die wir niemals gesehen und nie begriffen haben. Wir sind umgeben von der Wirklichkeit des Unsichtbaren; es umhüllt jede Einzelheit unseres Lebens mit einem Element des Unheimlichen, schenkt aber unserem Leben zugleich etwas Kostbar-Geheimnisvolles. *26: 140*

Jesus ist der verborgene Gott. Er wurde Mensch inmitten eines kleinen, unterdrückten Volkes, in ärmlichen Verhältnissen. Er lebte in einem kleinen, unbekannten Dorf und zog drei Jahre lang mit ein paar Fischern aus Galiläa als Prediger von Ort zu Ort. Er wurde von den Machthabern seines Landes verachtet und schließlich auf schändliche Weise zwischen zwei Verbrechern hingerichtet.

Es gibt wenig Aufsehenerregendes in diesem Leben. Wenn Du Dich etwas näher mit den Wundern beschäftigst, die Jesus wirkte, wirst Du feststellen, daß er die Menschen nicht deshalb heilte oder zum Leben erweckte, um bekannt zu werden. Häufig verbot er ihnen sogar, darüber zu sprechen. Und selbst seine Auferstehung geschah im Verborgenen. Nur seine Jünger und einige der Frauen und Männer, die ihn vor seinem Tod gut gekannt hatten, haben ihn als den auferstandenen Herrn gesehen.

Man kann sich heute, da das Christentum eine der großen Weltreligionen geworden ist und Millionen von Menschen den Namen Jesus Christus täglich aussprechen, kaum vorstellen, daß Jesus Gott in der Verborgenheit offenbart hat. Weder das Leben Jesu noch sein Tod und seine Auferstehung zielten darauf hin, die Menschen mit der Allmacht Gottes zu überrumpeln. Gott ist ein kleiner, verborgener, fast unsichtbarer Gott geworden.

Es fällt mir immer wieder auf, daß wir überall dort, wo das Evangelium Jesu Frucht trägt, auf diese Verborgenheit stoßen. Die großen Christen der Geschichte waren immer kleine, bescheidene Menschen, welche die Verborgenheit suchten. Der heilige Benedikt verbarg sich im Tal Subiaco, Franziskus in den Carceri außerhalb von Assisi, Ignatius in der Grotte von Manresa und die kleine Therese im Karmel von Lisieux. Immer, wenn von Heiligen die Rede ist, entdeckt man eine große Sehnsucht nach dieser Verborgenheit. Wir vergessen es leicht, doch auch Paulus zog sich zwei Jahre lang in die Wüste zurück, bevor er zu predigen begann.

Viele große Geister verloren ihre schöpferische Kraft durch eine zu frühe oder zu schnelle Bekanntheit. Wir wissen und spüren es, und doch übersehen wir dies oft, weil unsere Welt weiterhin den großen Irrtum verkündet, daß ein Veilchen, das im Verborgenen blüht, weder beachtet noch geliebt wird. Wenn Du den Mut hast, Dich auf Deine Eingebung zu verlassen, und Dir dadurch eine Portion gesunder Skepsis gegenüber den Werbesprüchen unserer Welt bewahrst, wirst Du vielleicht die verborgene Gegenwart Gottes eher erkennen ...

Betrachtet man aber Jesus, der gekommen ist, um uns Gott zu offenbaren, sieht man, daß er gerade alle Popularität meidet. Jesus weist immer wieder darauf hin, daß Gott sich im Verborgenen offenbart. Das mag zwar ziemlich paradox klingen, doch akzeptierst Du dies, ja wagst Dich in dieses Paradox hinein, betrittst Du den Weg des geistlichen Lebens.　*17: 102f.104*

Die verborgene Auferstehung

Es dürfte in der Weltgeschichte kein Ereignis von solcher Bedeutung geben, das gleichzeitig so unauffällig geblieben ist, wie die Auferstehung. Die Welt hat nichts davon gemerkt; nur die wenigen, denen Jesus sich zeigen wollte und die er in die Welt hinausschicken wollte, damit sie ihr so wie er die Liebe Gottes verkünden, haben davon etwas mitbekommen.

Ich halte es für sehr bedeutsam, daß die Auferstehung Jesu derart verborgen geblieben ist. Obwohl diese Auferstehung der Eckstein meines Glaubens ist, kann ich sie nicht als Argument und Mittel ins Feld führen, um etwas zu beweisen, und nicht einmal, um in Menschen Zuversicht zu wecken. Wenn ich zu Sterbenden sagen würde:»Hab keine Angst. Gleich nach deinem Tod wirst du genau wie Jesus auferstehen. Du wirst all deine Lieben wiedersehen und für immer in der Gegenwart Gottes selig sein«, dann käme mir das vor, als würde ich den Tod nicht richtig ernst nehmen und gleichzeitig unterstellen, nach dem Tod sei alles wieder ungefähr gleich wie vorher, nur daß alles Schwere ausgeschaltet sei. Auch das Sterben Jesu würde ich dann nicht richtig ernst nehmen. Er hat ja schließlich seinen Tod nicht leicht genommen, so als handle es sich nur um einen unerläßlichen, aber schnellen Durchgang zu einem besseren Leben. Außerdem würde ich damit auch den Sterbenden nicht ernst nehmen, der wie wir ganz und gar nicht weiß, was jenseits unserer Zeit-und Raum-Verfaßtheit nun wirklich auf uns wartet.

Man kann unsere Fragen um das Sterben und den Tod nicht kurz und bündig mit dem Hinweis auf die Auferstehung lösen. Die Auferstehung stellt nicht das glückliche Ende unseres Lebenskampfes dar, noch die große Überraschung, die Gott für uns bereithält. Nein, die Auferstehung ist der Erweis von Gottes Treue zu Jesus und zu allen seinen Kindern.

Die Auferstehung ist die Weise, wie Gott uns die Wahrheit offenbart, daß nichts und niemand, der ihm gehört, jemals verworfen wird. Ja, was Gott gehört, geht niemals verloren, nicht einmal unser sterblicher Leib! Daher bietet uns die Auferstehung keine Antwort auf irgendeine unserer neugierigen Fragen über das Leben nach dem Tod, wie etwa: »Wie wird das sein? Wie wird das aussehen?« Hingegen offenbart sie uns, daß die Liebe tatsächlich stärker als der Tod ist. Haben wir diese Offenbarung erfaßt, bleibt uns nur, still zu werden und alles »Warum, wo, wie und wann« bleiben zu lassen und schlicht zu vertrauen.   *8: 119ff*

Läuternde Erfahrung der Ferne Gottes

Das Geheimnis der Gottesnähe kann man durch die tiefe Erfahrung seiner Ferne berühren. Mitten in unserer Sehnsucht nach dem fernen Gott entdecken wir seine Spuren und stellen fest, daß unser Verlangen, Gott zu lieben, aus der Liebe stammt, mit der er uns berührt hat. Im geduldigen Warten auf den Geliebten geht uns auf, wie sehr er unser Leben schon erfüllt hat. Ganz wie die Liebe einer Mutter zu ihrem Sohn noch tiefer werden kann, wenn er in weiter Ferne ist, ganz wie die Kinder ihre Eltern erst richtig schätzenlernen können, wenn sie nicht mehr zu Hause sind, ganz wie Liebende einander während langer Trennungszeiten wiederentdecken können, so kann unser inniges Verhältnis zu Gott durch die läuternde Erfahrung seiner Ferne tiefer und reifer werden. Wenn wir unserer Sehnsucht Gehör schenken, hören wir Gott, der sie geschaffen hat. Wenn wir unsere Stille ganz in der Tiefe berühren, spüren wir, daß liebevolle Hände uns berührt haben. Wenn wir aufmerksam auf unser unendliches Liebesverlangen achten, wird uns immer deutlicher bewußt, daß wir nur lieben können, weil man uns zuerst geliebt hat, und daß wir nur deshalb unser Herz anbieten können, weil wir aus Gottes eigenem tiefstem Herzen stammen.

In unserer brutalen Zeit, in der die Vernichtung von Menschenleben so um sich greift und die offenen Wunden der Menschheit so deutlich sichtbar sind, ist es sehr schwer, die Gotteserfahrung einer läuternden

Ferne hinzunehmen und unser Herz offenzuhalten, um Gott in aller Ehrfurcht und Geduld den Weg zu bereiten. Wir sind versucht, nach Sofortlösungen zu greifen, anstatt die Berechtigung der Fragen einmal zu überprüfen. Unsere Neigung, jedem Angebot Glauben zu schenken, das schnelle Heilung verspricht, ist so groß, daß es nicht überrascht, wenn allenthalben die Schilderungen innerer Erlebnisse wie Pilze aus dem Boden schießen und sich im Handel großer Nachfrage erfreuen. Viele Menschen strömen nur so zu Stätten und Personen, die ein intensives Gemeinschaftserlebnis, Läuterung der Gefühle durch Spaß und gute Laune und Befreiung verheißen durch beseligende Ekstase. Bei unserem Bedürfnis nach Erfüllung um jeden Preis und unserer rastlosen Jagd nach intimer Gotteserfahrung sind wir nur zu sehr geneigt, uns die Ereignisse unseres geistigen Lebens selbst zu basteln. In unserer ungeduldigen Zivilisation ist es wirklich sehr schwierig geworden, im Warten überhaupt noch das Heil zu entdecken.

Aber dennoch ... ist Gott, der das Heil bringt, kein Geschöpf von Menschenhand. Er ist größer als unsere psychologischen Unterscheidungen zwischen »schon« und »noch nicht«, Ferne und Nähe, Aufbruch und Wiederkehr.   *4: 124f*

Größer als unser Verstand

Gott ist nicht zu verstehen; er läßt sich nicht vom menschlichen Geist erfassen. Die Wahrheit entzieht sich unserer menschlichen Fassungskraft. Der einzige Weg, ihr näher zu kommen, besteht darin, uns ständig vor Augen zu halten, daß unser menschliches Fassungsvermögen so begrenzt ist, daß es die Wahrheit nicht »besitzen« oder »festhalten« kann. Wir können weder Gott noch seine Gegenwart in der Geschichte erklären. Sobald wir Gott mit einem ganz bestimmten Ereignis oder einer bestimmten Situation identifizieren, spielen wir Gott und entstellen die Wahrheit. Wir können nur treu zu unserer Überzeugung stehen, daß Gott uns nicht verlassen hat, sondern daß sein Ruf an uns mitten in all den unerklärlichen Widersinnigkeiten unseres Lebens ergeht. Es ist sehr wichtig, sich dessen tief bewußt zu werden. Sonst besteht die große und heimtückische Versuchung, sich selbst oder anderen einzureden, daß Gott an bestimmten Orten handelt und an anderen nicht, daß er da und da anwesend ist, und da und da nicht; doch niemand, kein Christ, kein Priester, kein Mönch, kennt Gott auf eine ganz »spezielle« Weise. Gott läßt sich nicht durch irgendeinen menschlichen Begriff oder eine Voraussage einschränken. Er ist größer als unser Verstand und als unser Herz, und er ist vollkommen frei, sich selbst zu offenbaren, wo und wann er will. *13: 128*

Eine Stunde des Gebets

Jeden Morgen um 6.45 Uhr gehe ich in das kleine Kloster der Karmelitinnen, um eine Stunde zu beten und zu betrachten. Ich sage »jeden Morgen«, aber es gibt auch Ausnahmen. Erschöpfung, zuviel Arbeit und Dinge, die mir Sorge machen, müssen oft als Grund herhalten, nicht zu gehen. Doch ohne diese eine Stunde am Tag für Gott verliert mein Leben den Zusammenhalt, und ich empfinde meine Tage als Aneinanderreihung von blinden Zufällen und unvorhergesehenen Ereignissen.

Ich weiß, daß meine Stunde in der Kapelle des Karmels wichtiger ist, als ich je bis ins letzte einsehen kann. Sie ist keine Stunde der Versenkung ins Gebet, auch keine Zeit, in der ich mich Gott besonders nahe fühle; sie ist kein Verweilen in ernstlicher Hinwendung zu den Geheimnissen Gottes. Wäre sie das doch! Im Gegenteil, sie ist voller Ablenkung, innerer Unruhe, Schläfrigkeit, Verwirrung und Langeweile. Meinen Sinnen ist sie, wenn überhaupt, nur selten angenehm. Aber schon die Tatsache, eine Stunde in der Gegenwart des Herrn zu weilen und ihm alles zu zeigen, was ich meine, denke, spüre und empfinde, ohne etwas vor ihm verstecken zu wollen, muß ihm Freude machen.

Irgendwie und irgendwo weiß ich, daß er mich liebt, sogar obgleich ich diese Liebe nicht so spüre, wie ich die Umarmung eines Menschen spüren kann, sogar obgleich ich keine Stimme vernehme, wie ich Menschenworte höre, die mir Trost zusprechen, sogar obgleich ich kein Lächeln sehe, wie ich es im Gesicht eines Menschen sehen kann. Und doch spricht der Herr zu mir, schaut er mich an und umarmt mich, da, wo ich es noch nicht wahrnehmen kann. Seine Gegenwart kann ich nur daran erkennen, daß es mich so merkwürdig immer wieder in diese stille Kapelle zieht, um dort zu verweilen, ohne eigentlich etwas davon zu haben. Ja, ich stelle fest, vielleicht auch nur im Rückblick, daß meine Tage und Wochen ganz andere Tage und Wochen sind, wenn diese regelmäßigen »nutzlosen« Besuchszeiten sie miteinander verbinden.

Gott ist größer als meine Sinne, größer als meine Gedanken, größer als mein Herz. Ich glaube fest, daß er mich an Stellen berührt, die ich nicht einmal kenne. Diese Stellen kann ich nur selten angeben; aber wenn ich diesen inneren Zug verspüre, wieder zu der Gebetsstunde in der Verborgenheit zu gehen, wird mir klar, daß etwas ganz Tiefes im Gange ist, so tief, daß es zum Flußbett wird, durch das die Wasser unbehelligt fließen und ihren Weg ins offene Meer finden können. *32: 103f*

5

Zusammengerufen

In der Gemeinschaft lauschen wir zusammen in unserem Innern auf die Stimme, die uns Geliebte nennt, um dann einander zu ermutigen, das Risiko der Liebe in der Welt einzugehen und dieses Geliebtsein anderen erfahrbar zu machen.

Henri Nouwen schätzte die um den Tisch zur Feier der Eucharistie versammelte Gemeinschaft. Er verwies auf die Kirche als den Leib Christi, eine Gemeinschaft Heiliger, die Zeit und Raum überschreitet. Diese größere Gemeinschaft hatte ihre Sorgen, Schwächen und Mängel; und indem Henri Nouwen für eine loyale und engagierte Zugehörigkeit zur römisch-katholischen Kirche eintrat, lud er ihre Mitglieder zugleich ein, ihr mit Umsicht anzugehören: *in* ihr, aber nicht *von* ihr zu sein. Wir sind nie davon befreit, genau und mit Scharfsinn dem dynamischen, sich wandelnden Christus in uns und in unseren Gemeinschaften zu lauschen.

EUCHARISTIE

Mitverantwortung übernehmen

Das Wort »Eucharistie« heißt genau übersetzt: »Akt der Danksagung«. Die Eucharistie zu feiern und ein eucharistisches Leben zu führen hat also sehr viel mit Dankbarkeit zu tun. Eucharistisch leben heißt das Leben als Geschenk leben, als Geschenk, für das man dankbar ist. Aber Dankbarkeit ist offensichtlich nicht die naheliegendste Reaktion auf das Leben, zumal dann nicht, wenn wir das Leben als eine Abfolge von Verlusten erfahren! Trotzdem: das große Geheimnis, das wir in der Eucharistie feiern und in einem eucharistischen Leben verwirklichen, ist genau dies: aus der Trauer über unsere Verluste lernen, daß das Leben ein Geschenk ist. Die Schönheit und Kostbarkeit des Lebens ist ganz und gar mit seiner Zerbrechlichkeit und Sterblichkeit verwoben. Wir können das tagtäglich erfahren – wenn wir eine Blume in die Hand nehmen, wenn wir einen Schmetterling in der Luft tanzen sehen, wenn wir einen Säugling liebkosen. Immer sind dabei die Zerbrechlichkeit und das Beschenktsein im Spiel, und unsere Freude hängt mit beidem zusammen.

Jede Eucharistiefeier beginnt mit einem Schrei um Gottes Erbarmen. Vermutlich gibt es in der Geschichte der Christenheit kein anderes Gebet, das so oft und so inständig gebetet worden ist wie das Gebet: »Herr, erbarme dich.« Dieses Gebet eröffnet nicht nur alle eucharistischen Feiern des Westens, sondern durchtönt als andauernder Ruf alle östlichen Liturgien. Herr, erbarme dich, Kyrie eleison, Gospodi pomiluj. Das ist der Schrei des Volkes Gottes, der Schrei der Menschen mit einem zerknirschten Herzen.

Zu diesem Schrei um Erbarmen sind wir nur dann fähig, wenn wir bereit sind, einzugestehen, daß wir selbst irgendwie und irgendwo mitschuldig geworden sind an unseren Verlusten. Im Rufen um Erbarmen geben wir zu, daß wir der Wahrheit über uns selbst nicht ganz gerecht werden, wenn wir nur Gott, der Welt oder anderen die Schuld dafür geben, was wir verloren haben. Sobald wir bereit sind, die Verantwortung für unseren Schmerz – selbst wenn wir ihn nicht direkt verschuldet haben – zu übernehmen, wird aus dem Vorwurf die Anerkenntnis, daß wir unser Teil zur Gebrochenheit des Menschen beitragen ...

Die Voraussetzung dafür, daß wir die Eucharistie fruchtbar feiern, ist, daß wir mit beiden Beinen fest in dieser Welt stehen und unsere Mitverantwortung für das Böse übernehmen, das uns umgibt und durchdringt. Solange wir bei unserem Jammern verharren, bei unserem Klagen über die schlimmen Zeiten, in denen wir leben, über die furchtbaren Dinge, die geschehen, über das schreckliche Schicksal, das wir ertragen müssen, gelangen wir nicht bis zur Zerknirschung ...

Bei genauem Hinsehen sind die Konflikte in unserem persönlichen Leben genau wie die Konflikte auf regionaler, nationaler oder globaler Ebene unsere eigenen Konflikte. Nur wenn wir unsere Mitverantwortung dafür anerkennen, können wir sie überwinden – und uns für ein Leben des Verzeihens, des Friedens und der Liebe entscheiden.

Das Kyrie eleison, das »Herr, erbarme dich«, muß einem zerknirschten Herzen entspringen. Im Gegensatz zu einem verhärteten Herzen klagt ein zerknirschtes Herz nicht an, sondern gibt seinen eigenen Anteil an der Sündhaftigkeit dieser Welt zu und ist dadurch imstande, den Tau des Erbarmens Gottes zu empfangen. *19: 24ff. 26f*

Gott mit uns

Die Eucharistie ist die alltäglichste und zugleich göttlichste Geste, die man sich vorstellen kann. Das ist die Wahrheit Jesu. So menschlich, und doch so göttlich; so vertraut, und doch so geheimnisvoll; so nah, und doch so Unbegreifliches offenbarend. Aber das ist die Geschichte Jesu. »Er war Gott gleich, hielt aber nicht daran fest, wie Gott zu sein, sondern er entäußerte sich und wurde wie ein Sklave und den Menschen gleich. Sein Leben war das eines Menschen; er erniedrigte sich und war gehorsam bis zum Tod, bis zum Tod am Kreuz« (Philipperbrief 2, 6ff). Das ist die Geschichte Gottes, der uns ganz nah kommen möchte, so nah, daß wir ihn mit eigenen Augen sehen, mit eigenen Ohren hören, mit eigenen Händen berühren können; so nah, daß nichts zwischen uns und ihm ist, nichts, was uns trennt, nichts, was entzweit, nichts, was Abstand schafft. Jesus ist Gott-für-uns, Gott-mit-uns, Gott-in-uns. Jesus ist Gott, der sich selbst vollständig gibt. Jesus hält das, was er besitzt, nicht fest, er klammert sich nicht daran. Er gibt alles, was er geben kann. »Eßt, trinkt, das ist mein Leib, das ist mein Blut ... das bin ich für euch!«

Wir alle kennen diesen Wunsch, uns selbst bei Tisch zu geben. Wir sagen: »Eßt und trinkt, es ist für euch da. Nehmt noch mehr, es ist dazu da, daß ihr es genießt, daß es euch stärkt, ja daß ihr spürt, wie sehr ich euch liebe!« Wir sehnen uns im Grunde nicht nur danach, Essen zu geben, sondern uns selbst zu geben. »Sei mein Gast!« sagen wir, und indem wir unseren Freund ermuntern, an unserem Tisch zuzugreifen, wollen wir sagen: »Sei mein Freund, sei mein Gefährte, sei meine Liebe – sei Teil meines Lebens – ich möchte mich dir selbst geben.« In der Eucharistie gibt Jesus alles. Das Brot ist nicht nur ein Zeichen seines Wunsches, unsere Nahrung zu werden, der Becher ist nicht nur ein Zeichen seiner Bereitschaft, unser Trank zu sein. Brot und Wein *werden* im Geben sein Leib und sein Blut. Ja, das Brot ist sein Leib, gegeben für uns, der Wein ist sein Blut, vergossen für uns. So wie Gott für uns in Jesus voll und ganz gegenwärtig wird, so wird

Jesus für uns im Brot und Wein der Eucharistie voll und ganz gegenwärtig. Gott ist nicht nur vor vielen Jahren in einem fernen Land Fleisch geworden. Gott wird auch für uns in diesem gegenwärtigen Augenblick der Eucharistiefeier Speise und Trank, dort, wo wir miteinander um den Tisch versammelt sind.

Gott hält nichts zurück, Gott gibt alles. Das ist das Geheimnis der Fleischwerdung und auch das Geheimnis der Eucharistie. Fleischwerdung und Eucharistie sind die beiden Ausdrucksformen der unermeßlichen, sich selbst gebenden Liebe Gottes. So sind das Opfer am Kreuz und das Opfer auf dem Tisch ein und dasselbe Opfer, das eine vollständige Sichselbst-Geben Gottes, das sich an die ganze Menschheit in Zeit und Raum richtet. *19:61f*

Innewerden im Entschwinden

Hier rühren wir an einen der geheimnisvollsten Aspekte der Eucharistie: das Geheimnis, daß die tiefste Kommunion mit Jesus sich in seiner Abwesenheit ereignet ...

Während der ganzen Zeit mit den Jüngern hatte es keine Kommunion gegeben. Gewiß, sie waren bei ihm geblieben und hatten zu seinen Füßen gesessen. Gewiß, sie waren seine Jünger gewesen, ja sogar seine Freunde. Aber sie waren noch nicht in die volle Kommunion mit ihm getreten. Sein Leib und sein Blut und ihr Leib und ihr Blut waren noch nicht eins geworden. In vielerlei Hinsicht war er immer noch der andere gewesen, der da drüben, der vor ihnen herging und ihnen den Weg zeigte. Aber als sie das Brot essen, das er ihnen gibt, und als sie ihn erkennen, wird diese Erkenntnis zur tiefen geistlichen Bewußtheit, daß er jetzt, von diesem Augenblick an, in ihrem innersten Wesen wohnt; daß er jetzt, von diesem Augenblick an, in ihnen atmet, in ihnen spricht, ja in ihnen lebt. Wenn sie das Brot essen, das er ihnen reicht, wird ihr Leben in sein Leben verwandelt. Nicht mehr sie leben, sondern Jesus, der Christus, lebt jetzt in ihnen. Und genau in diesem heiligsten Augenblick der Kommunion entschwindet er ihren Augen.

Das ist es, das wir in der eucharistischen Feier leben. Das ist es auch, was wir leben, wenn wir ein eucharistisches Leben führen. Das ist eine so intime, so heilige, so geheimnisvolle und so geistliche Kommunion, daß sie unsere Körpersinne nicht mehr wahrzunehmen vermögen. Wir können ihn nicht mehr mit unseren sterblichen Augen sehen, nicht mehr mit unseren sterblichen Ohren hören, nicht mit unserem sterblichen Körper anrühren. Er ist zu uns an jenen Ort tief in uns gekommen, wo die Mächte der Finsternis und des Bösen nicht hinreichen können, wo der Tod keinen Zutritt hat. Wenn er uns die Hand entgegenstreckt, uns das Brot in die Hände legt und uns den Kelch an unsere Lippen führt, bittet uns Jesus darum, die bisherige oberflächlichere Freundschaft, die wir für ihn empfunden hatten, loszulassen und gleichzeitig damit die Gefühle, Empfindungen und Gedanken, die mit dieser Freundschaft verbunden waren. Wenn wir von seinem Leib essen und von seinem Blut trinken, nehmen wir das Alleinsein an, ihn nicht länger bei uns als trostvollen Gesprächspartner am Tisch zu haben, der uns hilft, mit den Verlusten unseres täglichen Lebens fertig zu werden. Das ist das Alleinsein des geistlichen Lebens, die Einsamkeit des Wissens, daß er uns näher ist, als wir uns jemals nah sein können. Es ist die Einsamkeit des Glaubens.

Zweifellos rufen wir weiterhin:»Herr, erbarme dich!«; zweifellos hören wir weiterhin auf die Heilige Schrift und auf das, was sie uns sagen will; zweifellos sagen wir weiterhin:»Ja, ich glaube.« Aber die Kommunion mit ihm geht weit über all das hinaus. Sie bringt uns an den Ort, wo das Licht unsere Augen blendet und wo unser ganzes Wesen in Finsternis gehüllt wird. An diesem Ort der Kommunion rufen wir laut:»Gott, mein Gott, warum hast du mich verlassen?« (Markusevangelium 15, 34). Und am selben Ort gibt uns unsere Leere auch das Gebet ein:»Vater, in deine Hände lege ich meinen Geist!« (Lukasevangelium 23, 46).   *19: 66ff*

Unser Leib, Christi Leib

Heute feiern wir Fronleichnam, das Fest des Leibes Christi. Als Edward Malloy, ein Holy-Cross-Missionar, der hier zu Gast ist, Don und ich in der kleinen Kapelle des Holy-Cross-Hauses in Berkeley konzelebriert haben, hat die Bedeutung dieses Festes mich mehr denn je gerührt. Die Krankheit, die Dons Bewegungsvermögen so sehr beeinträchtigt, hat ihm wie auch mir so recht zu Bewußtsein gebracht, wie schön, wie kompliziert und wie empfindlich der menschliche Leib ist. Mein gestriger Besuch im Castro District, wo man unverhüllt dem Sinnengenuß nachgeht und so furchtbare körperliche Schmerzen erduldet, hat mir nachdrücklich zu Bewußtsein gebracht, daß ich nicht nur einen Leib *habe*, sondern auch Leib *bin*.

Wie man in seinem Leib lebt, welches Verhältnis man zu ihm hat, wie man ihn pflegt, trainiert und wie man mit ihm und dem Leib anderer Menschen umgeht, ist für das geistliche Leben, das man führt, von wesentlicher Bedeutung.

Das größte christliche Glaubensgeheimnis liegt darin, daß Gott leiblich zu uns gekommen ist, leiblich mit uns gelitten hat, leiblich auferstanden ist und uns seinen Leib als Speise gereicht hat. Der Leib wird nicht als Feind oder Kerker des Geistes angesehen, sondern als Tempel des Geistes gefeiert. Durch Jesu Geburt, Leben, Tod und Auferstehung ist der menschliche Leib in das Leben Gottes aufgenommen worden. Wenn wir den Leib Christi essen, treten unsere gebrechlichen Leiber in eine innige Verbindung mit dem auferstandenen Christus und werden so vorbereitet auf die Erhöhung in das göttliche Leben zusammen mit ihm. Jesus sagt: »Ich bin das lebendige Brot, das vom Himmel herabgekommen ist. Wer von diesem Brot ißt, wird in Ewigkeit leben. Das Brot, das ich geben werde, ist mein Fleisch für das Leben der Welt« (Johannesevangelium 6, 51). Erst in der Verbindung mit dem Leibe Christi kann ich die ganze Bedeutung meines eigenen Leibes erfassen. Mein Leib ist mehr als nur ein sterbliches Medium des Wohlbefindens und des Schmerzes. Er ist eine Wohnstatt, in der Gott die Fülle der göttlichen Herrlichkeit offenbaren will. Diese Wahrheit bildet die tiefste Begründung des sittlichen Lebens. Der Mißbrauch des Leibes – sei er psychologisch (zum Beispiel durch Terror), physisch (zum Beispiel durch Folter), wirtschaftlich (zum Beispiel durch Ausbeutung) oder sexuell (zum Beispiel durch hedonistische Gier) – ist ein Zerrbild der wahren Bestimmung des Menschen: im Leib ewig bei Gott zu leben. Die liebevolle Pflege, die man unserem Leib und dem Leib anderer angedeihen läßt, ist daher ein wahrhaft geistliches Tun, da sie den Leib seiner verklärten Existenz entgegenführt.

Wie kann ich wohl diese frohe Botschaft an die vielen bringen, für die der Leib kaum mehr als ein Quell uneingeschränkter Lust oder unaufhörlichen Leides ist? Das Fest des Leibes Christi ist uns geschenkt, damit wir die geheimnisvolle Bewandtnis ganz erkennen, die es mit dem Leibe hat, und lernen, ehrfürchtig und froh in Erwartung des Auferstehungslebens bei Gott im Leib zu leben.   *22: 240ff*

Eucharistie

Brot und Wein der Erde

Es ist leicht zu verstehen, weshalb zu allen Zeiten die Menschen, die nach dem Sinn des Lebens gesucht haben, eine möglichst enge Verbindung mit der Natur gesucht haben. Nicht nur die Heiligen Benedikt und Franziskus und Bruno in früheren Zeiten, sondern auch Thomas Merton, der in die Wälder von Kentucky ging, und die Benediktinermönche, die ihr Kloster in einem abgelegenen Canyon in New Mexico gebaut haben. Es ist gar nicht befremdlich, daß viele junge Menschen die Städte verlassen und aufs Land gehen, um dort auf die Stimmen der Natur zu hören und dadurch den Frieden zu finden. Und tatsächlich spricht die Natur: die Vögel haben zum heiligen Franziskus gesprochen, die Bäume zu den Indianern, der Fluß zu Siddhartha. Je näher wir der Natur kommen, desto enger rühren wir an den Kern des Lebens, wenn wir feiern. Die Natur schenkt uns ein Gespür dafür, wie kostbar das Leben ist. Die Natur sagt uns, das Leben sei nicht nur kostbar, weil es da ist, sondern auch deshalb, weil es nicht notwendigerweise dasein muß.

Ich erinnere mich, daß ich eine Zeitlang Tag für Tag in einem öden Restaurant immer am gleichen Tisch mein Mittagessen einnehmen mußte. In einer kleinen Vase mitten auf dem Tisch stand eine wunderschöne rote Rose. Ich schaute die Rose bewundernd an und freute mich an ihrer Schönheit. Jeden Tag führte ich mit ihr im stillen ein Gespräch. Aber dann wurde ich mißtrauisch. Meine Stimmung wandelte sich im Laufe der Woche ständig und durchlief Phasen des Glücklichseins und der Traurigkeit, der Enttäuschung und des Ärgers, der Energie und der Gleichgültigkeit. Meine Rose dagegen blieb immer die gleiche. Ein Verdacht kam in mir auf: Ich streckte meine Finger nach der Rose aus, um sie anzufassen. Sie war aus Plastik. Ich war tief verletzt und setzte mich nie mehr an diesen Tisch zum Essen.

Mit einem Gegenstand aus Plastik können wir nicht sprechen, denn er kann uns nichts über die wirkliche Geschichte vom Leben und Sterben erzählen. Sind wir jedoch empfindsam für die Stimme der Natur, werden wir vielleicht fähig, Klänge aus einer Welt zu hören, in der sowohl der Mensch als auch die Natur ihre Vollform finden. Wir werden niemals ganz die Bedeutung der sakramentalen Zeichen von Brot und Wein verstehen, wenn sie uns nicht die Augen dafür öffnen, daß die ganze Natur ein Zeichen ist, das auf eine Wirklichkeit hinweist, die sie selbst weit übersteigt. Die Gegenwart Christi in der Eucharistie wird nur dann zu einem besonderen »Problem« für uns, wenn wir den Sinn für eine Gegenwart in allem, was ist, wächst, lebt und stirbt, verloren haben. Eine Sonntagsmeßfeier erschließt uns nur dann ihren tiefsten Sinn als Feier, wenn sie uns die Tatsache erschließt, daß sich das Wesentliche an ihr tagtäglich in der uns umgebenden Welt ereignet. Brot ist mehr als Brot, Wein ist mehr als Wein: es ist Gott mit uns – nicht als isoliertes Ereignis pro Woche, sondern als konzentrierte Form eines Geheimnisses, von dem die gesamte Natur bei Tag und Nacht erzählt ...

Wenn wir dagegen immer mehr ein Gespür für die Stimmen von allem, was uns umgibt, bekommen und Respekt und Ehrfurcht vor der Natur entwickeln, wird auch unsere Fähigkeit zunehmen, uns wirklich um den Menschen zu kümmern, der in die Natur eingefaßt ist wie ein Saphir in einen Goldring. *26: 154ff*

Festige meinen Glauben – Gebet

Herr Jesus Christus, dies ist der Tag, welcher der Eucharistie geweiht ist. Ich denke an die Tausende, die unter Mangel an Nahrung, und an die Millionen, die unter Mangel an Liebe leiden. Während ich gut ernährt und umsorgt werde, die Früchte der Erde und die Liebe von Brüdern genieße, stehen mir die leiblichen und seelischen Nöte vieler meiner Mitmenschen vor Augen. Sollte mein Glaube an seine Gegenwart beim eucharistischen Brotbrechen nicht über den engen Kreis meiner Brüder hinaus den größeren Kreis der ganzen Menschheit erreichen und ihre Leiden soviel wie möglich lindern?

Kann ich dich im Sakrament der Eucharistie erkennen, so muß ich dich auch in den vielen hungernden Männern, Frauen und Kindern erkennen können. Wenn ich meinen Glauben an deine Gegenwart unter den Gestalten von Brot und Wein nicht in Taten der Liebe für die Welt umsetzen kann, dann bleibe ich ein Ungläubiger.

Darum bitte ich dich, Herr, festige meinen Glauben an deine eucharistische Gegenwart und hilf mir, Mittel und Wege zu finden, damit dieser Glaube im Leben vieler Menschen Frucht bringt. Amen. *9: 70*

Eucharistie

GEMEINSCHAFT

Den Individualismus überwinden

Ein großer Teil unserer Isolierung ist von uns selbst gewählt. Wir sind nicht gern von anderen abhängig; wo immer es möglich ist, versuchen wir zu zeigen, daß wir Herr der Lage sind und selbst entscheiden können. Diese Selbständigkeit hat viel Anziehendes. Sie gibt uns ein Gefühl der Macht, erlaubt uns, schnell zu handeln, verschafft uns die Befriedigung, unser eigener Chef zu sein, und verspricht uns viele Belohnungen und Belobigungen. Doch die Kehrseite dieser Selbständigkeit ist Einsamkeit, Isolierung und eine ständige Furcht, es im Leben nicht weit genug zu bringen.

Ich habe die Belohnung wie auch die Strafen des Individualismus selbst erfahren. Als Professor an angesehenen Universitäten hatte ich mir den Ruf eines gesuchten Lehrers und eine Reihe akademischer Auszeichnungen erworben, doch das Ende von alldem war, daß ich mich vollkommen allein fühlte, ungeachtet des Lobs, das ich erhielt. Während ich über die Bedeutung einer Gemeinschaft sprach, hatte ich nicht das Gefühl, zu irgend jemandem wirklich dazuzugehören. Während ich anderen überzeugend die Wichtigkeit des Betens klarmachte, fand ich selbst zum Beten immer weniger innere Ruhe. Während ich dazu ermutigte, unsere gegenseitige Verwundbarkeit als ein Weg zu geistlichem Wachstum zu sehen, entdeckte ich, wie empfindlich ich war und mich dagegen wehrte, wenn mein Ansehen irgendwie beeinträchtigt werden könnte. Ein Grundzug des akademischen Lebens ist das Konkurrenzdenken, der Wettstreit – auch bei denen, die Mit-Leid predigen –, zumindest dann, wenn man seine Stelle nicht verlieren möchte.

Um Mit-Leiden zum Grundzug seines Lebens zu machen, um offen und verwundbar für andere zu sein, um gemeinschaftliches Leben in den Mittelpunkt zu stellen und um Beten zum Atem seines Lebens werden zu lassen, ist der feste Wille erforderlich, die vielen Trennmauern niederzureißen, die wir zwischen uns und den anderen aufgerichtet haben in der Absicht, unsere sichere Burg, unser Abgeschottet- und Isoliertsein zu verteidigen. Es ist ein lebenslanges, zähes geistliches Ringen, denn indem wir mit der einen Hand Trennwände niederreißen, bauen wir mit der anderen neue auf.

5. Zusammengerufen

Nachdem ich die Universität verlassen und ich mich für ein Leben in einer Gemeinschaft entschieden hatte, stellte ich bald fest, daß auch die Gemeinschaft viele Möglichkeiten bietet, die kontrollierenden Spiele des Individualismus mitzumachen. Tatsächlich verlangt wirkliche Umkehr einiges mehr als eine Ortsveränderung. Sie verlangt eine Änderung des Herzens. *31:40ff*

Ein Christus-Mosaik

Gemeinschaft ist wie ein großes Mosaik. Jeder einzelne kleine Stein erscheint unwichtig. Manche Steinchen sind hellrot, andere tiefblau oder dunkelgrün, wieder andere purpurfarben, hellgelb oder golden schimmernd. Manche sehen kostbar aus, manche ganz einfach, manche sind wertvoll, manche sind wertlos, manche sind grob und rauh, manche fein und glatt. Nehmen wir jedes Steinchen für sich, ist mit ihm nicht viel anzufangen, es sei denn, wir vergleichen seine Schönheit und seinen Wert mit anderen. Sind aber diese kleinen Steine zu einem großen Mosaik zusammengefügt, das das Antlitz Christi darstellt, so ist klar, daß jedes einzelne wichtig ist. Würde auch nur eines, selbst das am wenigsten auffällige, fehlen, wäre das Gesicht unvollständig. Zusammengefaßt zu einem Mosaik ist jeder kleine Stein unentbehrlich und leistet so einen einzigartigen Beitrag zur Ehre Gottes. Das ist Gemeinschaft: eine Gruppe kleiner Menschen, die zusammen Gott in der Welt sichtbar machen.

Immer, wenn wir in der Weise sprechen oder handeln, daß unser Leben zu einem Leben für andere wird, erheben wir unser Leben. Wenn wir fähig sind, unser eigenes Leben zu umfassen, werden wir feststellen, daß wir das, was wir *reklamieren,* das heißt für uns einfordern, auch *proklamieren,* nämlich anderen kundtun wollen. Sein Leben mit beiden Händen ergreifen und es in die Waagschale werfen bedeutet tatsächlich für andere leben. Wir fragen uns dabei nicht mehr, ob unser Leben besser oder schlechter ist als das anderer und erkennen immer mehr, daß wir durch unser Leben für andere nicht nur unsere Individualität einfordern, sondern auch unseren einzigartigen Ort im Mosaik der Menschheitsfamilie kundtun. *18:63f*

Gemeinschaft

Die Freude gemeinsamen Dienens

In der Eucharistie gibt es eine fortlaufende Bewegung: die Bewegung von der Kommunion über die Gemeinschaft zum Dienst. Unsere Erfahrung der Kommunion schickt uns zunächst zu unseren Brüdern und Schwestern, um mit ihnen unsere Geschichten zu teilen und mit ihnen einen in Liebe eins gewordenen Leib zu bilden. Dann, als Gemeinschaft, können wir in alle Richtungen ausschwärmen und uns an alle Menschen wenden.

Ich bin mir meiner eigenen Neigung zutiefst bewußt, von der Kommunion direkt in den Dienst zu gehen und die Gemeinschaft zu überspringen. Mein Individualismus und mein Wunsch, persönliche Erfolge zu erzielen, verführen mich immer und immer wieder dazu, es allein zu machen und den Dienst an mich allein zu reißen. Aber selbst Jesus predigte und heilte nicht allein. Der Evangelist Lukas erzählt uns, wie er die Nacht in Kommunion mit Gott verbracht hat, den Vormittag, um mit den zwölf Aposteln eine Gemeinschaft zu formen, und den Nachmittag, um mit ihnen zusammen der Menschenmenge zu dienen (vgl. Lukasevangelium 6, 12–19).

Jesus beruft uns dazu, genau die gleiche Reihenfolge einzuhalten: von der Kommunion über die Gemeinschaft zum Dienst. Er möchte nicht, daß wir allein uns auf den Weg machen. Er schickt uns miteinander aus, jeweils zu zweit, niemals allein, so können wir als Menschen auftreten, die zu einer Glaubensgemeinschaft gehören. Wir werden ausgesandt, um zu lehren, zu heilen, zu inspirieren und der Welt Hoffnung anzubieten, und das nicht in Ausübung unserer eigenen einmaligen Überzeugungskraft, sondern als Ausdruck unseres Glaubens, daß alles, was wir zu geben haben, von dem stammt, der uns zusammengeführt hat. *19: 81f*

Was können wir geben

Unser Leben selbst ist das größte Geschenk, das wir zu vergeben haben. Das ist eine Tatsache, die wir immer wieder vergessen. Wenn wir daran denken, uns aneinander zu geben, denken wir spontan an unsere Talente, dank deren wir irgend etwas Besonderes füreinander tun können. Wir haben uns oft genug miteinander darüber unterhalten. Wir haben uns die Frage gestellt:»Was ist mein ganz originärer Beitrag?«Aber wenn wir uns so auf unsere Talente und speziellen Beiträge fixieren, vergessen wir allzuleicht, daß unser wirkliches Geschenk nicht so sehr das ist, was wir *tun* können, sondern das, was wir *sind*. Die eigentliche Frage lautet nicht: »Was können wir einander bieten?«, sondern: »Wer können wir füreinander sein?« 5: 97f

Tief lieben

Zögere nicht, zu lieben und tief zu lieben. Du fürchtest vielleicht den Schmerz, den tiefe Liebe bereiten kann. Wenn die, welche du liebst, dich abweisen, verlassen oder sterben, wird dir das Herz bluten. Es sollte dich dennoch nicht davon abhalten, tief zu lieben. Der Schmerz, den tiefe Liebe bereitet, macht deine Liebe um so fruchtbarer. Es ist wie bei einem Pflug, der den Ackerboden umbricht und auflockert, damit das Samenkorn, das in ihn gesät wird, aufgehen und aus ihm eine große Pflanze werden kann. Immer wenn du den Schmerz der Ablehnung, des Vermissens oder des Todes spürst, hast du die Wahl: du kannst entweder in Bitterkeit fallen und dich entschließen, nicht wieder zu lieben, oder in deinem Schmerz aufrecht stehen und dabei den Boden, auf dem du stehst, fruchtbarer machen für die neue Saat.

Je mehr du geliebt und durch deine Liebe Schmerz auf dich genommen hast, desto weiter und tiefer läßt du dein Herz werden. Wenn deine Liebe aufrichtig gegeben und empfangen wurde, werden diejenigen, welche du liebst, in deinem Herzen sein, auch wenn sie von dir gegangen sind. Sie werden ein Teil deines Selbst werden und dadurch mehr und mehr in dir eine Gemeinschaft bilden.

Die, die du tief geliebt hast, werden ein Teil von dir. Je länger du lebst, desto mehr von dir geliebte und zu deiner inneren Gemeinschaft gehörende Menschen wird es geben. Je weiter und größer deine innere Gemeinschaft ist, desto leichter wirst du in den dich umgebenden Fremden deine Brüder und Schwestern erkennen. Je weiter die Gemeinschaft deines Herzens, desto weiter die dich umgebende Gemeinschaft. Auf diese Weise kann der Schmerz der Ablehnung, des Vermissens und des Todes fruchtbar werden. Ja, indem du tief liebst, wird der Ackerboden deines Herzens immer mehr umgepflügt, aber du wirst dich über die reiche Frucht freuen, die er bringt 16: 70f

Gemeinschaft

Keine sichere Zuflucht

Es ist wichtig, sich daran zu erinnern, daß eine christliche Gemeinschaft eine wartende Gemeinschaft ist, das heißt eine Gemeinschaft, die nicht nur Geborgenheit vermittelt, sondern auch das Gefühl des Fremdseins. In einer christlichen Gemeinschaft sagen wir zueinander:»Wir sind zusammen, aber wir können einander nicht ausfüllen ..., wir helfen einander, müssen aber einander auch darauf hinweisen, daß unser letztes Ziel jenseits unserer Zusammengehörigkeit liegt.« Die Hilfestellung einer christlichen Gemeinschaft ist eine gegenseitige Hilfestellung in der allen gemeinsamen Erwartung. Das ist eine ständige Herausforderung zur Kritik an jedem, der die Gemeinschaft zur sicheren Zuflucht oder zur heimeligen Clique macht, und eine ständige Ermutigung, nach dem auszuschauen, was noch kommen soll.

Christliche Gemeinschaft beruht nicht auf Familienbanden oder sozio-ökonomischer Gleichheit, auf Schicksalsgemeinschaft in Zeiten der Unterdrückung oder des Protestes oder auf gegenseitiger Anziehung, sondern auf der Berufung durch Gott. Eine christliche Gemeinschaft ist nicht das Ergebnis menschlicher Bemühungen. Gott hat uns zu seinem Volk gemacht, als er uns aus»Ägypten« in das»Neue Land«, aus der Wüste in fruchtbare Gefilde, aus der Sklaverei in die Freiheit, aus unserer Sünde zum Heil gerufen und uns aus der Gefangenschaft befreit hat. All diese Worte und Bilder drücken aus, daß der erste Anstoß von Gott ausgeht und daß einzig und allein er der Urheber unseres neuen Lebens ist ...

Es ist nur verständlich, daß wir in unseren anonymen Großstädten nach Menschen, die»auf unserer Wellenlänge«sind, Ausschau halten, um kleine Gemeinschaften zu bilden. Gebetsgruppen, Bibel-Gruppen und Haus-Kirchen sind allesamt Möglichkeiten, wieder zur Erkenntnis unserer Zugehörigkeit zum Gottesvolk zu gelangen oder sie zu vertiefen. Aber manchmal kann eine falsche Art von Gleichgesinntheit unseren Gemeinschaftssinn einengen. Wir sollten alle die Gesinnung Jesu Christi haben, aber wir brauchen nicht alle die Gesinnung eines Lehrers, eines Zimmermanns, eines Bankdirektors, eines Abgeordneten oder sonst einer gesellschaftlichen oder politischen Gruppierung zu haben. Es verbirgt sich eine tiefe Weisheit darin, daß die Glocke auf dem alten Kirchturm Menschen von unterschiedlichster Herkunft aus ihren Wohnungen ruft, um in Jesus

Christus einen einzigen Leib zu bilden. Gerade dadurch, daß wir uns über die vielen persönlichen Unterschiede hinwegsetzen, können wir für Gott Zeugnis ablegen, der sein Licht in gleicher Weise über Arm und Reich, Gesund und Krank, leuchten läßt. Aber bei dieser Begegnung auf dem Weg zu Gott geschieht es auch, daß uns die Augen für die Not des Nächsten aufgehen, und wir beginnen, einander die Wunden zu verbinden ... Nicht ohne Grund heißt die Kirche »pilgernde Kirche«, die ständig weiterzieht.

4: 149ff

Das Licht der »Arche«

Die Welt wartet auf neue Heilige, ekstatische Männer und Frauen, die so fest in der Liebe Gottes verwurzelt sind, daß sie die Freiheit besitzen, ein neues Lebensgesetz der Völker ins Auge zu fassen, unter dem Gerechtigkeit herrscht und Krieg nicht mehr der nächstliegende Weg ist, Konflikte zwischen Nationen zu lösen.

Hier und da erkennen wir einen Schimmer dieser Vision. Als Jean Vanier 1964 zwei Behinderte in sein Haus aufnahm, tat er etwas, was viele als Zeitverschwendung und Vergeudung seines Talents ansahen. Für ihn jedoch war es der konkrete Weg von der Angst zur Liebe. Er war überzeugt, daß er Jesus nachfolgte, indem er die Gebrochenen, Zerstörten zu seiner Familie wählte. Unnütz, sentimental, naiv? Wäre es nicht besser für ihn gewesen, seine Kraft und seine Begabung den brennenden Aufgaben unserer Zeit zu widmen? Er tat einfach das, wozu er sich berufen fühlte, aber heute, Jahrzehnte später, arbeiten junge Männer und Frauen aus der ganzen Welt in vielen Heimen zusammen, um Behinderte zu betreuen. Die »Arche« ist gewiß weder eine neue Lebensform der Völker, noch bedeutet sie das Ende von Krieg und Gewalt noch eine neue Außenpolitik. Aber sie ist ein Licht, »das man auf einen Leuchter stellt, damit es allen leuchte, die im Hause sind« (Matthäusevangelium 5, 16). Jean Vanier will das Licht der »Arche« nicht unter einen Scheffel stellen.

Die »Arche« gemahnt uns daran, daß eine weltweite Bewegung der Fürsorge für die Armen und Unterdrückten ein neues Bewußtsein wecken kann, das die Grenzen von Geschlecht, Religion, Rasse und Nationalität überschreitet. Ein solches Bewußtsein kann eine Welt-Gemeinschaft entstehen lassen, eine Gemeinschaft, in der wir unsere menschliche Zusammengehörigkeit feiern, einen Jubelgesang zum Lob des liebenden Gottes anstimmen und den endgültigen Sieg des Lebens über den Tod verkünden dürfen. *14: 106f.109*

Begrenzte und unbegrenzte Liebe

Zweierlei kennzeichnet eine Gemeinschaft: das Vergeben und das Feiern. Vergeben bedeutet: immerfort bereit zu sein, dem anderen zu verzeihen, daß er nicht Gott ist: nicht alle meine Wünsche erfüllen zu können. Auch ich muß um Vergebung bitten, den Wünschen und Erwartungen anderer nicht entsprechen zu können.

Unser Herz – die Mitte unseres Seins – ist ein Teil Gottes. Deshalb sehnt sich unser Herz nach Erfüllung, nach vollkommenem Einssein. Aber menschliche Wesen, ob Ehegattin oder Ehegatte, Vater oder Mutter, Bruder, Schwester oder Kind, ihnen allen sind beim Geben dessen, wonach wir uns sehnen, enge Grenzen gesetzt. Da wir aber so viel möchten und nur einen Teil dessen erhalten, müssen wir immerfort Vergebende sein, weil uns nicht alles gegeben wird, was wir uns wünschen. So vergebe ich dir, da du mich nur begrenzt zu lieben vermagst. Ich vergebe meiner Mutter, daß sie nicht alles ist, was ich gern in ihr sähe. Ich vergebe meinem Vater. Das ist gerade heute wichtig, weil viele ständig ihren Eltern, der Kirche und ihren Freunden vorzuwerfen suchen, ihnen nicht zu geben, was sie möchten. So hegen viele einen tiefen Groll. Sie können den Menschen den nur begrenzten Ausdruck einer unbegrenzten Liebe nicht verzeihen. Die Liebe Gottes ist unbegrenzt, die der Menschen aber nicht. Jede Beziehung, die Menschen eingehen, ob in einer Gemeinschaft, Freundschaft oder Ehe, wird stets von Frustration und Enttäuschungen durchsetzt sein. Auf diese Weise wird Vergebung zum Synonym für Liebe in menschlichem Kontext.

Das Interessante dabei ist, daß man, wenn man Menschen vergibt, nicht Gott zu sein, sie dann als Widerspiegelung Gottes feiern kann. Man kann ihnen sagen:»Seitdem du nicht Gott bist, liebe ich dich, denn du besitzt wunderbare Gaben seiner Liebe. Du hast nicht alles, was Gott eigen ist, aber was du hast, ist wert, gefeiert zu werden.«

Mit Feiern meine ich herausheben, bejahen, bestätigen, sich über die

Gaben eines anderen freuen. Man kann sagen, du bist ein Abglanz dieser unbegrenzten Liebe. Deshalb ist Gemeinschaft wichtig ...

So erhält das Feiern eine große Bedeutung und kann ein ganz konkreter Ausdruck der Liebe sein. Es ist wie bei der Feier eines Geburtstags, bei der man einfach sagt:»Ich freue mich, daß du da bist.« Es bedeutet *nicht*, die Talente eines Menschen hervorzuheben und etwa zu sagen:»Du spielst ausgezeichnet Klavier.« Vielmehr hebe ich deine Gaben des Freudespendens, des Friedenstiftens, der Liebe, der Beharrlichkeit, Freundlichkeit und des Großmuts heraus. Wir heben die Gaben des Geistes heraus, die Widerspiegelungen Gottes sind. Im Bericht des Lukasevangeliums über die Wahl der Zwölf aus der Jüngergemeinschaft Jesu wird ein Apostel nach dem anderen mit seinem Namen genannt, zum Schluß»Judas Iskariot, der zum Verräter wurde« (6, 12 – 16). Wie sich zeigt, gibt es – sobald eine Gemeinschaft besteht – auch Probleme. Jemand sagte einmal, daß eine Gemeinschaft der Ort ist, wo man mit der»Person, mit der man am wenigsten zusammensein möchte, immer zusammen ist«. Ich meine, die eine Person gibt es immer. Ein Verräter sein bedeutet»ausliefern« und nicht so sehr Verrat, Treuebruch. In einer Gemeinschaft gibt es immer einen/eine, der/die jemanden an etwas ausliefert. Und es braucht nicht nur eine Person zu sein. Er könnte mein Judas sein, du könntest der Judas irgendeines anderen sein. Nicht die eine Person in einer Gemeinschaft ist das Problem, vielmehr sind es verschiedene, die andere immer wieder, ohne es zu wollen, dem Leid ausliefern. Immer gibt es jemanden, der meinen Erwartungen nicht entspricht oder mich irritiert. In jeder Gemeinschaft – ob in der Familie oder einer Ordensgemeinschaft – gibt es immer einen/eine, der/die für irgend jemanden eine Art Büßerhemd ist. Das gehört aber zum Wesen einer Gemeinschaft. Nicht, daß wir es möchten, aber es ist immer gegeben. Nicht das stimmungsvolle Leben ist es, das eine Gemeinschaft uns bieten sollte, in der alle einander lieben. Das ist hier nicht zu finden. Die Menschen müssen verstehen lernen, daß Gemeinschaft nicht wohltuende, innige, vollkommene Harmonie bedeutet. Es wäre gar nicht gut, sind wir doch immer unterwegs, in Bewegung. Wäre Gemeinschaft so, wie wir alle sie uns wünschten, würden wir nie irgendwohin aufbrechen. Wir sind ein Volk, das auf dem Weg ist.   *24: 10–13*

Gemeinschaft

KIRCHE

Der Leib Christi

Hör auf die Kirche! Ich weiß, daß es ein unpopulärer Rat ist in einer Zeit und in einem Land, in denen die Kirche oft einem wahren Sturm der Kritik ausgesetzt ist und viele Menschen die Kirche mehr als »Hindernis« auf dem Weg als »den Weg« zu Jesus empfinden. Und doch bin ich fest davon überzeugt, daß die größte religiöse Gefahr für unsere Zeit in der Trennung von Jesus und der Kirche liegt. Die Kirche ist der Leib des Herrn. Ohne Jesus Christus kann es keine Kirche geben, und ohne die Kirche können wir nicht mit Jesus Christus verbunden bleiben. Ich bin noch nie jemandem begegnet, der näher zu Jesus fand, indem er die Kirche verlassen hat. Auf die Kirche hören heißt: auf den Herrn der Kirche hören. Konkret bedeutet dies, am liturgischen Leben der Kirche teilnehmen ... Die Eucharistiefeier ist das Herz des Lebens der Kirche. *17:117*

Gemeinschaft der Heiligen

Unsere Gesellschaft ermuntert zum Egoismus. Man versucht, uns davon zu überzeugen, daß alles, was wir denken, sagen oder tun, das Ergebnis unserer eigenen Fähigkeiten und nur diesen zu verdanken ist. Als Menschen aber, die der Gemeinschaft der Heiligen angehören, wissen wir, daß jeder geistliche Wert nicht das Resultat individuellen Vermögens ist, sondern die Frucht einer Lebensgemeinschaft.

Was alles wir über Gott und Gottes Liebe wissen, was alles wir über Jesus Christus, sein Leben, seinen Tod und seine Auferstehung wissen und was alles wir über die Kirche und ihren Dienst wissen, ist kein Produkt, keine Erfindung unseres Geistes, die mit einem Preis ausgezeichnet werden müßte. Vielmehr ist es das Wissen, das wir im Laufe der Jahrhunderte vom Volk Israel und den Propheten, von Jesus Christus und den Heiligen sowie von allen, die bei der Formung unseres Herzens eine Rolle gespielt haben, erworben haben. Wahres geistliches Wissen gehört der Gemeinschaft der Heiligen. *20:347*

5. Zusammengerufen

Die Armen im Mittelpunkt

Die Armen sind der Mittelpunkt der Kirche. Wer aber sind die Armen? Vielleicht denken wir dabei zuerst an Menschen, die nicht so sind wie wir: Menschen, die in Slums leben, in Suppenküchen essen, Menschen, die unter Brücken übernachten, Menschen in Gefängnissen, in Heilanstalten und Pflegeheimen. Arme können aber in unserer nächsten Nähe sein: Sie können in der eigenen Familie leben, unserer Pfarrgemeinde angehören oder auf demselben Stockwerk wohnen und können sogar noch näher sein: die Armen können wir selbst sein, wenn wir uns nicht geliebt, wenn wir uns abgelehnt, ignoriert oder mißachtet fühlen.

Sehen und erfahren wir Armut – weiter weg, in unserer Nähe oder in unserem eigenen Herzen –, gerade dann müssen wir Kirche werden, müssen wir als Bruder und Schwester einander die Hände halten, unsere eigene Gebrochenheit und Bedürftigkeit bekennen, einander vergeben, die Wunden verbinden und uns zum Brechen des Brotes um den Tisch des Herrn versammeln. So erkennen *wir* Jesus als den Armen, der für uns arm wurde.   *20: 335*

Makellos und befleckt

Die Kirche ist heilig *und* sündig, makellos *und* befleckt. Die Kirche ist die Braut Christi, der sie in reinigendem Wasser wusch und zu sich nahm, »ohne Flecken, Falten oder andere Fehler, doch heilig und makellos« (Epheserbrief 5, 26f). Zugleich ist die Kirche eine Gemeinschaft sündiger, irritierter und von Angst geplagter Menschen, die fortwährend von den Mächten der Lust und Gier versucht werden und sich immer wieder in Rivalität und Konkurrenz verfangen.

Wenn wir von der Kirche als einem Leib sprechen, meinen wir dabei den heiligen und makellosen Leib, der durch die Taufe und die Eucharistie Christus gleichgeworden ist, *und* die befleckten und gebrochenen Leiber aller Menschen, die ihre Glieder sind. Nur wenn wir diese beiden Sichtweisen nicht voneinander trennen, können wir in der Kirche als wahre Jünger Jesu Christi leben.   *20: 318*

Kirche

Vergeben und vergebende Kirche

Wenn der Papst in seinen Ansprachen öfter einmal sagen würde, daß die Kirche jahrhundertelang Unterdrückung ausgeübt hat, wäre das sehr befreiend. Doch wir versuchen, uns nach wie vor zu verteidigen. Es hat keinen Sinn, die Kreuzzüge oder den »Fall Galilei« zu verteidigen, ebensowenig wie unsere inadäquate Antwort auf die Pogrome. Niemand will das. Es sind nicht immer bloß einzelne Menschen, die Grund haben, Vergebung zu finden und zu vergeben. Wir alle haben Grund zu vergeben. Wir bitten einander, uns in diese verwundbare Lage zu bringen. So kann Gemeinschaft geschaffen werden. *24:17f*

In der Kirche, nicht von ihr

Immer wieder werden wir daran erinnert, daß wir *in* der Kirche leben müssen, ohne *von* der Welt zu sein. Es dürfte aber schwieriger sein, *in* der Kirche zu sein, ohne *von* der Kirche zu sein. *Von* der Kirche sein, das bedeutet, sich von kirchlichen Affären oder Fehltritten ihrer Diener so sehr beunruhigen zu lassen und sich auf sie so sehr zu konzentrieren, daß wir dabei Christus aus dem Blick verlieren. Dann macht uns die Kirche durch das, was wir von ihr sehen, blind und durch das, was wir von ihr hören, taub. Doch Christus wohnt *in* der Kirche. Er lädt uns an seinen Tisch und sagt uns Worte ewiger Liebe.

In der Kirche sein, ohne *von* ihr zu sein, stellt uns vor eine große geistliche Herausforderung. *20:324*

6

In die Welt gesandt

Die abschließende Abteilung dieser Sammlung enthält Texte, die die Sicht Henri Nouwens in Bezug auf den Dienst des Christen, insbesondere den priesterlichen Dienst, verdeutlichen, sowohl in unseren Gemeinden am Ort als auch in der Gesellschaft überhaupt. Gläubiges Leben – Stille, Gebet, Feier der Eucharistie – vollzieht sich niemals in Abgeschiedenheit von der Welt, sondern verwirklicht sich stets mitten in der Welt, in der Tat der Liebe, im schöpferischen Handeln für die Menschen. Das Bewußtsein, daß wir von Gott in einzigartiger Weise geliebt sind, weckt in uns eine Liebe, die sich der großen gesellschaftlichen Übel, wie der Armut, Ungerechtigkeit und anderen Formen des Leids, das Menschen einander zufügen, annimmt.

Wenngleich Henri Nouwen viele Jahre seines Lebens der Ausbildung künftiger Priester widmete und er dem Priester eine besondere Rolle zuerkannte, sah er doch alle Christen, Priester und Laien, als in gleicher Weise verantwortliche Überbringer der Frohbotschaft an. Jeder einzelne ist ein von Gott geliebter Mensch, und kein Jünger Jesu ist von der Aufforderung ausgenommen, die Liebe Christi in vollem Maß zu verkünden. Um am Geben und Empfangen der Liebe Gottes teilzunehmen und unsere Freunde zu befähigen, hinauszugehen und für andere heilende Gegenwart Christi zu sein, sind wir bei unserem Dienst zu einem Leben der Gastfreundschaft und Fruchtbarkeit (nicht unbedingt der Produktivität) aufgerufen.

Henri Nouwens Mit-Leiden mit Leidenden führte ihn an dunkle, gefahrvolle Orte der Not in der ganzen Welt. Die Texte zeigen seine Sorge hinsichtlich zweier Fehler, die Christen angesichts der Mißstände in der Welt begehen können. Das eine Extrem: Wenn gute Christen sich von der Tatsache des vielen Leids in der Welt lähmen lassen und sich in eine rein private Frömmigkeit zurückziehen. Das andere Extrem: Wenn Christen, deren inneres Leben immer stärker vom Empfinden von Schande, berechtigter Empörung und politischem Strategiedenken überdeckt wird – Haltungen und Reaktionen, die ihre Verwundbarkeit in Gott verdunkeln –, einem sozialen Aktivismus verfallen. Wahres Mit-Leiden darf sich niemals von der intimen Gegenwart Christi unter uns im Gebet loslösen.

Die Schriften Henri Nouwens geben zu erkennen, wie sehr ihm daran lag, mit Christen aller Glaubensgemeinschaften, Rassen und Klassen zu beten, und wie sehr er sich verpflichtet fühlte, zu den Leidenden am Rande der Gesellschaft zu gehen und ihnen die Frohbotschaft der Liebe Gottes zu verkünden. Seine nahezu vierzig Bücher sind nie weit weg von ganz persönlichen, oft unverblümten Zeugnissen des Ringens auf dem Weg zur Feier unseres Einsseins als Kinder Gottes. Diese Auswahl ist der außergewöhnlichen Hingabe Henri Nouwens, seinem Mut und seiner großen Liebe, mit denen er seinen Dienst als Seelsorger leistete, in Dankbarkeit und Respekt gewidmet.

SEELSORGLICHER DIENST

Priesterweihe

Hat der Priester und Seelsorger irgendeine besondere Gabe, die er mit anderen Menschen teilen kann? Hat er eine Vision, die er den anderen anbieten kann, damit sie ihnen neue Ansichten erschließen? Ist er näher als jemand anders bei der Quelle seiner Existenz; weiß, fühlt und sieht er tiefer die Verfassung, in der der Mensch gefangen ist, aus der er aber freikommen möchte? Wenn die Antwort »Nein« lauten sollte, dann stellt sich zu Recht die Frage, ob er jemals in der Lage sein wird, den Menschen zu helfen, ihr Leben zu feiern. Wer ausgesondert ist, um Menschen ins innerste Lebensgeheimnis Gottes einzuführen, wird seiner Aufgabe nur gewachsen sein, wenn er nicht blind ist, wenn er selbst den Weg kennt und keine Angst hat, sich dem Thron Gottes zu nahen.

Die Priesterweihe bedeutet die Anerkenntnis und Bestätigung der Tatsache, daß ein Mensch die Mauern der Angst überschritten hat; daß er in intensivem Kontakt mit dem Gott der Lebenden steht und von der brennenden Sehnsucht getrieben wird, anderen den Weg zu Gott zu zeigen. Die Priesterweihe macht aus niemandem etwas Besonderes, sondern ist die feierliche Anerkennung der Tatsache, daß dieser Mensch imstande war,

Gott gegenüber gehorsam zu sein, seine Stimme zu hören und seinem Ruf zu folgen, und daß er anderen den Weg zu dieser gleichen Erfahrung aufzeigen kann. Daher ist der Priester, der die Feier des Lebens ermöglichen möchte, ein Mann des Gebets. Nur ein Mann des Gebets kann andere Menschen zur Feier des Lebens führen, denn alle, die mit ihm in Kontakt kommen, spüren, daß er seine Stärke aus einer Quelle bezieht, die sie nicht ohne weiteres orten können, aber von der sie wissen, daß sie stark und tief ist. Seine innere Freiheit schenkt ihm eine gewisse Unabhängigkeit, hat aber nichts Autoritäres oder Überhebliches an sich. Sie befähigt ihn, über die unmittelbaren Bedürfnisse und dringendsten Wünsche der Menschen in seiner Umgebung hinauszuschauen. Er wird tief bewegt von den Geschehnissen in seiner Umgebung, aber er läßt es nicht zu, daß sie ihn erdrücken. Er hört aufmerksam zu, spricht mit einer selbstverständlichen Autorität, läßt sich aber nicht leicht in Aufregung oder Nervosität versetzen. Aus allem, was er sagt oder tut, spürt man heraus, daß er eine Grundperspektive hat, die sein Leben leitet. Dieser Grundorientierung gegenüber ist er gehorsam. Sie hilft ihm, Wesentliches von Unwesentlichem scharf zu unterscheiden. Er ist nicht unempfindsam für das, was die Menschen erregt, aber er hat andere Maßstäbe, nach denen er ihre Bedürfnisse einordnet, weil er sie im Rahmen seiner Grundorientierung sieht. Er ist glücklich und zufrieden, wenn Menschen ihm zuhören, aber er möchte keine Cliquen bilden. Er hängt sich an niemanden ausschließlich. Was er sagt, klingt überzeugend und einleuchtend, aber er zwingt seine Meinung niemandem auf und ist nicht verärgert, wenn andere seine Ideen nicht akzeptieren oder seinen Willen nicht erfüllen ...

Aber er ist auch gegenüber seinem Ideal innerlich frei. Er weiß, daß er nicht die Verwirklichung seiner Wunschträume erleben wird, und er betrachtet sich selbst nur als ein Wegweiser dorthin. Er besitzt gegenüber seinem eigenen Leben eine eindrucksvolle innere Freiheit. Aus seinen Taten wird deutlich, daß für ihn sein eigenes Dasein von zweitrangiger Bedeutung ist. Er lebt nicht, um sich selber am Leben zu erhalten, sondern um eine neue Welt mit aufzubauen, von der er bereits die ersten Bilder gesehen hat und die ihn derart anzieht, daß die Grenzlinien zwischen seinem Leben und seinem Sterben für ihn unerheblich werden. Ein solcher Mensch feiert nicht einfach das Leben, sondern kann auch in anderen den Wunsch wecken, das Leben zu feiern. *26: 159ff*

Sein Leben für seine Freunde hingeben

Wenn es einen Satz im Evangelium gibt, der in ganz konzentrierter Form alles zum Ausdruck bringt, was ich (schon an anderer Stelle) zu sagen versucht habe, dann ist es der Satz, den Jesus zu seinen Jüngern und Aposteln am Tag vor seinem Tod gesagt hat: »Es gibt keine größere Liebe, als wenn einer sein Leben für seine Freunde hingibt« (Johannesevangelium 15, 13). Für mich fassen diese Worte die Bedeutung jedes christlichen Seelsorgsdienstes zusammen. Das Unterrichten, das Predigen, die Einzelseelsorge, das Organisieren und das Feiern sind Verrichtungen, die die Ebene professionellen Könnens übersteigen; und das genau deshalb, weil in diesen Verrichtungen der Seelsorger vor dem Anspruch steht, sein Leben für seine Freunde hinzugeben. Es gibt viele Menschen, die nach einer langen Ausbildung ein hohes Niveau an Kompetenz auf dem Gebiet der menschlichen Verhaltenswissenschaft erlangt haben – aber wenige von ihnen sind bereit, ihr eigenes Leben für andere hinzugeben und ihre Schwäche zu einer Quelle schöpferischer Inspiration werden zu lassen. Für viele Menschen ist professionelle Ausbildung gleichbedeutend mit Macht. Aber der Seelsorger, der sein Obergewand ablegt, um seinen Freunden die Füße zu waschen, ist machtlos, und seine Erziehung und Ausbildung haben den Sinn, ihm die Fähigkeit zu vermitteln, ohne Angst seiner eigenen Schwäche in die Augen zu schauen und sie anderen zur Verfügung zu stellen. Genau diese schöpferische Schwäche ist es, was dem seelsorglichen Dienst sein Eigengewicht verleiht.

Das Unterrichten wird zum Dienst, wenn der Lehrer nicht bei bloßer Wissensvermittlung stehenbleibt, sondern bereit ist, mit seinen Schülern seine eigene Lebenserfahrung zu teilen. Dadurch kann er lähmende Ängste beheben, neue befreiende Einsichten können zutage treten, und echtes Lernen kann stattfinden. Das Predigen wird zum Dienst, wenn der Prediger nicht beim Wiederholen der achten Geschichte stehenbleibt, sondern seinen Hörern auch sein eigenes tiefstes Selbst zugänglich macht und es ihnen so ermöglicht, das Wort Gottes zu empfangen. Die Einzelseelsorge wird zum Dienst, wenn derjenige, der anderen helfen will, nicht beim sorgfältigen Ausgleich von Geben und Nehmen stehenbleibt, sondern bereit ist, sein eigenes Leben ins Spiel zu bringen und seinem leidenden Mitmenschen auch dann treu zu bleiben, wenn sein Name und sein

Ruf in Gefahr kommen. Das Organisieren wird zum Dienst, wenn derjenige, der organisiert, nicht bei seinem Wunsch nach konkreten Ergebnissen stehenbleibt, sondern auf seine Umgebung mit der unerschütterlichen Hoffnung auf eine allumfassende Erneuerung zugeht. Das Feiern wird zum Dienst, wenn der Zelebrant nicht bei absichernden Ritualen stehen bleibt, sondern bereit ist, im Gehorsam das Leben als Geschenk anzunehmen.

Zweifelsohne bedarf jede dieser Dienstaufgaben sorgfältiger Vorbereitung und bewährter Kompetenz, aber dennoch kann keine von ihnen jemals als echter Seelsorgsdienst bezeichnet werden, wenn diese Kompetenz nicht auf die radikale Bereitschaft gegründet ist, sein Leben im Dienst der anderen hinzugeben. Seelsorge bedeutet den unablässigen Versuch, sein eigenes Suchen nach Gott mit allen seinen Höhen und Tiefen an Schmerzen und Freude, an Trostlosigkeit und Hoffnung denjenigen zur Verfügung zu stellen, die sich ebenfalls auf diese Suche begeben möchten, aber nicht wissen, wie sie es anstellen sollen. Deshalb ist der Seelsorgsdienst in keiner Weise ein Vorrecht. Er ist im Gegenteil das Herzstück des christlichen Lebens. Kein Christ ist wirklich ein Christ, wenn er nicht auch zugleich immer in irgendeiner Form Seelsorger ist ... Ganz gleich, welche Form der christliche Seelsorgsdienst annimmt, seine Grundlage ist immer die gleiche: daß man sein Leben für seine Freunde hingibt. *26:163*

Ehelosigkeit

Die Ehelosigkeit nimmt in unserer Welt einen wichtigen Platz ein. Die Ehelosigkeit macht das Leben eines Menschen zu einem sichtbaren Zeugnis für die Priorität Gottes in unserem Dasein, zu einem Zeichen der Mahnung für alle Menschen, daß unser Leben ohne inneres Heiligtum die Verbindung mit seiner Quelle und seinem Ziel verliert. Wir gehören Gott. Alle Menschen tun es. Im Zölibat lebende Menschen erinnern daran, indem sie sich an keinen Menschen besonders binden, daß die Beziehung zu Gott Anfang, Quelle und Ziel aller menschlichen Beziehungen ist.

Der ehelos Lebende hebt mit seinem Leben der Nicht-Bindung einen Aspekt christlichen Lebens hervor, an den alle erinnert werden sollten. Er ist wie der Clown im Zirkus, der nach den aufregenden Darbietungen der Trapezkünstler und Löwenbändiger stolpert und fällt und uns auf diese

Weise erinnert, daß alle menschliche Aktivität letztlich nicht so wichtig ist, wie uns die Virtuosen glauben machen wollen. Sie leben im Zölibat die heilige Leere in ihrem Leben aus, indem sie nicht heiraten, nicht versuchen, ein Haus zu bauen oder ein Vermögen zu erwerben, nicht größtmöglichen Einfluß ausüben wollen, ihr Leben nicht mit Ereignissen, Menschen oder Werken, die sie unvergeßlich machen, anfüllen wollen. Sie hoffen, durch ihr »leeres Leben« Gott als die Quelle aller menschlichen Gedanken und Taten erkennbar zu machen. Besonders dadurch, daß er nicht heiratet und sich der intimsten Äußerung menschlicher Liebe enthält, wird der in Ehelosigkeit Lebende ein lebendiges Zeichen für die Grenzen aller zwischenmenschlichen Beziehungen und der zentralen Bedeutung des inneren Heiligtums, das kein menschliches Wesen entweihen darf.

Für wen ist dieses Zeugnis bestimmt? Ich wage zu sagen, daß der Zölibat in erster Linie ein Zeugnis für alle Verheirateten ist. Ich frage mich, ob wir die wichtigste Beziehung zwischen Ehe und Zölibat schon genug erforscht haben. In letzter Zeit ist diese Wechselbeziehung auf schmerzliche Weise deutlich geworden. Die Krise des Zölibats und die Krise der Ehe als Institution traten gleichzeitig in Erscheinung. Zur selben Zeit, da viele Priester und Ordensleute die Ehelosigkeit aufzugeben wünschten, stellten auch viele verheiratete Paare den Wert ihrer gegenseitigen Verpflichtung in Frage. Auch wenn diese beiden Phänomene nicht als Ursache und Wirkung miteinander verbunden sind, hängen sie dennoch eng zusammen, weil Ehe und Zölibat zwei Lebensweisen innerhalb der christlichen Gemeinschaft sind, die sich gegenseitig stützen. Der Zölibat ist Eheleuten in ihrer gegenseitigen Verpflichtung eine Stütze. Der Ehelose erinnert diejenigen, die in einer Ehe zusammenleben, an ihren eigenen zölibatären Mittelpunkt, den sie schützen und stärken müssen, damit ihr Leben nicht nur von der Stabilität von Gefühlen und Zuneigungen abhängt, sondern auch von ihrer gemeinsamen Liebe zu Gott, der sie zusammenführte. *11:83f*

Die Frohbotschaft verkünden

Wir sagen, der Inhalt der Predigt bestehe darin, eine neue, frohe Botschaft zu verkünden. Wir müssen jedoch nüchtern sehen, daß unsere Botschaft für die meisten Menschen absolut nichts Neues mehr enthält. Wenn man aber weiß, daß man immer nur längst Bekanntes zu erwarten hat, ist natürlich kein Mensch mehr auf die Predigt gespannt. Schließlich hat man doch über Jesus schon alles gehört, über seine Jünger, über seine hilfreichen Taten, seine Wunder, seinen Tod, seine Auferstehung. Man hat es daheim gehört, man hat es im Kindergarten gehört, in der Grundschule, im Gymnasium und auf der Universität – man hat es schon so oft gehört und auf so viele verschiedene Arten und Weisen, daß das Letzte, was man von einer Kanzel her erwarten würde, wäre, etwas Neues zu hören zu bekommen.

Und der Kernsatz des Evangeliums: »Du sollst den Herrn, deinen Gott, lieben mit ganzem Herzen, mit ganzer Seele und mit all deinen Gedanken, und du sollst deinen Nächsten lieben wie dich selbst« (Matthäusevangelium 22, 37ff) – dieser Kernsatz ist schon derart oft und eindringlich wiederholt worden, daß er für die Mehrheit der Menschen nicht mehr die mindeste aufrüttelnde Kraft enthält. Sie haben ihn von frühester Kindheit an gehört und werden ihn bis zu ihrem Tod immer wieder hören – es sei denn, sie werden seiner irgendwann derart überdrüssig, daß sie sich überhaupt nicht mehr der Möglichkeit aussetzen, mit dieser allzu oft wiederholten Wahrheit berieselt zu werden.

Es ist amüsant zu beobachten, wie sich die Menschen aufrecht hinsetzen und Mund und Augen aufsperren, wenn der Sprecher seine Predigt mit einer kleinen weltlichen Geschichte einleitet, um die Aufmerksamkeit zu wecken, wie sie aber alsbald Anzeichen der Schläfrigkeit erkennen lassen und sich eine bequemere Sitzhaltung verschaffen, wenn die altbekannte Redewendung kommt: »Und genau das, liebe Brüder und Schwestern, wollte Jesus sagen, als er sprach ...« Von diesem Zeitpunkt an sind die meisten Prediger allein und können sich nur noch auf ihre Stimmgewalt oder ihre originelle Gestik verlassen, um irgend jemanden anzusprechen. Es ist in der Tat eine traurige Wirklichkeit, daß der Name »Jesus« für viele Menschen jegliche aufrüttelnde Kraft verloren hat. Allzu oft passiert etwas Ähnliches wie in der katholischen Schule, wo der Lehrer fragte:»Kinder, wer hat die Dampfmaschine erfunden?‹ Zuerst herrschte allgemeines Schweigen, aber dann streckte ein Knirps in der letzten Reihe die Hand und sagte gelangweilt: ›Ich schätze, das war bestimmt wieder dieser Jesus.‹« Wenn eine Botschaft so oft bekanntgegeben worden ist, daß sie völlig abgenutzt ist und keinerlei schöpferische Antwort zu wecken vermag, kann man sie kaum mehr als echte Botschaft betrachten. Und wenn jemand dann trotzdem meint, er habe die Pflicht, bei ihrer Verkündigung körperlich anwesend zu sein, dann bleibt ihm wenigstens noch die Möglichkeit, die Augen und das Aufnahmevermögen zu schließen und innerlich abzuhängen.

26: 55ff

Seelsorglicher Dienst als Mit-Sein

Zwei Wörter erscheinen mir für den seelsorglichen Dienst hilfreich:»Mit-Leiden« und»Dankbarkeit«. Seelsorglicher Dienst wird im Teilnehmen am Geheimnis des Mit-Seins geleistet. Die ganze Fleischwerdung, Gott-(ist-)mit-uns, Immanuel, bedeutet zuerst mit den Menschen sein, besagt nach der Bibel, daß Gott seinem Volk beisteht. Sorge bedeutet»hinausschreien mit«. Mit-Leiden meint»mit denen sein, die leiden«. Seelsorgsdienst bedeutet, daß wir die Fleischwerdung erheben, Gott emporheben, der sagt:»Ich werde mit euch sein.« Wir sollen genau dort sein, wo Menschen verwundbar sind, nicht um das zu beheben oder zu verändern. Das wäre eine unbeabsichtigte Frucht davon, aber nicht der Grund, warum wir dasein sollen.

Das Priestertum Jesu ist Mit-Leiden, wie im Hebräerbrief steht: da er »in allem seinen Brüdern gleich« war (2, 17), haben wir einen Hohenpriester, der mitfühlen kann in unserer Schwäche (vgl. 4, 15). Jesus ist vor allem Gott-mit-uns. Er lebte dreißig Jahre in einem kleinen, unbedeutenden Ort, führte ein Leben wie wir. Nur drei Jahre verkündigte er. So erstreckt sich – geistlich gesehen – der Dienst Jesu über einen Zeitraum von drei Jahren des Lehrens und Wirkens. Das Geheimnis liegt darin, daß er unser Leben geteilt hat. Gott ist ein Gott-mit-uns. Seelsorgsdienst heißt: mit den Kranken sein, mit den Sterbenden, mit den Menschen, wo und in welchen Schwierigkeiten sie sich auch immer befinden mögen. Wir wagen es, in ihrer Schwachheit mit ihnen zu sein, und vertrauen darauf, daß wir unermeßliche Freude erfahren werden, wenn wir die Orte ihrer Verwundbarkeit betreten. Darin besteht das Geheimnis seelsorglichen Dienstes.

Wir können die Probleme der Welt nicht lösen, können aber bei den Menschen sein. Ich stand in den letzten Monaten zwei Sterbenden bei. Es bedeutete keine Last, vielmehr war es eine große Freude, das Privileg zu haben, ihrem Sterben beiwohnen zu können.

Wenn ich Gott folge, wenn ich bete, gute Worte finde und anderen, die in Not sind, sage, daß ich mich um sie sorge, mich aber zuvor nicht hinsetze und überlege, wie ich diese Person von da nach dort bekommen kann, wenn ich mit Gott nicht verbunden bin oder mit anderen Menschen keine Gemeinschaft pflege, dann werde ich zum Techniker, zum Fachmann, der herangezogen wird, kann aber als solcher nicht mein Leben für meine Freunde hingeben.

Mein Leben ist meine Freude, mein Frieden und mein Schmerz. Seelsorglicher Dienst heißt Zeugnis ablegen, bedeutet weiter nichts als zu sagen:»Ich habe etwas gesehen, ich habe etwas erfahren, und ich habe keine Angst, es dir mitzuteilen, wenn du mich darum bittest.« Seelsorglicher Dienst leidet nicht unter dem Zwang, etwas sofort geschehen zu lassen, und auch nicht darunter, daß, wenn ich etwas nicht zur rechten Zeit sage, der/die Betreffende verloren ist.   24: 14f

Geben heißt empfangen

Mission besteht nicht nur darin, in die Welt hinauszugehen und anderen zu erzählen, daß der Herr auferstanden ist, sondern auch darin, dieses Zeugnis von denen entgegenzunehmen, zu denen wir gesandt werden. Oft stellt man sich Mission einseitig als Geben vor; aber echte Mission ist genauso ein Empfangen. Wenn es stimmt, daß der Geist Jesu weht, wo er will, gibt es grundsätzlich keinen Menschen, aus dem sein Geist nicht zu uns sprechen könnte. Auf lange Sicht ist Mission nur dann möglich, wenn sie genausosehr aus Empfangen wie aus Geben besteht, genausosehr aus dem Für-sich-sorgen-Lassen wie aus dem Sorgen für andere. Wir werden zu Kranken, Sterbenden, Behinderten, Gefangenen und Flüchtlingen gesandt, um ihnen die gute Nachricht von der Auferstehung Christi zu bringen; wir werden aber bald ausgebrannt sein, wenn wir nicht imstande sind, von ihnen wiederum den Geist Christi zu empfangen.

Dieser Geist, der Geist der Liebe, ist in ihrer Armut versteckt, in ihrer Gebrochenheit und ihrem Leid. Daher hat Jesus gesagt:»Selig die Armen, selig, die ihr jetzt hungert, selig, die ihr jetzt weint« (vgl. Lukasevangelium 6, 20f). Immer, wenn wir uns ihnen zuwenden, segnen sie uns auch ihrerseits – mögen sie sich dessen bewußt sein oder nicht – mit dem Geist Jesu und erweisen uns auf diese Weise ebenfalls einen Dienst. Ohne dieses gegenseitige Schenken und Beschenktwerden arten Mission und Dienst allzu leicht in Manipulieren oder Beherrschen aus. Wenn nur der eine gibt und der andere empfängt, wird der Geber bald zum Unterdrücker und der Empfänger zum Opfer. Wenn aber der Geber empfängt und der Empfänger gibt, kann der Zirkel der Liebe, angesetzt in der Gemeinschaft der Jünger, immer weitere Kreise ziehen, bis er die ganze Welt umspannt. *19: 83f*

Ein Dienst des Befähigens

Dankbarkeit gehört wesentlich zu priesterlichem Dienst und Seelsorge. Dankbarkeit bedeutet im Grunde die Gaben anderer entgegennehmen; einem Menschen sagen: »Danke, daß es dich gibt!« Die Gaben anderer entgegenzunehmen ist ein zentraler Bestandteil seelsorglichen Dienstes. Nur wer selbst sein eigenes Geschenktsein erfahren hat, kann frei sein. Wir haben das Bestreben, anderen etwas zu geben, um auf der Geberseite stehen zu können, und vergessen dabei, daß es für andere eine größere Freude ist, erleben zu können, daß sie uns etwas gegeben haben.

Ich kann ein Leben lang für Behinderte sorgen. Denn sie brauchen Tausenderlei. Aber größere Freude haben andere dann, wenn sie in der Lage sind, selbst etwas zu tun. Wenn ich den einen oder anderen von ihnen auf eine Vortragsreise mitnehme und zu meiner Freude höre, wie andere zu ihnen sagen: »Wow, ihr wart stark!«, dann sind das Geschenke. Wenn ich Bill oder jemand anders aus der »Arche« zu einem Vortrag mitnehme, dann nicht deshalb, um den Leuten zu zeigen, daß ich mich um sie kümmere, ich tue es vielmehr, damit sie etwas anbieten, geben können. Ich bin der Vermittler dessen. Ich muß bei ihnen sein. Sie können ihre Gaben nicht überreichen, wenn ich nicht dabei bin und es ihnen deutlich mache. Ich werde New Jersey, wo ich jetzt bin, schon morgen verlassen. Als ich hier mit der Gebetsgruppe begann, sagte man: »Sie sind doch derjenige, der über das Beten bestens im Bilde ist.« Freilich, ich habe eine gewisse Ahnung davon. Aber bliebe ich länger, würde man sehen, daß ich nicht immer dankbar bin und alles nicht immer so glatt ist, wie es sein sollte. Der entscheidende Punkt liegt schließlich darin: Ich muß die Leute befähigen und sage: »Ihr habt ebensoviel zu geben wie ich.« Seelsorglicher Dienst bedeutet immer, andere zu befähigen, einander ihre Gaben zu reichen. Beim seel-

sorglichen Dienst geht es immer um das Vermehren: Du gibst, was du hast
– das Stückchen Brot in der Hand –, und es vermehrt sich. Du leistest anderen das bißchen Dienst, zu dem du fähig bist, und jeder wird zum Diener
anderer. Und bald wird es mehr Dienst geben, als es je gegeben hat.

Das meinte Jesus, wenn er im Endeffekt sagte:»Es ist gut für euch, daß
ich sterbe; wenn ich gehe, könnt ihr eure Aufgabe tun.« Jesu Aufgabe bestand darin, eine Gemeinschaft zu schaffen, die befähigt. Jesus sagte:»Ich
werde fortgehen und meinen Geist zu euch senden. Und mein Geist wird
euch befähigen. Alles, was mir der Vater sagte, das sage ich euch. Alles, was
ich tue, das – und noch Größeres – werdet auch ihr tun.« Jesus sagte nie,
daß er etwas tun könne, was wir nicht könnten. Er sagte nie, daß er etwas
sei, was wir nicht seien. Er sagte:»Ich bin der Sohn Gottes, und ihr seid
Kinder Gottes. Ich bin vom Tod zum Leben erweckt und so auch ihr. Mir ist
über die Liebe Gottes alles bekannt, und ich halte nichts vor euch zurück.«
Das ist das ganze Konzept der Kirche; wir sind der Leib Christi – wir sind
der lebendige Christus. Ein sakramentales Christusverständnis meint, daß
Christus da ist, wo wir sind. Ebenso wie Christus fortging, um andere zu befähigen, muß jeder Seelsorger manchmal fortgehen, um andere zu befähigen. Es ist gut für euch, daß ich sterbe, daß ich fortgehe, damit ihr die Gaben Gottes zum Tragen bringen könnt. Aber ich muß eine Weile bei euch
bleiben, damit ihr eure Gaben entdecken könnt. Doch dann müßt ihr mich
gehen lassen, damit sie reiche Frucht bringen können.   *24: 1 –17*

GESELLSCHAFTLICHES UND POLITISCHES
HANDELN

Die Gefahr der Weltflucht

Gestern habe ich mit dem Abt des Klosters, John Eudes, einige Gedanken
über das Gebet für andere ausgetauscht. Er hat nicht nur meine Gedanken
bestätigt, sondern mich auch weitergeführt, als er sagte, das Mit-Leiden gehöre zum Wesen des kontemplativen Lebens. Wenn wir mit den anderen
identisch werden und so in die Gegenwart Gottes eintreten, sind wir wahre
Kontemplative. Wahre Kontemplative sind demnach *nicht* diejenigen, wel-

che sich von der Welt abwenden, um ihre eigene Seele zu retten, sondern solche, die ins Herz der Welt vordringen und von dort aus zu Gott beten.

13: 135

Auf der Suche nach einer neuen Ordnung

Ein Christ ist nur dann ein Christ, wenn er der Gesellschaft, in der er lebt, unablässig kritische Fragen stellt und ständig auf die Notwendigkeit hinweist, sich zu bekehren. Solcher Bekehrung bedarf nicht nur jeder einzelne, sondern auch die gesamte Welt. Ein Christ ist nur dann ein Christ, wenn er es sich selbst und jedem anderen verbietet, sich endgültig bequem einzurichten. Er bleibt unzufrieden mit dem Status quo. Und er glaubt, daß er eine wesentliche Rolle bei der Verwirklichung der neuen Welt, die kommen soll, zu spielen hat – selbst wenn er nicht sagen kann, auf welche Weise diese Welt kommen wird. Ein Christ ist nur dann ein Christ, wenn er nicht aufhört, jedem, dem er begegnet, zu sagen, die Frohe Botschaft vom Reich Gottes müsse der ganzen Welt verkündet und vor allen Völkern bezeugt werden (vgl. Matthäusevangelium 24, 14).

Solange ein Christ lebt, bleibt er auf der Suche nach einer neuen Ordnung, in der es keine Einteilung von Menschen in verschiedene Kategorien gibt; in der die Strukturen so sind, daß jeder Mensch dem anderen die Hand schütteln kann; er bleibt auf der Suche nach einem neuen Leben, in dem dauerhaft Einheit und Frieden herrschen. Ein wirklicher Christ wird seine Mitmenschen davon abhalten, auf der Stelle zu treten, den Mut zu verlieren oder sich in kleine Alltagsvergnügungen flüchten und sich darin zu verlieren. Zufriedenheit und Selbstgenügsamkeit machen ihn bei sich selbst und bei anderen unruhig, denn er weiß mit unerschütterlicher Gewißheit, daß etwas ganz Großes im Kommen ist, dessen erste Lichtstrahlen er bereits gesehen hat. Er glaubt nicht nur, daß diese Welt vergeht, sondern ist davon überzeugt, daß sie vergehen *muß*, damit eine neue Welt entstehen kann. Er glaubt, daß es keinen Augenblick in diesem Leben gibt, in dem man sich gemütlich zur Ruhe setzen kann, in der Meinung, es bleibe nichts mehr zu tun. Aber er wird nicht alle Hoffnung fahren lassen, wenn er nicht die Ergebnisse sieht, die er gern gesehen hätte. Denn bei all seinen Bemühungen hat er immer die Worte dessen im Ohr, der auf dem Throne sitzt: »Siehe, ich mache alles neu« (Offenbarung 21, 5). *26: 135f*

Eine neue Lebensordnung schaffen

Ekstatisches Leben schließt die ständige Bereitschaft ein, den sicheren, behüteten, vertrauten Lebensraum zu verlassen und sich anderem zuzuwenden, selbst wenn das bedeutet, die eigene Sicherheit aufs Spiel zu setzen. Auf der internationalen Bühne fordert das eine Außenpolitik, die weit über die Frage hinausgeht:»Wie kann unsere Nation überleben?« Es müßte eine Politik sein, die sich vornehmlich dem Überleben der Menschheit widmet und bereit ist, nationale Opfer zu bringen. Es müßte eine Politik sein, die zur Kenntnis nimmt, daß die Vergötzung der nationalen Sicherheit die gesamte Menschheit in Gefahr bringt. Es müßte eine Politik sein, für die Mensch-Sein wichtiger ist als Amerikaner, Russe, Kubaner, Nicaraguaner oder Mexikaner sein. Kurz, es müßte eine Politik sein, die bestrebt ist, die Völker von ihrer Furcht voreinander zu befreien und Wege zu erschließen, unser gemeinsames Menschsein zu würdigen.

Ekstase strebt ständig nach neuer Freiheit. Solange nationale Sicherheit unser Hauptanliegen und nationales Überleben wichtiger als die Bewahrung des Lebens auf diesem Planeten sind, leben wir weiterhin im Haus der Angst. Letzten Endes müssen wir wählen zwischen Sicherheit – persönlicher, sozialer und nationaler – und Freiheit ...

Jüngerschaft geht weit über persönliche Frömmigkeit und Gemeindetreue hinaus. Die ganze Erde muß bekehrt werden! Ganze Völker, nicht nur Einzelmenschen sind aufgerufen, das Haus der Angst zu verlassen, in dem Mißtrauen, Haß und Krieg herrschen, und in das Haus der Liebe einzukehren, in dem Versöhnung, Heil und Frieden regieren.

Die großen geistlichen Lehrer von Benedikt von Nursia über Katharina von Siena bis zu Martin Luther King und Thomas Merton haben alle diese Wahrheit begriffen: Die Kraft des erneuernden Wortes Gottes darf nicht in den gesicherten Grenzen des persönlichen und zwischenmenschlichen Bereichs eingeschlossen werden. Sie rufen nach einem neuen Jerusalem, einer neuen Erde, einer neuen Gemeinschaft aller Menschen auf der Welt.

Der Umzug aus dem Haus der Angst in das Haus der Liebe ist eine Notwendigkeit für das Überleben der Menschheit geworden ... Wir müssen von Todeswünschen und Todesdrohungen ablassen und als Völker insgesamt nach Wegen der internationalen Versöhnung, Zusammenarbeit und

Fürsorge suchen. Wir brauchen in der Tat Friedensakademien, Friedensministerien und Kräfte, die den Frieden zuverlässig sichern. Wir brauchen eine Erziehungsreform, eine Kirchenreform und sogar eine Reform der Unterhaltung, die Frieden zu ihrem Hauptanliegen macht. Wir brauchen eine neue Wirtschaftsordnung jenseits von Sozialismus und Kapitalismus, die sich Gerechtigkeit für alle zum Ziel setzt. Vor allem aber müssen wir als Völker daran glauben, daß eine neue internationale Lebensordnung möglich ist und daß Rivalitäten zwischen Ländern und Machtblöcken ebenso überholt sind wie die mittelalterlichen Streitigkeiten zwischen Städten. Das ist es, was »weltumspannende Ekstase« im Grunde bedeutet. Es ist der Übergang von Angst zu Liebe, vom Tod zum Leben, von Absterben zu Neugeburt, von rivalisierenden Lebensformen zu einem Leben von Menschen, die alle einer einzigen solidarischen Gemeinschaft angehören.

14: 101.104f.106

Die Welt in unserem Herzen

Es ist tragisch, festzustellen, daß die Frömmigkeit im Westen so zur Privatangelegenheit geworden ist, daß Begriffe wie »ein zerknirschtes Herz« sich nur noch auf persönliches Schuldigwerden und auf die Bereitschaft beziehen, dafür Buße zu tun. Wenn wir einmal darauf achten, wie unlauter wir in Gedanken, Worten und Werken sind, so kann das wirklich unser Gewissen zum Schlagen bringen und in uns die Hoffnung auf ein Zeichen der Vergebung wachrufen. Aber wenn wir die Stille unseres Herzens sicher gegen die Katastrophen unserer Tage, die Kriege, die Massenmorde, die zügellose Brutalität, die überfüllten Gefängnisse, die Folterkammern, den Hunger und die Krankheiten von Millionen von Menschen und das unsägliche Elend eines Großteils der Menschen abschotten, bleibt unsere Zerknirschung einzig und allein ein frommes Gefühl.

4: 48

Geistlicher Kolonialismus

Heute ist mein letzter Tag in Cuzco. John, Kathy und ich haben einen Ausflug zu den großartigen Inka-Ruinen in der Umgebung gemacht und in der Stadt einige Kirchen und ein Museum besichtigt. Der Eindruck, den die majestätische Schönheit der Bauten aus dem Inka-Reich auf mich machte, war stärker denn je. Die gigantischen Tempel, die Wachtürme und die Ritual-Bäder waren das Werk eines Volkes, dessen Leitsatz lautete:»Du sollst nicht lügen, du sollst nicht stehlen, und du sollst nicht müßiggehen.« Sein Leben war geprägt vom erhabenen Kult des Sonnengottes und vieler anderer Gottheiten. Ich stand allerdings noch fassungsloser als sonst vor dem absoluten Mangel an Gespür der spanischen Eroberer für die Kultur und die Religion, die sie hier vorfanden.

Mir ging plötzlich auf, wie radikal Gustavo Gutiérrez' Befreiungstheologie tatsächlich ist, da sie als Theologie beim Volk beginnt und der tiefen Spiritualität der Indianer Rechnung tragen möchte, die in diesem Lande leben. Wie ganz anders ist das doch als das, was wir heute auf unserem Ausflug gesehen haben. Wir waren Zeugen einer jahrhundertelangen Verachtung für alles, was den Indianern heilig war und einer gewaltsamen Zerstörung all dessen, was vielleicht an die Inka-Götter hätte erinnern können. Welch unglaubliche Anmaßung, welche Grausamkeit und welch gotteslästerliche Sünde die Leute auf sich geladen hatten, die für sich in Anspruch nahmen, im Namen eines Gottes der Vergebung, der Liebe und des Friedens zu kommen.

Ich wünschte, ich hätte die Zeit, einen ganzen Tag nur damit zu verbringen, auf den Trümmern von Sacsahuamán zu sitzen. Diese Tempelruinen hoch über der Stadt Cuzco mit ihren vielen Kirchen, zu deren Bau sie die Steine liefern mußten, sind für mich Anlaß, den Gott der Sonne, des Mondes, der Sterne, des Regenbogens, des Blitzes, des Landes und des Wassers um Vergebung dessen zu bitten, was Christen in seinem Namen angerichtet haben.

Vielleicht ist die neue Spiritualität der Befreiung eine schöpferische Form der Wiedergutmachung für die Sünden unserer Väter. Und ich sollte nicht vergessen, daß diese Sünden auch meinem Herzen oft näher sind, als ich eingestehen möchte. Geistlicher Kolonialismus in der einen oder anderen Form bleibt immer eine Versuchung. *32: 242f*

Die Versuchung der Unanfechtbarkeit

Jeder, der die Gesellschaft verändern möchte, läuft Gefahr, sich selber auf einer höheren Warte zu fühlen und die Schwächen anderer Menschen schärfer zu sehen als die Mängel seiner eigenen Seele. Der Reformer, der fest davon überzeugt ist, daß es nicht so weitergehen kann, zieht aus, um die Welt zu verändern, und unterliegt der Versuchung zu unterstellen, er selbst bedürfe keiner Veränderung. Statt sich selbst als Mitglied der Gesellschaft zu sehen, die reformbedürftig ist, kann es sein, daß er mit der Wahnvorstellung an sie herangeht, er sei der Erlöser dieser Gesellschaft, und er sei selbst unanfechtbar, liege immer richtig und mache nichts falsch.

Er mag die grausame Trennung von Rassen sehen, kann aber blind sein für die Tatsache, daß das, was er als großes Drama auf der Weltbühne sieht, sich auch in seinem eigenen Herzen abspielt: daß er bestimmte Menschen als Dummköpfe abstempelt, andere als engstirnig und wieder andere als aufgeblasene Typen. Vielleicht steht er dem Kapitalismus und der Geldverschwendung sehr kritisch gegenüber, ist aber blind dafür, daß sein eigener Lebensstil nur möglich ist dank der kapitalistischen Gesellschaft, die er in Grund und Boden verdammt. Oder er tritt mit Leidenschaft dafür ein, daß sich die Lebensbedingungen vieler Menschen bessern und daß die Menschenwürde für alle gewährleistet werden muß, aber gleichzeitig hört er nie jemandem richtig zu, ist unzugänglich für Kritik und glaubt keineswegs, daß er von anderen etwas lernen könnte. Oder vielleicht hastet er von einer Tagung zur anderen und vergißt darüber, daß er selber mehr und mehr den Kontakt zu den Quellen seiner eigenen Existenz verliert und für seine innere Stimme taub wird. Vielleicht hat er sogar Angst vor dem Alleinsein und wagt es nicht, der Tatsache ins Auge zu sehen, daß er sich selber genauso dringend ändern muß wie die Welt, die er verändern möchte.

Wir haben also gesehen: die drei Gefahren für jeden Menschen, der unsere Gesellschaft verändern möchte, sind die Gefahr des Bedürfnisses nach greifbarem Erfolg, die Gefahr des Machtbedürfnisses und die Gefahr des Stolzes. Als Jesus sich dessen bewußt wurde, daß er berufen sei, die Gesellschaft, in der er lebte, in Frage zu stellen, ihre Grundanschauungen in Zweifel zu ziehen und sich für das Kommen des Reiches Gottes einzusetzen, war er sich zugleich dessen bewußt, daß auch er einer in der langen Reihe derjenigen werden könnte, die sich schon als Weltverbesserer betätigt und

6. In die Welt gesandt

sich als Messiasse bezeichnet hatten. Tatsächlich wurde er in die Versuchung geführt, sofortige Ergebnisse zu erzielen: Steine in Brot zu verwandeln; die Macht und die Herrlichkeit aller Königreiche dieser Erde an sich zu ziehen; seine Unantastbarkeit zu beweisen, indem er sich von der Zinne des Tempels stürzte und sich von den Engeln auf Händen tragen ließe.

Aber einen wirklich grundlegenden Umsturz konnte er nur einleiten, indem er diesen Versuchungen widerstand; nur so war er imstande, die Fesseln seiner Welt zu sprengen und alle politischen Ambitionen zu vermeiden; und dadurch konnte er das ganz andersartige neue Reich, das kommen sollte, aufscheinen lassen. *26: 119f*

Gebet und Handeln

Man darf nie die Ansicht vertreten, Gebet und Handeln seien Gegensätze oder schlössen sich gegenseitig aus. Beten ohne Handeln wird zu kraftlosem Pietismus, und Handeln ohne Gebet entartet zu fragwürdiger Manipulation. Wenn das Gebet uns zu tieferer Einheit mit dem mit-leidenden Christus führt, wird es immer konkrete Dienste nach sich ziehen. Und wenn konkrete Dienste uns wirklich enger mit den Armen, den Hungernden, den Kranken, den Sterbenden und den Unterdrückten solidarisieren, werden sie immer ins Gebet einmünden. Betend begegnen wir Christus und in ihm allem menschlichen Leid. Dienend begegnen wir dem Menschen und in ihnen dem leidenden Christus.

Taten der Liebe für die Leidenden und mit ihnen sind der konkrete Ausdruck eines Lebens im geteilten Leid und das ausschlaggebende Kriterium für gelebtes Christentum. Solche Taten stehen nicht für sich neben den Augenblicken des Gebets und des Gottesdienstes, vielmehr sind sie selbst solche Augenblicke. Warum? Weil man dort, wo hungernde, dürstende, entwurzelte, nackte, kranke und eingekerkerte Menschen sind, Jesus Christus finden kann, der nicht daran festhielt, wie Gott zu sein, sondern den Menschen gleich wurde. Gerade wenn wir uns ständig im Gespräch mit Christus befinden und seinem Geist in unserem Leben die Führung überlassen, werden wir ihn in den Armen, den Geknechteten und den Mißhandelten erkennen und seinen Hilferuf hören und hineilen, wo immer er sich zeigt. *10: 153f.159*

QUELLENVERZEICHNIS

Die in diesem Band enthaltenen Texte wurden aus den nachfolgend mit *1.* bis *32.* gekennzeichneten Büchern und anderen Veröffentlichungen von Henri Nouwen ausgewählt. Die erste Zahl des am Ende eines jeden Textes stehenden Vermerks verweist auf diese Zählung und damit auf die jeweilige Quelle (mit anschließender Seitenangabe).

1. All Is Grace, in: Weavings.»Woven together in love.« A Journal of the Spiritual Life, Bd. 7, November – Dezember 1992, S. 38 – 41.

2. Being the Beloved. Predigt in der Kristall-Kathedrale von Los Angeles am 23. August 1992 innerhalb der Fernsehsendung»Hour of Power – Die starke Stunde«, veröffentlicht in: Crystal Cathedral Ministries.

3. Bilder göttlichen Lebens. Ikonen schauen und beten. Aus dem Amerikanischen von Dorothea Schütz, Freiburg i. Br., 2. Auflage 1991.

4. Der dreifache Weg. Aus dem Englischen von P. Radbert Kohlhaas OSB, Freiburg i. Br., 4. Auflage 1989.

5. Du bist der geliebte Mensch. Religiös leben in einer säkularen Welt. Aus dem Englischen von Bernardin Schellenberger, Freiburg i. Br., 11. Auflage 2000.

6. Er trägt unsere Last. Meditationen zum Kreuzweg und Leiden Jesu. Aus dem Amerikanischen von Irene Johna und Mathilde Wieman OSB, Freiburg i. Br. 1991.

7. Feuer, das von innen brennt. Stille und Gebet. Aus dem Amerikanischen von Mathilde Wieman OSB, Freiburg i. Br., 9. Auflage 1992.

8. Die Gabe der Vollendung. Mit dem Sterben leben. Aus dem Amerikanischen von Bernardin Schellenberger, Freiburg i. Br., 3. Auflage 1998.

9. Gebete aus der Stille. Den Weg der Hoffnung gehen. Aus dem Amerikanischen von Mathilde Wieman OSB, Herderbücherei Band 1668, Freiburg i. Br., 3. Auflage 1996.

10. Das geteilte Leid. Heute christlich leben. (Mitverfasser: Donald P. McNeill und Douglas A. Morrison). Aus dem Amerikanischen von P. Radbert Kohlhaas OSB, Freiburg i. Br., 1983.

11. Gottes Clown sein. Vom Beten und Dienen. Aus dem Amerikanischen von Ursula Schottelius, Freiburg i. Br., 4. Auflage 1989.

12. Heart speaks to Heart. Three Prayers to Jesus. Notre Dame, Indiana, 1989.

13. Ich hörte auf die Stille. Sieben Monate im Trappistenkloster. Aus dem Amerikanischen übersetzt in der Trappistenabtei Maria Frieden und in der Trappistenabtei Mariawald, Freiburg i. Br., 19. Auflage als Neuausgabe 2001.

14. Im Haus des Lebens. Von der Angst zur Liebe. Aus dem Amerikanischen von Renate Hegemann, Freiburg i. Br., 3. Auflage 1990.

15. In ihm das Leben finden. Einübungen. Aus dem Amerikanischen von Bernardin Schellenberger, Freiburg i. Br., 7. Auflage 1996.

16. Die innere Stimme der Liebe. Aus der Tiefe der Angst zu neuem Vertrauen. Aus dem Amerikanischen von Franz Johna, Freiburg i. Br., 6. Auflage 2000.

17. Jesus, Sinn meines Lebens. Briefe an Marc. Aus dem Holländischen von Liesel Linn, Freiburg i. Br., 2. Auflage 1989.

18. Der Kelch unseres Lebens. Ganzheitlich Mensch sein. Aus dem Amerikanischen von Franz und Reny Johna, Freiburg i. Br., 3. Auflage 2000.

19. Die Kraft seiner Gegenwart. Leben aus der Eucharistie. Aus dem Amerikanischen von Bernardin Schellenberger, Freiburg i. Br., 3. Auflage 1996.

20. Leben hier und jetzt. Geistliche Einsichten für jeden Tag (Jahreslesebuch). Aus dem Amerikanischen von Franz Johna, Freiburg i. Br., 4. Auflage als Neuausgabe 2000.

21. Love in a Fearful Land. A Guatemalan Story. Notre Dame, Indiana, 1985.

22. Nachts bricht der Tag an. Tagebuch eines geistlichen Lebens. Aus dem Amerikanischen von P. Radbert Kohlhaas OSB, Freiburg i. Br., 4. Auflage 1999.

23. Nimm sein Bild in dein Herz. Geistliche Deutung eines Gemäldes von Rembrandt. Aus dem Amerikanischen von Ulrich Schütz, Freiburg i. Br., 11. Auflage 2000.

24. Parting Words. A Conversation on Prayer with Henri Nouwen, in: Sacred Journey. The Journal of the Fellowship in Prayer, Bd. 47, Nr. 6, Dezember 1996, S. 8 – 20.

25. The Primacy of the Heart. Cuttings from a Journal, hrsg. von Lewy Olfson, Madison, Wisconsin, 1988.

26. Schöpferische Seelsorge. Deutsche Ausgabe mit einem Vorwort von Rolf Zerfaß. Aus dem Englischen von Bernardin Schellenberger, Freiburg i. Br., 2. Auflage 1991.

27. Der Spiegel des Jenseits. Gedanken um Tod und Leben. Aus dem Amerikanischen von Robert Johna, Freiburg i. Br. 1990.

28. Spirituality and the Family, in: Weavings, a. a. O., Bd. 3, Januar – Februar 1988, S. 6 – 12.

29. A Tribute to Henri Nouwen: 1932–1996. A Windborne video Production.

30. The Vulnerable God, in: Weavings, a. a. O., Bd. 8, Juli – August 1993, S. 28–35.

31. Was mir am Herzen liegt. Meditationen. Aus dem Amerikanischen von Franz Johna, Freiburg i. Br., 5. Auflage 2000.

32. Wohin willst du mich führen? Notizen aus Lateinamerika. Aus dem Amerikanischen von P. Radbert Kohlhaas OSB, Freiburg i. Br. 1983.

Adam und ich
Eine ungewöhnliche Freundschaft
141 S., gebunden mit Schutzumschlag
ISBN 3-451-26633-4

Die Kraft seiner Gegenwart
Leben aus der Eucharistie
96 S., gebunden mit Schutzumschlag
ISBN 3-451-23469-6

Leben hier und jetzt
Jahreslesebuch
400 S., Halbleinen
ISBN 3-451-27366-7

Ich hörte auf die Stille
Sieben Monate im Trappistenkloster
269 S., gebunden mit Schutzumschlag
ISBN 3-451-27478-7

Weihnachten mit Henri Nouwen
Texte für alle Tage der Advents- und Weihnachtszeit
Ausgewählt und herausgegeben von Franz Johna
93 S. mit Farbfotos von Wolfgang Müller, Halbleinen
ISBN 3-451-27324-1

HERDER